仲裁与法律

ARBITRATION AND LAW

第139辑

主办

中国国际经济贸易仲裁委员会
中国海事仲裁委员会
中国国际商会仲裁研究所

法律出版社
LAW PRESS·CHINA

仲裁与法律

第139辑

编辑部地址：北京市西城区桦皮厂胡同2号国际商会大厦6层
邮 政 编 码：100035
电　　话：(010)82217788　64646688
传　　真：(010)82217766　64643500
电 子 信 箱：law@cietac.org
网　　址：http://www.cietac.org

目　　录

·专论　争鸣·

·第五届"中伦杯"获奖论文选登·

·“一带一路”沿线国家国际仲裁制度研究·

专论 争鸣

UNCITRAL 示范法第16条对第8条的入侵
——论自裁原则的扩张与对中国的启示

马明远*

摘要:自裁管辖权原则允许仲裁庭对自己的管辖权作出决定。这一原则体现了对仲裁的支持,受到越来越多国家的接纳。但是,接纳这一原则必然与旧的法庭对仲裁协议的审查产生冲突。这一冲突以及解决集中体现在《UNCITRAL 国际商事仲裁示范法》的立法过程、法律文本以及在世界各国的司法实践中。解决这一问题的关键在于确定法院的审查标准,合理地分割法庭与仲裁庭对仲裁协议的管辖权。目前国际社会中,审查标准有两种:表面证据方法和实质审查方法,前者更加支持仲裁,是国际仲裁实践发展的趋势。中国在这一问题上非常保守,远远落后于国际社会,因为我国《仲裁法》中还没有完全支持自裁管辖权的条文。如果中国仲裁法律继续改革,进一步支持仲裁,那么采用表面证据方法就是支持自裁管辖权的一个必然的选择。

关键词:仲裁　自裁管辖权　表面证据　实质审查

一、问题的产生

仲裁协议是仲裁进行的基础,仲裁协议的效力会在很大程度上影响仲裁结

* 马明远,复旦大学研究生二年级。

果能否被承认、执行。在承认自裁管辖权原则的国家,仲裁协议的有效性审查既可以由法院进行,也可以由仲裁庭进行,因为二者都具备一定的审查能力。这样一来,二者对仲裁协议有效性审查的权力之间会产生不可避免的冲突。以《UNCITRAL 国际商事仲裁示范法》(以下简称《示范法》)为例,该法第 8 条第 1 款规定:"就仲裁协议的标的向法院提起诉讼时,如当事一方在不迟于其就争议实体提出第一次申述时要求仲裁,法院应让当事各方交付仲裁,除非法院认定仲裁协议无效、不能实行或不能履行。"①该款"除非"二字表明,前面所规定的交付仲裁的条件是仲裁协议必须有效,那么法院在作出交付仲裁或不交付仲裁的决定之前,就必须要对仲裁协议的有效性进行审查。但是《示范法》第 16 条第 1 款规定:"仲裁庭可以对其管辖权,包括对仲裁协议的存在或效力的任何异议,作出裁定。"②这也就是所谓自裁管辖权原则(competence-competence principle)的体现。该条赋予了仲裁庭对仲裁协议有效性进行审查的权力。当事人如果依照《示范法》第 8 条要求法院将有仲裁协议的争议交付仲裁时,第 8 条"除非"之后所赋予法院的权力就会与第 16 条"可以"之后赋予仲裁庭的权力之间产生冲突。

如果此时将审查权力全部交给法院,那么将极大地削弱仲裁庭的管辖权和自裁管辖权原则,使《示范法》第 16 条第 1 款以及类似的条款仅具有宣示性意义。因为自裁管辖权原则的出现,就是要从法院那里分得一定的审查权力,体现法院对仲裁的信任和支持。但如果完全将权力交给仲裁庭,则不利于法院对仲裁的监督和控制。因此这种冲突的解决,实质上是一种权力的平衡。根据《示范法》第 8 条的规定,法院的审查是不可避免的,但法院审查的深度如何,以及最终决定的效力如何,该条本身并未明确规定。因此,解决的方法就是调整法院在适用《示范法》第 8 条第 1 款及类似条款进行审查时所适用的审查标

---

① Article 8(1), UNCITRAL Model Law: A court before which an action is brought… shall…, refer the parties to arbitration unless it finds that the agreement is null and void, inoperative or incapable of being performed.

② Article 16(1), UNCITRAL Model Law: The arbitral tribunal may rule on its own jurisdiction, including any objections with respect to the existence or validity of the arbitration agreement.

准。国际社会中，各国对此问题的审查标准大致可以分为两类：一类可以称为“表面证据方法”(prima facie approach)，另一类可以称为“实质审查方法”(full merits approach)。[①] 前者认为，在当事方依《示范法》第 8 条第 1 款或类似条文向法院申请停止法庭程序时，法院只需要在表面证据的程度上认定仲裁协议是有效的，那么就应当认为“除非”之后的条件不满足，并将对仲裁协议的进一步审查交付仲裁庭决定；而后者认为，法院一旦接到此类申请，就必须让双方充分举证，实质性地审查仲裁协议是否有效，其结论也是终局性的结论。二者之间区别的实质就是分割管辖权时的倾向性不同：前者更倾向于支持仲裁庭对该问题作出裁决，也就是支持自裁管辖权原则，留给仲裁庭的权力更大；而后者则更加倾向于由法院对该问题进行审理，留给法院的权力更大。

在解决法院与仲裁庭的管辖权冲突时，是采用表面证据方法还是采用实质审查方法，《示范法》的条文中并未给出明确答案。可以说《示范法》第 8 条与第 16 条的同时存在造成了冲突，但由于立法过程中分歧过大，《示范法》条文本身并没有解答这一问题，而是将问题留给后嗣实践进一步明确。UNCITRAL 在 2012 年对自《示范法》通过之后在世界各地的案例实践做过总结，目前世界各国就该问题的司法实践也不一致。[②] 因此，本文首先从《示范法》的立法准备文件出发，分析《示范法》的立法者是更倾向于表面证据标准还是实质审查标准；接着选取了英国、新加坡和加拿大 3 个国家以及我国香港地区，对它们就该问题的司法实践进行研究，希望能得出一定的结论。最后，本文会谈一谈对中国的启示。

二、对《示范法》准备文件的分析

从《示范法》的准备文件(travaux préparatoires)来看，既能找到支持表面证据方法的理由，也能找到支持实质审查方法的理由。

---

① UNCITRAL, UNCITRAL 2012 Digest of Case Law on the Model Law on International Commercial Arbitration, p. 44.

② UNCITRAL, UNCITRAL 2012 Digest of Case Law on the Model Law on International Commercial Arbitration, p. 44.

首先,在联合国国际合同实践工作组第五次会议报告中,工作组提道:"有一项建议被提出:第1段(也就是现在的《示范法》第8条第1款)不应被理解为要求法庭从细节上检查仲裁协议的有效性,这样的想法可以被表述为仅仅要求进行表面证据的决定,或将最后一句改为'除非法院明显认定仲裁协议无效、不能实行或不能履行'。为支持这一想法,有人指出这样做更加与让仲裁庭就其管辖权首先作出裁决,并受制于后期的法庭控制的原则相一致。但是,主流的观点是,在当事人对有效仲裁协议的存在观点不一致时,因第1段(《示范法》第8条第1款)而引发的案例中,该争议应由法院解决,而不应首先将该争议交付据称缺乏管辖权的仲裁庭。工作组考虑后保留了第1段的原文字。"[①]从中我们不难看出,实际上工作组在第五次报告中是反对表面证据方法的。加里·博恩在《国际商事仲裁,卷一:国际仲裁协议》中认为,这是表明《示范法》的起草者反对表面证据方法的最直接的证据。[②] 同时,第8条第1款的正式文本中使用的"认定"(finds)一词似乎也倾向于支持实质审查方法。[③]

其次,准备文件中也有支持表面证据方法的依据。在《示范法》起草过程中,秘书组曾经建议过加入一个条文(在草案中是第17条),授予法院对仲裁的同步控制权。[④] 该条文是这样的:"第17条,同步法庭控制。(1)无论第16条的条文如何规定,一方可以在任何时候要求第6条所明确的法院决定是否存在有效的仲裁协议,以及如果仲裁程序开始,仲裁庭就被提交的争议是否有管辖权。(2)当此争议正在法庭审理,仲裁庭可以继续程序,除非法庭命令仲裁庭停止或中止这些程序。"该条文在工作组第七次会议上最终被否决。否决的原因是"(起草中的第17条)可能会在仲裁程序中产生不好的影响,因为它会

---

① UNCITRAL, Report of the Working Group on International Contract Practices on the Work of its Fifth Session, UN Doc A/CN/9/233, para. 77.

② See Gary Born, *International Commercial Arbitration, Volume I: International Arbitration Agreements*, Wolters Kluwer, 2nd Ed, 2014, p. 1083.

③ See Gary Born, *International Commercial Arbitration, Volume I: International Arbitration Agreements*, Wolters Kluwer, 2nd Ed, 2014, pp. 1082-1083.

④ Composite Draft Text of a Model Law on International Commercial Arbitration, UN Doc A/CN. 9/WG. II/WP. 48.

给拖延策略与阻碍打开方便之门,也因为它与第 16 条背后的原则不一致,该原则是应该让仲裁庭首要地、初始地决定其管辖权,并最终受制于法庭控制。"①这说明《示范法》的起草者有意图想让仲裁庭首先审理自己的管辖权。

在立法工作的后续发展中,有证据证明这一观点甚至得到了进一步的加强。国际律师协会与英国政府在草案第 17 条被拒绝之后,继续要求在《示范法》中加入这一条。国际律师协会认为:"国际律师协会接受这一观点:决定管辖权问题,包括可仲裁性、仲裁协议有效性以及类似问题的主要权力应当在仲裁庭本身。但是,因为仲裁庭对这些问题的决定最终受制于法庭控制,所以法庭对这些问题的干预应该在早期被允许,而不是仅仅在仲裁程序结束的时候,这似乎很合理。这将避免不必要的迟延和费用。据此,建议……草案第 17 条……带着可能再次写入的观点被重新考虑。"②但是,无论是国际律师协会还是英国政府的意见,最终都没有被接受。这些可以看作是支持表面证据方法的证据。

因此,最终我们可以看出,由于双方的意见都可以从《示范法》的准备文件中找到一定依据,因此无法从中得出决定性的结论。其原因可能在于《示范法》第 8 条在第五次会议起草时,它被有意编写得"与《1958 年纽约公约》相关条文一致"。③《1958 年关于承认及执行外国仲裁裁决的纽约公约》(以下简称《纽约公约》)的相应条款是第 2 条第 3 款,条文是:"当事人就诉讼事项订有本条所称之协定者,缔约国法院受理诉讼时应依当事人一造之请求,命当事人提交仲裁,但前述协定经法院认定无效、失效或不能实行者不在此限。"将其与《示范法》第 8 条第 1 款对比,即可看出二者的相似之处。

《纽约公约》在 1958 年起草时,其主要目的是限制缔约国承认有效的外国仲裁裁决,并没有考虑自裁管辖权原则。直到《示范法》起草之时,已是《纽约

---

① UNCITRAL, Report of the Working Group on International Contract Practices on the Work of its Seventh Session, UN Doc A/CN/9/246 at para. 55.

② Analytical Compilation of Comments by Governments and International Organizations on the Draft Text of a Model Law on International Commercial Arbitration, UN Doc A/CN. 9/263 ("Secretariat's Analytical Compilation of Comments") at p. 30.

③ UNCITRAL, Report of the Working Group on International Contract Practices on the Work of its Fifth Session, UN Doc A/CN/9/233, para. 76.

公约》签订三十年后。此时自裁管辖权原则仍然被认为略有争议,且有待被所有的国内法接受。[①] 自裁管辖权原则在工作组第六次会议被新引入《示范法》时,[②]自然与旧的、来自《纽约公约》第 2 条的《示范法》第 8 条第 1 款产生了冲突。

三、对各法域司法实践的分析

本文将考察英国、新加坡和加拿大 3 个国家和我国香港地区关于如何处理这一冲突的司法实践。其中,我国香港地区以及新加坡和加拿大都是直接以其国内或地区立法并入《示范法》的国家和地区,而英国不是示范法国家。但英国的《1996 年英国仲裁法》受到《示范法》非常强的影响,其相应条文也与《示范法》非常相似,具有比较的价值。总体而言,英国采用的是实质审查方法,会对管辖权的有无、范围进行实质的审查,并得出具有终局性的结论;而我国香港地区以及新加坡和加拿大则采用表面证据方法,只对管辖权问题进行表面证据上的审查,其结论也并不是最终结论。此外,虽然后三者都采用了表面证据方法,但具体做法各有不同。

(一)英国

英国相关的条文有以下 4 个。

一是《1996 年英国仲裁法》第 9 条第 1 款的(1):“某一依仲裁协议应交付仲裁的争议而引起(无论是以诉还是反诉的形式)的法律程序所针对的仲裁协议的一方当事人可以向程序所在的法院(通知诉讼程序的其他方当事人)申请停止法庭程序,只要它们与此事项相关。”[③]

二是《1996 年英国仲裁法》第 9 条第 1 款的(4):“除非法院认为(satisfied)

① Analytical Commentary on Draft Text of a Model Law on International Commercial Arbitration, UN Doc A/CN. 9/264 at p. 37.

② UNCITRAL, Report of the Working Group on International Contract Practices on the Work of its Sixth Session, UN Doc A/CN/9/233, para. 58.

③ ss9(1)(1) of UK Arbitration Act 1996: A party to an arbitration agreement against whom legal proceedings are brought (whether by way of claim or counterclaim) in respect of a matter which under the agreement is to be referred to arbitration may (upon notice to the other parties to the proceedings) apply to the court in which the proceedings have been brought to stay the proceedings so far as they concern that matter.

仲裁协议无效,不能实行或不能履行,其应根据就本节提出的申请允许停止诉讼。”[①]可见《1996 年英国仲裁法》对此问题的规定是将《示范法》第 8 条第 1 款分拆为当事人的申请权和法庭的决定权两部分。

三是《1996 年英国仲裁法》第 30 条:“……仲裁庭可就其自身管辖权作出裁决,也就是:(a)是否存在有效的仲裁协议,(b)仲裁庭组成是否合适,以及(c)根据仲裁协议提交仲裁的事项有哪些。”[②]这一条,对应《示范法》第 16 条第 1 款,也就是自裁管辖权原则的条款。

四是一个与仲裁相关的《英国民事诉讼规则》的条款,即《英国民事诉讼规则》第 62.8 条第 3 款:“当(管辖权存在与范围)有疑问时,法院可以决定该问题或发出指令使其能够被决定,可以指令程序停止,等待其决定。”[③]这一条文使英国的法庭有权力直接介入对管辖权的审查,并作出最终决定。

英国针对该问题的做法由艾肯斯法官在“俄罗斯航空公司诉别列佐夫斯基”一案中作出了总结。具体规则如下:“宣称(i)仲裁协议存在、(ii)仲裁协议包括属于法庭诉讼程序标的的争议的一方,有举证责任证明这一点”。[④] 此时的举证形式仅仅是双方提交书面证据。如果从书面证据上,法庭就可以决定举证方是否完成其举证责任,那么法庭就可以据此决定是否援引《1996 年英国仲裁法》第 9 条第 1 款与第 9 条第 4 款停止法庭程序。[⑤]

---

① ss9(1)(4) of UK Arbitration Act 1996:On an application under this section the court shall grant a stay unless satisfied that the arbitration agreement is null and void, inoperative or incapable of being performed.

② s30 of UK Arbitration Act 1996:…,the arbitral tribunal may rule on its own substantive jurisdiction, that is, as to -(a) whether there is a valid arbitration agreement, (b) whether the tribunal is properly constituted, and (c) what matters have been submitted to arbitration in accordance with the arbitration agreement. ”

③ r 62.8(3) of English Civil Procedural Rules:Where a question arises as to …(existence and scope), the court may decide that question or give directions to enable it to be decided and may order the proceedings to be stayed pending its decision.

④ Waller LJ., Ahmad Al-Naimi(T/A Buildermaster Construction Services) v. Islamic Press Agency Inc [2000] 1 Lloyd's Rep 522, para. 525.

⑤ Aikens LJ, Joint Stock Company "Aeroflot Russian Airlines" v. Berezovsky [2013] 2 Lloyd's Rep 242, para. 73.

但是,由于这一阶段的审查对象主要是书面证据,那么就会出现另一种情况,即仅仅根据书面证据,法庭无法作出结论。也就是说,"法庭无法基于书面证据,以结论性的方式(in a summary fashion)决定以上两个问题"。[①] 这里的"以结论性的方式"这一表述,就说明英国法院认为,法院对仲裁协议的存在与效力的审查是终局性的审查。这也表明,英国在这一问题上采用的是实质审查方法。正是因为法庭在这一问题上作出的结论是最终结论,因此英国法在根据书面证据无法作出最终结论的时候,必须允许双方当事人就这一问题在法庭前进行充分的举证。法庭在此时有两种做法:[②]第一,因为《英国民事诉讼程序》第62条给予了英国法庭决定这一问题的明确的权力,所以法庭可以决定启动法庭程序,审理这一问题。对仲裁协议的存在与范围的审理,必须依照"可能性平衡"(balance of probabilities)的方式。[③] 对于"可能性平衡",《非普森论证据》一书的定义是:"……民事案件的举证标准一般是基于可能性平衡的证明。所以,如果证据使得仲裁庭可以说'我们认为相比不可能更加可能',就消除了举证责任。如果可能性是一样的,就没有完成。"[④]由此可以看出,采用这一标准,必须让双方充分地举证,那么对问题的审查自然就是一种全面的审查,因为双方在这一问题的争议上,会提交自己已有的全部证据。第二,英国法庭有内在的权力,停止法庭程序,将问题交付假定存在的仲裁庭决定。法庭作出这一决定,所依据的不是《1996年英国仲裁法》第9条第1款与第9条第4款,而是其内在的管辖权(inherent jurisdiction)。但这样做的条件是仲裁协议的效力必须有争议的空间(arguable case)。换句话说,如果仲裁协议明显是无效的,法庭也不能将此问题交付仲裁庭审理。[⑤]

由上述案例规则我们可以看出,英国对关于仲裁协议审查管辖权的划分问

---

① Aikens LJ, Joint Stock Company"Aeroflot Russian Airlines" v. Berezovsky [2013] 2 Lloyd's Rep 242, para. 74.

② Judge Humphrey Lloyd QC, Birse Construction Ltd. v. St David Ltd. [1999] BLR 194, para. 196.

③ Aikens LJ, Joint Stock Company"Aeroflot Russian Airlines" v. Berezovsky [2013] 2 Lloyd's Rep 242, para. 73.

④ Phipson on Evidence, 6-54.

⑤ Christopher Clarke J., JSC BTA Bank v. Ablyazov [2011] 2 Lloyd's Rep 129, paras. 31-33.

题的处理有两个特点：首先，无论是书面审查还是全面审查，法庭就这一问题的结论都是终局性的，无论是仲裁庭还是其后的法庭程序（申请撤销程序等）都无法改变；其次，因为这个法庭的决定是终局性的决定，法庭对这一问题的审查会非常慎重。如果就书面证据的审理无法得出结论，法庭会根据《英国民事诉讼程序》的相关条文，进行全面的审理。因此，英国法庭采用的是一种典型的实质审查方法。

（二）中国香港特别行政区

香港特别行政区法院首次涉及仲裁协议管辖权在法院和仲裁庭之间分割问题的是"Triple V"案。在该案中，先有一个合同中包含了有效的仲裁协议，在此之后又有一个协议取消了之前的合同，双方就仲裁协议的效力问题发生争议，一方诉至法院。而另一方则要求法院停止其审理程序，将仲裁协议的效力问题也交付仲裁庭。在初审法院中，法官认为"有表面证据证明原告和 D1 之间关于 No. 1034HK 合同的争议是存在的，应当指定一个仲裁员仲裁他们之间的争议。应当由仲裁员决定据称的后续取消该合同的协议的效力，如果该合同存在的话"。该案被上诉后，上诉法院法官在判决中引用并赞同了初审法院法官的做法。上诉法院认为"如果法官在这一问题上走得更深，他会在效果上僭越仲裁员的职能。显然，如果法院必须讨论（争议）背后是否存在仲裁协议，这种讨论应仅限于表面证据的程度。在这里，在执行其第 11 条第 3 款（香港仲裁条例第五部分）的管辖权时，列奥纳德法官实际上是在询问自己 No. 1034HK 合同的存在是否是可争辩的，而不论后续协议的存在。这对我来说是正确的做法"。①

"Triple V"案被之后的一个案件所引用。在后一个案件中，法官解释了为何中国香港地区的相应仲裁法的条文与英国类似，但是要采取和英国不同的做法，即表面证据方法。法官认为"法庭不去僭越仲裁员的职能，这一点很重要。除非事实非常清楚，事项应被留给仲裁。关于这一点，（香港法中）缺少与《英

① Private Company "Triple V" Inc. v. Star (Universal) Co. Ltd. & Another [1995] 2 HKLR 62.

国民事诉讼规则》第62.8条第3款相对应的条款非常重要。在香港,我们不认为法庭应当试图解决这一问题,即使根据《示范法》第16条第3款,法庭有权在仲裁庭将该问题作为先决问题作出决定之后决定管辖权问题”。[①] 法官并没有解释为什么香港法没有与《英国民事诉讼规则》第62.8条第3款相对应的条款对于香港采用表面证据方法很重要。可能的原因是,由于香港法中没有类似《英国民事诉讼规则》第62.8条第3款的条款,香港法院就不像英国法院那样有启动司法程序审理仲裁协议效力的权力,香港法院也就没有能力让双方对这一问题进行充分的举证,并在可能性平衡的基础上得出结论。而如果香港法院想采用实质审查方法,其作出的结论就必须是终局性的结论,那么就有可能遇到仅凭书面证据无法作出结论,需要对问题进行详尽审查的情况。这一矛盾让香港法院最终选择了表面证据方法,即只要有表面证据,就把争议交给仲裁庭,从而回避了这一问题。

由此我们可以看出,中国香港地区对于管辖权问题的审查标准,采用的是表面证据方法,即只要在表面证据的程度上仲裁协议是有效的,香港法院就会将该问题交付仲裁庭审理。

(三)加拿大

在加拿大的魁北克地区,相关的法律条文有两个:一是《魁北克民事诉讼法典》第940条第1款:“当一项关于双方有仲裁协议的事项的争议的申请被提出,法庭应将他们交付仲裁,除非……或法庭发现该仲裁协议无效。”这一条对应的是《示范法》第8条第1款和《1996年英国仲裁法》第9条第1款和第9条第4款,授予法庭一定的审查仲裁协议的权力。二是《魁北克民事诉讼法典》第943条:“仲裁员有权决定自身管辖权问题。”这体现的就是自裁管辖权原则,对应的是《示范法》第16条第1款和《1996年英国仲裁法》第30条。

加拿大魁北克地区对此问题作出判决的指导案例是戴尔电脑案。该案对于仲裁协议的存在与范围的审理确立了表面证据标准,但有一定的例外。具体

---

① Tang VP, PCCW Global Ltd. v. Interactive Communications Service Ltd. [2007] 1 HKLRD 309, para. 60.

的判断方法是:原则上该问题应该交由仲裁庭审理。[①] 也就是说,只要能够建立表面证据证明仲裁协议存在,那么就应该交由仲裁庭进一步审理。但也有两个例外:一是如果该仲裁协议的存在与否仅仅是涉及法律问题,[②]而不涉及事实问题,同时法院认为当事人的申请不是拖延策略,也没有不正当地损害仲裁程序;[③]法庭可以进行审理;二是对于事实问题,或者法律与事实的混合问题,法庭认为仅需就书面证据作表面的审理即可,[④]同时法院认为当事人的申请不是拖延策略,也没有不正当地损害仲裁程序,此时法院也可以进行审理。而对于事实问题和法律事实混合问题,仅就书面证据进行审理不能满足法院的需要,那么还是应该交由仲裁庭进行实质性审理。

由此可以看出,加拿大魁北克地区的案例规则尽管略显复杂,但基本做法就是表面证据方法。观察其对书面证据能否满足法庭审查需要的规定,可以看出加拿大原则上采用表面证据方法,也与其仲裁法律中缺少像《英国民事诉讼规则》第 62.8 条第 3 款那样授权法院在仅据书面证据无法作出决定性结论时进行正式庭审的条文有关。英国法庭在此时可以通过庭审进行实质性审查,而加拿大法庭则只能将其交付仲裁庭。此外,除了魁北克地区,在加拿大的英属哥伦比亚、奥兰多、新不伦瑞克地区都有相应的案例适用了这一规则。

(四)新加坡

新加坡相关的法律条文有两个:一是《新加坡国际仲裁法》第 6 条第 1 款:"无论《示范法》第 8 条第 1 款如何规定,当适用本法案的仲裁协议的任何一方针对协议的另一方就属于协议标的的任何事项在任何法庭提起诉讼程序时,该协议的任何一方可以,在出庭之后,在进行任何答辩或在法律程序中采取任何步骤之前的任何时候,申请法庭停止程序,只要程序与此事项有关。"这一部分对应的是《1996 年英国仲裁法》第 9 条第 1 款,规定了当事方申请停止法庭程序的权利。二是《新加坡国际仲裁法》第 6 条第 2 款:"根据第一款被提出申请

① Union des consommateurs v. Dell Computer Corp [2007] 2 SCR 801, para. 83.
② Union des consommateurs v. Dell Computer Corp [2007] 2 SCR 801, para. 84.
③ Union des consommateurs v. Dell Computer Corp [2007] 2 SCR 801, para. 86.
④ Union des consommateurs v. Dell Computer Corp [2007] 2 SCR 801, para. 85.

的法院在其认为合适的条件或情况之下应当作出命令,停止法庭程序只要程序与此事项相关,除非法院认为(satisfied)仲裁协议无效,不能实行或不能履行。”这也就对应了《1996年英国仲裁法》第9条第4款,规定法庭处理停止法庭程序申请的方式和审查标准。

第一个案件涉及法院对仲裁协议的存在与范围审查标准问题的是Sim Chay Koon案。该案中一方当事人依照《新加坡国际仲裁法》第6条第1款提出申请法院停止法庭程序,将该案交付仲裁。法院处理这一申请就不得不涉及对第6条第2款的解释,也就是法院在认定第6条第2款时应当适用何种审查标准。该案中法院适用的是表面证据方法。即只要申请人在表面证据的程度上证明了仲裁协议的存在,就应当将该问题交付仲裁庭审理。①

第二个案件是Titan City案。该案涉及并入提单的仲裁条款。该案中的原告是提单的受让人。原告向法院提出诉讼后,被告诉称其与提单出让人之间的期租合同的仲裁条款已经被并入原告据以提出诉讼的提单当中,因此根据《新加坡国际仲裁法》第6条要求法院停止法庭程序,将该争议交付仲裁。本案法官认为:“……法院只需认为,为建立(《新加坡国际仲裁法》)第6条第1款的首要的前提之目的,仲裁协议在表面证据的程度上成立即可。此一首要的前提(也就是有效仲裁协议的存在)并不要求只能在最清楚、最明显的情况下满足。这不是说法院当事实与无可争辩的档案和同时的证据明显不一致时法院也要接受仲裁协议的表面证据,也不是说法院应当不加批判地接受支持停止申请的书面证据中的所有事实。”②该案法官据此认为申请人已经在表面证据的程度上证明了仲裁协议的存在。

第三个案件是Ventura案,该案中一方以存在仲裁协议为由申请停止法庭程序,但是另一方声称自己从未签署包含仲裁协议的担保文件,因此自己从未与对方达成所谓的仲裁协议,这使仲裁协议是否存在成为一个问题,此时,法庭

---

① Sim Chay Koon and others v. NTUC Income Insurance Co-operative Limited [2015] SGCA 46, para. 5.

② Leong AR, The Titan Unity [2013] SGHCR 28, para. 34.

应当采用实质审查标准,而非表面证据标准,以一般民事程序中的可能性平衡的标准确定仲裁协议是否存在。[①] 法官在判决书中将该问题称为"鸡生蛋还是蛋生鸡的问题"。最终法庭还是出于支持自裁管辖权原则而适用了表面证据标准。本案法官在案件中进一步解释了为何《新加坡国际仲裁法》的相关条文与《1996 年英国仲裁法》的对应条文基本一致,但新加坡不会追随英国采用相同的实质审查标准,而是采用表面证据标准。法官认为:"尽管《1996 年英国仲裁法》第 9 条第 1 款和第 4 款中使用的重要的文字与《新加坡国际仲裁法》第 6 条第 1 款和第 2 款中使用的文字是对等的,但是这两个条文的语境不同。"[②]关于此类不同,法官在之后举了两个例子:第一,"《新加坡国际仲裁法》仅仅处理国际仲裁问题,我们(新加坡)有一套单独的立法处理国内仲裁问题,该系统中法院干预仲裁的权力空间更大。但是,《1996 年英国仲裁法》覆盖国内和国际仲裁程序"。[③] 因为新加坡法院对国内仲裁的干预的空间更大,相应而言,其对国际仲裁的干预力度就应该更小,因此法院在国际仲裁中,对仲裁协议效力的审查,就应当采用表面证据方法。第二,"《1996 年英国仲裁法》第 32 条允许法庭在仲裁程序当事方申请之下就仲裁庭的实质管辖权决定任何问题"。[④] 尽管这一权力有诸多例外,但这说明英国仲裁法授予法院更大的干预仲裁程序权力。而新加坡仲裁法中没有这一条文,说明新加坡仲裁法的立法者在法院干预仲裁的问题上采取的是更加谨慎的态度,更倾向于限缩法庭的权力,保持一种谦抑性。

Ventura 案解释了为何英国仲裁法的相关条文(《1996 年英国仲裁法》第 9 条第 1 款和第 4 款)与《新加坡国际仲裁法》相关条文基本类似的情况下,新加坡采用了与英国不同的表面证据方法。而 Tomolugen 案则处理了"认定"和"认为"的问题。对比《新加坡国际仲裁法》第 6 条第 2 款、《1996 年英国仲裁法》第 9 条第 4 款与《示范法》第 8 条"除非"之后的后半段文字,我们还可以发

① Judith Prakash J, Malini Ventura v. Knight Capital Pte Ltd. and others [2015] SGHC 225, para. 24.

② Judith Prakash J, Malini Ventura v. Knight Capital Pte Ltd. and others [2015] SGHC 225, para. 35.

③ Judith Prakash J, Malini Ventura v. Knight Capital Pte Ltd. and others [2015] SGHC 225, para. 35.

④ Judith Prakash J, Malini Ventura v. Knight Capital Pte Ltd. and others [2015] SGHC 225, para. 35.

现有一处关键性的用词区别:《示范法》使用的是“认定(finds)仲裁协议无效、不能实行或不能履行”,而《1996年英国仲裁法》与《新加坡国际仲裁法》对应《示范法》中“认定”一词的都是“认为”(satisfied)。换句话说,《1996年英国仲裁法》与《新加坡国际仲裁法》都将《示范法》中的“认定”替换为了“认为”。但是它们对此项替换的意义看法不同。

英国法院对此问题在Aeroflot v. Berezovsky一案中认为:“在(《1996年英国仲裁法》)第9条第4款之下,法庭应当停止其程序,除非它认为仲裁协议无效,或不能履行。在我看来,这意味着一旦在先的一方证明了明显存在相关的仲裁协议且此协议包括程序中的争议事项,就应当由抗拒停止程序的一方向法院证明(satisfy court)该明显存在的仲裁协议是无效的。[①] 这是旧法的观点,也就是《1975年英国仲裁法》第1款。该法首次在英国法下以成文法形式给予《纽约公约》效力。本法庭已经说明,这一观点在《1996年英国仲裁法》中维持不变,尽管并未说明其理由。我将在下面考虑在此阶段应当达到的证明标准的问题。”[②]这说明,英国法院尽管注意到《示范法》相应条款中的“认定”被替换为“认为”,但是将“认为”(satisfied)解释为“让法院认为”(satisfy court),进而引申为一种类似于“可能性平衡”的举证方式。这表明英国法院的观点是《1996年英国仲裁法》中的“认为”一词支持了实质审查方法。

而新加坡法院则就该问题采取了与英国不同的态度。在Tomolugen案中,新加坡法官认为新加坡仲裁法的立法者在并入《示范法》时将“认定”一词替换为“认为”,这一做法表明立法者降低了法院面对停止法庭程序的申请时的审查标准:“……《新加坡国际仲裁法》第6条第2款将《示范法》第8条第1款的‘认定’替换为‘认为’。对此的文本分析更加支持表面证据的门槛,而不是基

① 此处引用的内容来自英国法院判决,原文为英文。《1996年英国仲裁法》第9条第4款是中止诉讼条款之一,意为:除非法院认为案件所依据的仲裁协议无效……否则法院须依当事人申请中止审理。故欲阻止此类中止申请的另一方当事人,须有证明“仲裁协议无效”的举证责任,否则法院将依申请中止程序。——编者注

② Aikens LJ, Joint Stock Company“Aeroflot Russian Airlines”v. Berezovsky [2013] 2 Lloyd's Rep 242, para. 74.

于可能性平衡的决定。”①

由此我们可以看出，新加坡法在仲裁协议审查的管辖权在法院与仲裁庭之间的分割问题上，采用的也是表面证据方法。

四、对中国仲裁法律的启示

在上文提及的戴尔电脑案中，加拿大法官 Deschamps 在判决书中提道：“表面证据标准正在全世界范围内越来越得到支持。”②根据 UNCITRAL 在 2012 年对《示范法》在世界范围内的实行情况所做的统计，目前在各国国内法院中，涉及仲裁协议管辖权在法院与仲裁庭分割问题，同时采用了实质审查方法的国家有 8 个，它们是：英国、克罗地亚、西班牙、墨西哥、澳大利亚、乌干达、肯尼亚、爱尔兰。而相比较而言，在此问题上使用表面证据方法的国家或地区相对较少，除了上文分析过的加拿大、新加坡以及我国香港特别行政区之外，还有印度，一共有 4 个。因此，就目前而言，表面证据方法还是相对弱势的。但是支持表面证据方法的往往是一些仲裁实践较为发达的国家。随着实质审查方法不断受到批评，表面证据方法体现了法院对仲裁的支持和对自裁管辖权原则的尊重，相信随着仲裁实践的发展、仲裁庭能力的提高，表面证据方法将会逐渐得到更多国家的采纳。

中国法院的做法非常简单。中国最早涉及这一问题的是最高人民法院于 1998 年发布的最高人民法院《关于确认仲裁协议效力几个问题的批复》，其中第 3 条规定：“当事人对仲裁协议的效力有异议，一方当事人申请仲裁机构确认仲裁协议效力，另一方当事人请求人民法院确认仲裁协议无效，如果仲裁机构先于人民法院接受申请并已作出决定，人民法院不予受理；如果仲裁机构接受申请后尚未作出决定，人民法院应予受理，同时通知仲裁机构终止仲裁。”该批复在一定程度上尊重了仲裁庭的管辖权。2006 年施行的最高人民法院《关于适用〈中华人民共和国仲裁法〉若干问题的解释》第 13 条第 2 款规定：“仲裁机

① Sundaresh Menon CJ, Tomolugen Holdings Ltd. v. Silica Investors Ltd. [2015] SGCA 57, para. 69.

② Union des consommateurs v. Dell Computer Corp [2007] 2 SCR 801, para. 83.

构对仲裁协议的效力作出决定后，当事人向人民法院申请确认仲裁协议效力或者申请撤销仲裁机构的决定的，人民法院不予受理。”应该说，这一司法解释的规定继承了前述批复的精神，但是其标准是时间的先后，而非基于证据效力的强弱。

相关的法律条文是《中华人民共和国仲裁法》第5条：“当事人达成仲裁协议，一方向人民法院起诉的，人民法院不予受理，但仲裁协议无效的除外。”北大法宝中与《中华人民共和国仲裁法》第5条相关的案例有212件，[①]对于该条文中的“但仲裁协议无效的除外”的认定，基本是由法院进行的，仲裁庭很难分到权力。其原因也非常简单：《中华人民共和国仲裁法》中没有明确体现自裁管辖权原则的条款，冲突的基础就不存在。在《示范法》立法过程中，以及其他国家司法实践中争议较大的问题，在中国法下完全不是问题。但是，《中华人民共和国仲裁法》进步的趋势和唯一方向就是越来越支持仲裁。别的国家走过的道路、经历过的争论，中国还是会经历一遍的。借鉴其他国家的做法，无疑对中国仲裁法律的发展很有好处。

如果中国全部或者在自贸区一类的地域部分地接受自裁管辖权原则，根据上文对各国实践的分析，同时采用表面证据方法也是一个更加进步的选择。

要求法院在停止法庭程序的申请中，对仲裁庭的管辖权进行全面的审查并作出最终决定会严重地架空自裁管辖权原则的实际效果。如果法庭对此问题采用实质审查的标准，那么仲裁中的一方就可以轻易地选择将仲裁庭的管辖权推给法庭审查，此时自裁管辖权原则会变得非常脆弱。如果当事人决定以仲裁方式实现其诉求，此时，将管辖权争议交付仲裁庭决定可以更充分地体现自裁管辖权原则。但是，如果当事人选择通过法庭程序实现其诉求，而不是在仲裁结果作出后通过撤销程序，采用实质审查标准的法庭将会获得管辖权，可以并且有义务对仲裁协议的存在与范围作出裁定。这将实质性地剥夺仲裁庭的自裁管辖权。自裁管辖权原则如果要成为一个坚强的原则，它的适用与否就不能

① 截至本文完成时。

取决于当事人是否选择以仲裁方式实现其诉求。采取表面证据方法就可以避免这一问题。

也有观点担心采用表面证据方法会带来资源的重复浪费。但与之相反的是,采用表面证据方法,承认并执行自裁管辖权原则恰恰可以防止当事人在有仲裁协议时启动法庭程序。当事人会非常清楚:除非仲裁协议很明显无效或不可适用,否则法庭会停止法庭程序、支持仲裁。一般而言,仲裁的当事人有很大可能会接受仲裁庭作出的合理的管辖权决定,而不对其提出上诉。这就避免了重复司法的问题。[①] 此外,如果当事人真的想通过对管辖权决定上诉的方式来拖延程序,他们还可能面临相应费用的损失。

五、结论

现行《中华人民共和国仲裁法》通过于 1994 年,施行于 1995 年,目前其中的很多规定已经落后于社会实践。在外国法官讨论如何解决仲裁庭对仲裁协议的管辖权与法院的权力之间的冲突的问题时,中国甚至还没有出现这种冲突的基础。但随着中国法律制度的进步,仲裁制度的日趋开放,以及法院案件压力的愈加繁重,中国会越来越支持以仲裁的方式解决争议。对于引入自裁管辖权而造成的与法院之间权力的冲突问题,国际社会在立法和司法上经过多年的争论和实践,形成了明显的趋势,也就是支持表面证据方法,倾向于让仲裁庭自行决定其管辖权的有无与范围。中国没有必要再走一遍其他国家已经走过的老路,而应该学习他们的经验,将表面证据方法和自裁管辖权看作一个硬币的两面,同时予以接纳。

---

① David Joseph QC, Jurisdiction and Arbitration Agreement, p. 346.

由"Crescendo"案探析
伦敦仲裁与中国诉讼的冲突

张晓明*

摘要：本文通过分析由造船合同还款保函引起的伦敦仲裁与中国诉讼的相关冲突，研究中国司法实践中经常出现的典型问题，探讨适用"一事不再理"原则解决平行诉讼的可行性，并建议中国船厂及担保银行积极参与伦敦仲裁。

关键词：造船合同　还款保函　伦敦仲裁　平行诉讼

杨良宜先生曾表示，中国船厂签订的造船合同中有95%甚至更高的比例都是选择在伦敦仲裁；且在其参与及听说过的伦敦仲裁案件中，中国船厂无一胜诉。其中每个案件败诉涉及的金额均是几千万甚至上亿美元。这样巨大金额的败诉不仅使船厂面临危机，更会直接影响为船厂开具还款担保的中国各银行。①

本文所述案件中，中国船厂及其担保银行与外国船东分别在英国、中国及美国同时进行仲裁、诉讼及执行，一时间"硝烟四起"。

---

* 张晓明，广东敬海（青岛）律师事务所律师。

① 参见杨良宜：《中国船厂在伦敦仲裁的大量败诉与预防胜于治疗的呼吁》，载海商法研究中心的博客：http://blog.sina.com.cn/maritimelawreview，最后访问日期：2018年1月7日。

一、案情简介

据公开资料显示,2007 年 8 月,中国船厂南通明德重工有限公司(以下简称船厂)与马绍尔群岛船东 Crescendo Maritime Co.(以下简称船东)签署造船合同,由船厂为船东建造一艘散货船。造船合同约定适用英国法,在伦敦进行仲裁。Alpha Bank A. E.(以下简称船东银行)向船东提供造船融资。

交通银行青岛分行(以下简称交行)向船东出具了还款保函(以下简称保函),担保造船合同项下预付款的返还。保函亦约定适用英国法并在伦敦进行仲裁。

2006 年 12 月,国际海事组织颁布《船舶压载舱保护涂层性能标准》,强制实施于 2007 年 7 月 1 日以后签订造船合同的船舶。交行称为规避该标准,船东和船厂将造船合同日期倒签为 2006 年 12 月。

2011 年 11 月,由于船厂未能按期交船,船东分别对船厂和交行提起伦敦仲裁,主张取消造船合同并请求返还预付款。两案由同一仲裁庭合并审理。因仲裁庭将第三人船东银行加入仲裁,交行随后不再参加仲裁的审理。

2014 年 8 月,交行在青岛海事法院起诉,以船厂、船东和船东银行倒签造船合同构成共同欺诈为由,请求法院确认保函无效。

2014 年 10 月,青岛海事法院签发止付令,禁止交行、其总行及海内外分支机构向船东及船东银行支付保函下款项。

2014 年 11 月,船东以保函存在仲裁协议为由向青岛海事法院提出管辖权异议但被驳回。随后,船东提起上诉。

2014 年 12 月,仲裁庭出具两份裁决书,一份裁定船东有权解除造船合同,船厂应向船东返还预付款;另一份裁定如船厂不能履行还款义务,交行应向船东还款。随后,交行对仲裁裁决提起上诉,但被英国法院驳回。

2014 年 12 月,船厂进入破产程序。

2015 年 6 月,应船东申请,美国纽约法院裁定承认和执行针对交行的仲裁裁决。

2015年11月，英国法院签发禁诉令，责令交行停止其在中国法院的诉讼。

2016年9月，船东以其与交行达成和解为由，申请撤回了在中国法院提起的管辖权异议上诉。

二、中国法院能否对保函争议行使管辖权

为规避保函约定的伦敦仲裁，交行以船厂、船东及船东银行倒签造船合同构成共同欺诈为由将三者列为共同被告诉至青岛海事法院。虽然船东提出管辖权异议，但青岛海事法院初步认为保函仲裁条款不能涵盖侵权一案的所有当事人，故驳回了该管辖权异议。

考虑到在英国仲裁中的不利地位，中国当事人通常会选择以增加被告的方式在中国提起诉讼以规避仲裁，司法实践对这种行为的认定并不统一。

在"轻纺案"[①]中，江苏省物资集团轻工纺织总公司（以下简称轻纺公司）分别与香港裕亿集团有限公司（以下简称裕亿公司）、加拿大太子发展有限公司（以下简称太子公司）签订的旧电机销售合同中均订有仲裁条款。轻纺公司收货后发现货物均为废钢铁，遂以裕亿公司和太子公司共同欺诈为由起诉。最高人民法院认为，仲裁机构有权受理侵权纠纷，该案应通过仲裁解决，即使该案涉及第三人，在仲裁庭不能追究第三人责任的情况下，轻纺公司也可以第三人为被告向法院另行起诉，当事人的合法权益仍然可以得到维护，故驳回轻纺公司的起诉。

在"瑞福案"[②]中，天津瑞福能源销售有限公司（以下简称瑞福公司）与嘉宏国际控股有限公司（以下简称嘉宏公司）签订的航次租船合同中约定有仲裁条款。因合同履行发生争议，瑞福公司以嘉宏公司、案外人大华运输有限公司（以下简称大华公司）和福州鑫嘉宏船务有限公司（以下简称鑫嘉宏公司）为共同被告诉至法院。最高人民法院认为，瑞福公司索赔船舶租金差价损失，系根

---

① 《江苏省物资集团轻工纺织总公司诉（香港）裕亿集团有限公司、（加拿大）太子发展有限公司侵权损害赔偿纠纷上诉案》，载《中华人民共和国最高人民法院公报》1998年第3期。

② （2012）民申字第709号民事裁定书。

据其与嘉宏公司签订的航次租船合同,大华公司及鑫嘉宏公司均非该合同的当事人,无权列其为共同被告,因瑞福公司与嘉宏公司订有仲裁协议,故驳回瑞富公司的起诉。

在“吉化案”①中,吉林化学工业股份有限公司(以下简称吉化公司)与美国WP国际发展公司(以下简称WP公司)签订的合作经营合同中订有仲裁条款。WP公司称吉化公司和吉林市淞美醋酸有限公司(以下简称淞美公司)虚构亏损事实构成共同欺诈,以二者为共同被告诉至法院。最高人民法院认为,WP公司主张吉化公司与淞美公司构成共同侵权,没有淞美公司的侵权行为,吉化公司的侵权目的亦实现不了,故WP公司对吉化公司和淞美公司提起的侵权诉讼是必要的共同侵权之诉,WP公司与吉化公司之间的合作经营合同虽约定有仲裁条款,但该仲裁条款不能约束本案中三方当事人之间的共同侵权纠纷,故驳回吉化公司的管辖权异议。

在“西霞口案”②中,荣成市西霞口船业有限公司(以下简称西霞口公司)与瓦锡兰芬兰有限公司(以下简称瓦锡兰公司)之间的主机供应合同及西霞口公司与西特福船运公司(以下简称西福特公司)之间的造船合同分别约定有仲裁条款。西霞口公司收到主机后发现为翻新的二手主机,认为二者故意串通出售翻新主机构成共同侵权,以二者为共同被告诉至法院。最高人民法院认为,两份仲裁协议均不能约束该案共同侵权纠纷的所有当事人,驳回了被告的管辖权异议。

从“轻纺案”及“瑞福案”可以看出,只要双方之间存在仲裁协议,无论是以侵权为由还是以违约为由起诉,只要第三人明显与涉诉争议无关,即使增列该第三人为共同被告,也不能达到规避仲裁的目的。而“吉化案”及“西霞口案”则显示,只要能初步证明仲裁协议当事人与第三人构成共同侵权,则法院将会以共同侵权为由支持诉讼。

本案中,交行提供了初步证据证明船厂及船东倒签造船合同,而船东融资银行对此知情,从而初步证明三方可能构成共同侵权。这样的话,即使船东未

① (2005)民四终字第16号民事裁定书。
② (2012)民提字第130号民事裁定书。

撤回管辖权异议的上诉,中国法院也可能最终会驳回船东提出的管辖权异议。

法院以共同侵权为由受理仲裁协议约定的争议有待商榷。

共同侵权确实可能产生共同诉讼。但是,共同诉讼分为普通的共同诉讼和必要的共同诉讼,二者在诉讼程序方面是有区别的。

普通的共同诉讼一般是指诉讼标的是同一种类,法院认为可以合并审理的共同诉讼。必要的共同诉讼一般是指诉讼标的是共同的,法院必须合并审理的共同诉讼。①

对于普通的共同诉讼,法院可以合并审理,也可以分开审理。而对于必要的共同诉讼,法院必须合并审理。《中华人民共和国民事诉讼法》第132条规定:"必须共同进行诉讼的当事人没有参加诉讼的,人民法院应当通知其参加诉讼。"可见,对于必要的共同诉讼,共同诉讼人不可缺少。如根据最高人民法院《关于适用〈中华人民共和国民事诉讼法〉的解释》的相关规定,个体工商户营业执照上登记的经营者与实际经营者,未依法领取营业执照的个人合伙的全体合伙人,借用业务介绍信的出借单位和借用人等均为必要的共同诉讼人,其必须作为共同被告参加诉讼。

可见,对于必要的共同诉讼,由于共同诉讼人必须参加诉讼,如果仲裁协议不能涵盖所有的必要共同诉讼人,法院将会受理诉讼,当事人确实可以达到规避仲裁的目的。

但是,构成共同侵权并不一定就构成必要的共同诉讼。根据《中华人民共和国侵权责任法》第8条,二人以上共同实施侵权行为,造成他人损害的,应当承担连带责任。但根据该法第13条,法律规定承担连带责任的,被侵权人有权请求部分或者全部连带责任人承担责任。说明共同侵权并非必须列所有共同侵权人为共同被告,也就是说,共同侵权并不一定构成必要的共同诉讼。

由此,最高人民法院在"轻纺案"中的观点值得借鉴,即在签订有仲裁协议的被侵权人和共同侵权人之间,无论以合同为由还是以侵权为由主张权利,均

---

① 参见沈德咏主编:《最高人民法院民事诉讼法司法解释理解与适用》(上),人民法院出版社2015年版,第270页。

应根据仲裁协议的约定提交仲裁解决。对于被侵权人和仲裁协议当事人以外的其他共同侵权人之间的纠纷,被侵权人完全可以向法院另行起诉,其合法权益仍可以得到维护。这样,既尊重及维护了当事人之间的仲裁协议,也不会损害被侵权人的利益。

另外,中国既然已经加入《承认及执行外国仲裁裁决公约》(以下简称《纽约公约》),就负有守约义务,不应支持和鼓励故意通过国内诉讼逃避仲裁的行为,以免损坏中国司法的国际声誉。

三、仲裁庭准予船东银行加入仲裁是否超出仲裁权限,由此导致仲裁裁决不能得到中国法院的承认与执行

本文所述案件保函的双方当事人为交行和船东。交行称船东已将保函转让给船东银行,因此船东不再具有索赔权。但是,仲裁庭最终决定将船东银行作为申请人之一也加入仲裁程序中。

仲裁的相对性与私密性决定了当事人不能像诉讼一样,可以申请增加当事人或第三人。否则,便会超出仲裁协议约定的范围。根据《纽约公约》第5条第1款(丙)项的规定,对于超出仲裁范围的裁决,可拒绝予以承认与执行。

本文所述案件面临的问题在于如船东确已将保函转让给船东银行,保函仲裁条款是否能够约束交行和受让人船东银行。

英国法总体上认可合同中的仲裁条款可随合同一起转让,转让后合同受让方也应受原合同仲裁条款的约束。①

如果本文所述案件仲裁裁决在中国申请承认与执行,中国法院将会首先审查仲裁庭对船东银行是否有管辖权。

根据《中华人民共和国涉外民事关系法律适用法》第18条的规定,当事人可以协议选择仲裁协议适用的法律。当事人没有选择的,适用仲裁机构所在地法律或者仲裁地法律。因此,中国法院将会根据本案仲裁地英国的法律审查仲

① 参见杨良宜:《国际商务游戏规则——英国合约法》,中国政法大学出版社2000年版,第149页。

裁庭是否对交行、船东及船东银行具有管辖权。

如仲裁庭认为保函已经转让给船东银行，则英国法应认可仲裁协议也转让从而约束交行与船东银行。否则，仲裁协议仍约束交行与船东。也就是说，仲裁协议要么存在于交行与船东之间，要么存在于交行与船东银行之间，而不可能同时存在于三者之间。从程序上讲，船东与船东银行可以分别基于保函针对交行提起仲裁，仲裁庭可以分别受理，并分别在两个仲裁中实体审查是否存在仲裁协议并相应认定交行的责任。当然，仲裁庭也可以进行合并审理，但应分别出具两份裁决书。但在本文所述案件中，仲裁庭在一个仲裁中审理三者之间的关系并出具一份裁决书，程序上确有瑕疵，即仲裁庭将船东银行加入交行和船东的仲裁，超出了仲裁协议约定的范围。

尽管如此，根据《纽约公约》第5条第1款(丙)项的规定，如果仲裁范围内的事项可以和仲裁范围外的事项分开，则裁决中仲裁范围内的部分仍可得到承认及执行。

最高人民法院在"GMI案复函"①中指出："本案仲裁庭根据美国GMI公司与芜湖冶炼厂签订的买卖合同中的仲裁条款受理案件，就仲裁范围而言，仲裁庭只能对GMI公司与芜湖冶炼厂之间的买卖合同纠纷作出裁决，但其却根据GMI公司的申请，将与GMI公司之间没有仲裁协议的芜湖恒鑫铜业集团有限公司列为仲裁被申请人，对所谓的GMI公司与芜湖冶炼厂及芜湖恒鑫铜业集团有限公司三方之间的纠纷作出了裁决，仲裁庭对GMI公司与芜湖恒鑫铜业集团有限公司之间所谓的买卖合同纠纷所作裁决，显然已经超出了本案仲裁协议的范围。根据《纽约公约》第五条第一款(丙)项的规定，仲裁事项超出仲裁协议范围的，应不予执行，但如果仲裁庭有权裁决部分与超裁的部分是可分的，则有权裁决的部分是应该承认和执行的。本案中仲裁庭有权裁决部分和超裁部分是明确可以区分的……因此对于涉及芜湖冶炼厂单独承担责任部分的裁决应予承认和执行。"

① 最高人民法院关于美国GMI公司申请承认英国伦敦金属交易所仲裁裁决案的复函，(2003)民四他字第12号。

最高人民法院在“西福特案复函”[①]中亦表示：“关于涉案仲裁裁决是否存在超出仲裁协议范围处理责任承担的问题。涉案仲裁裁决 A 部分第 5 项为‘若卖方未能向买方返还该等款项，买方将有权要求中国银行山东分行支付’。虽然中国银行山东分行为涉案船舶建造合同下买方预付款的返还提供还款担保，但该银行不是涉案船舶建造合同的一方当事人，也没有与合同当事人共同签订书面仲裁协议，不是涉案仲裁裁决的申请人或者被申请人。保函的权利义务关系不应作为涉案仲裁的裁决事项。伦敦仲裁庭作出的 A 部分第 5 项裁决超出了仲裁协议的范围，故该项裁决不应予以承认，但并不影响对其他可分事项裁决的承认。”

因此，即使仲裁庭对船东银行没有管辖权，其对交行和船东仍有仲裁管辖权。裁决书确定交行应向船东承担还款责任，这部分裁决属于仲裁范围内的事项，应可以得到承认与执行。而仲裁庭认定保函并未转让，对于交行与船东银行之间的争议的裁决则超出了仲裁范围，无论仲裁庭作出何种认定，均不应得到承认与执行。

四、对外担保如未经批准或登记是否违反公共政策，从而使仲裁裁决不能得到中国法院的承认与执行

在司法实践中，出具对外担保的中方机构通常会提出对外担保未经批准或登记违反了中国关于外汇管制的公共政策，以此抗拒外国仲裁裁决在中国的承认与执行。如本文所述案件仲裁裁决在中国申请承认与执行，相信交行会尽可能提出所有能够抗拒执行的主张，包括对外担保未经批准或登记等理由。

对于公共政策并没有明确的界定，最高人民法院刘贵祥庭长曾指出：“公共政策之所以是一个开放、模糊、弹性的概念，不仅在于各国对构成公共政策的理解有地域差异，而且在于一国不同时期对所需维护的公序良俗以及最根本利益的理解也具有时间上的可变性。因此对于公共政策的界定必然不能给具精

① 最高人民法院关于西特福船运公司申请承认英国伦敦仲裁庭作出的仲裁裁决案件请示的复函，(2015)民四他字第 48 号。

确的定义,而只能由法官在个案中予以权衡确定。”①

尽管如此,仍可参照最高人民法院《关于适用〈中华人民共和国涉外民事关系法律适用法〉若干问题的解释(一)》第10条的规定来界定公共政策,即“有下列情形之一,涉及中华人民共和国社会公共利益、当事人不能通过约定排除适用、无需通过冲突规范指引而直接适用于涉外民事关系的法律、行政法规的规定,人民法院应当认定为涉外民事关系法律适用法第四条规定的强制性规定:(一)涉及劳动者权益保护的;(二)涉及食品或公共卫生安全的;(三)涉及环境安全的;(四)涉及外汇管制等金融安全的;(五)涉及反垄断、反倾销的;(六)应当认定为强制性规定的其他情形”。可见,涉及外汇管制等金融安全的情形可以被纳入公共政策的范畴。

根据最高人民法院《关于适用〈中华人民共和国担保法〉若干问题的解释》第6条第1款的规定,未经国家有关主管部门批准或者登记的对外担保合同无效。

根据《中华人民共和国外汇管理条例》第19条,提供对外担保,应当向外汇管理机关提出申请,由外汇管理机关根据申请人的资产负债等情况作出批准或者不批准的决定;国家规定其经营范围需经有关主管部门批准的,应当在向外汇管理机关提出申请前办理批准手续。申请人签订对外担保合同后,应当到外汇管理机关办理对外担保登记。

对此,《境内机构对外担保管理办法实施细则》第48条及《境内机构对外担保管理办法》第17条均明确,担保人未经批准擅自出具对外担保,其对外出具的担保合同无效。

可见,对外担保必须经过批准或登记,否则便违反了中国法律关于外汇管制的强制性规定,从而可能违反中国的公共政策。

但是,如果仲裁裁决认定对外担保即使未经批准或登记也有效是否就不能在中国得到承认与执行呢?对此,刘贵祥庭长曾指出:“纽约公约第五条第二款规定的公共政策应作严格解释和适用,不得滥用公共政策,以破坏公约制度

① 刘贵祥、沈红雨:《我国承认和执行外国仲裁裁决的司法实践述评》,载《仲裁与法律》2012年第1辑。

运作的代价来保护局部利益。违反我国强行性法律规定，但承认和执行外国商事仲裁裁决并不会造成危害我国社会公共利益后果的，仍应予以承认和执行。只有在承认和执行外国商事仲裁裁决将导致违反我国法律基本原则、侵犯我国国家主权、危害国家及社会公共安全、违反善良风俗等危及我国根本社会公共利益情形的，才能援引公共政策事由予以拒绝承认和执行。”①

那么，承认和执行涉及外汇管制的仲裁裁决是否会违反我国根本的社会公共利益呢？

最高人民法院在“三井案复函”②中曾表示：“海南省纺织工业总公司作为国有企业，在未经国家外汇管理部门批准并办理外债登记手续的情况下，对日本三井物产株式会社直接承担债务，违反了我国有关外债审批及登记的法律规定和国家的外汇管理政策。但是，对于行政法规和部门规章中强制性规定的违反，并不当然构成对我国公共政策的违反。你院请示报告中所述的应当拒绝承认和执行本案仲裁裁决的理由依法均不成立，本案仲裁裁决不应以违反公共政策为由拒绝承认和执行。”

另外，最高人民法院在“曼氏案复函”③中亦明确：“依照我国有关法律法规的规定，境内企业未经批准不得擅自从事境外期货交易。中国糖业酒类集团公司未经批准擅自从事境外期货交易的行为，依照中国法律无疑应认定为无效。但违反我国法律的强制性规定不能完全等同于违反我国的公共政策。因此，本案亦不存在1958年《承认及执行外国仲裁裁决公约》第五条第二款规定的不可仲裁及承认与执行该判决将违反我国公共政策的情形。依照《中华人民共和国民事诉讼法》第二百六十九条及1958年《承认及执行外国仲裁裁决公约》第五条之规定，应当承认和执行本案仲裁裁决。”

---

① 参见孙晓光：《推进涉外商事海事审判精品战略的实施服务经济社会发展大局——访最高人民法院民四庭庭长刘贵祥》，载《人民司法》2010年第9期。

② 最高人民法院关于对海口中院不予承认和执行瑞典斯德哥尔摩商会仲裁院仲裁裁决请示的复函，(2001)民四他字第12号。

③ 最高人民法院关于ED&F曼氏（香港）有限公司申请承认和执行伦敦糖业协会仲裁裁决案的复函，(2003)民四他字第3号。

由此可见,外债未经登记以及境外期货交易未经批准,均违反了中国关于外汇管制的强制性规定。但在个案中承认与执行此类案件的外国仲裁裁决,并不会从根本上危害我国的金融安全,不应构成《纽约公约》中规定的对公共政策的违反。同理,未经批准或登记的对外担保虽然违反了有关外汇管制的强制性规定,但承认与执行该类案件的伦敦仲裁裁决并不会构成违反中国的公共政策。在同类案件中,青岛海事法院认为:"被申请人未经我国有关主管机关批准或者登记对外担保的行为,虽然违反了我国有关对外担保的法律规定,但是并不构成对我国公共政策的违反,承认涉案外国仲裁裁决不会导致违反我国法律基本原则、侵犯我国国家主权、危害国家及社会公共安全、违反善良风俗等危及我国根本社会公共利益的情形。"①

值得注意的是,根据2014年开始实施的《跨境担保外汇管理规定》第25条的规定,境内机构提供或接受除内保外贷和外保内贷以外的其他形式跨境担保,已不再需要办理登记或备案。其中,内保外贷是指担保人注册地在境内、债务人和债权人注册地均在境外的跨境担保。外保内贷是指担保人注册地在境外、债务人和债权人注册地均在境内的跨境担保。可见,对于类似本案的情况,因担保人和债务人在境内,而债权人在境外,既非内保外贷,也非外保内贷,根据新的规定对外担保现在已不再需要办理登记或备案手续。

五、关于如交行赢得中国诉讼,伦敦仲裁裁决能否在中国得到承认和执行

在伦敦仲裁裁决作出之前,中国法院已签发止付令,禁止交行及其海内外分支机构向船东及船东银行支付保函下款项。但是,止付令毕竟只是一种临时性的保全措施,如果中国法院最终认定船厂与船东倒签造船合同构成欺诈,从而判决交行无须向船东支付保函下款项,那将与伦敦仲裁的裁决结果截然相反。在这种情况下,关于伦敦仲裁裁决是否能够在中国得到承认与执行存在较大争议。

---

① (2014)青海法海商初字第721号民事裁定书。

毫无疑问,中国法院的生效裁判依据是中国的司法主权,应该得到尊重与执行。最高人民法院在"永宁案复函"[①]中指出:"在中国有关法院就济南永宁制药股份有限公司与合资公司济南海慕法姆制药有限公司之间的租赁合同纠纷裁定对合资公司的财产进行保全并作出判决的情况下,国际商会仲裁院再对济南永宁制药股份有限公司与合资公司济南海慕法姆制药有限公司之间的租赁合同纠纷进行审理并裁决,侵犯了中国的司法主权和中国法院的司法管辖权。依据《承认及执行外国仲裁裁决公约》第五条第一款(丙)项和第二款(乙)项之规定,应拒绝承认和执行国际商会仲裁院第13464/MS/JB/JEM号仲裁裁决。"该案由于伦敦仲裁裁决结果与中国法院判决结果相矛盾而违反了中国的公共政策而不能得到中国法院的承认与执行。

但是,最高人民法院在"Castel案复函"[②]中则认为:"仲裁裁决的作出时间显然早于我国法院裁定的生效时间。仲裁庭确定仲裁条款效力与管辖权,这是符合仲裁地法律和仲裁规则的,并不存在侵犯我国司法主权的情形。关于《纽约公约》第五条第二款(乙)项规定的违反公共政策情形,应当理解为承认和执行外国仲裁裁决将导致违反我国法律基本原则、侵犯我国国家主权、危害社会公共安全、违反善良风俗等足以危及我国根本社会公共利益的情形。在本案中,外国仲裁裁决和我国法院生效裁定对同一仲裁条款效力的认定虽然存在冲突,但尚不足以构成违反我国公共政策的情形。你院关于应当依据《纽约公约》第五条第二款(乙)项拒绝承认和执行涉案仲裁裁决的根据不充分。"该案中,尽管外国仲裁裁决和中国法院裁定对同一仲裁条款效力的认定相互冲突,但最高人民法院并不认为承认和执行该外国仲裁裁决会违反中国根本的公共利益,因此对于该裁决予以承认和执行。但是,该案相互冲突的仅为对仲裁协议是否有效的认定,如果中国法院的实体判决结果与仲裁裁决结果相互冲突,中国法院是否能够承认和执行外国仲裁裁决仍不确定。

---

① 最高人民法院关于不予承认和执行国际商会仲裁院仲裁裁决的请示的复函,(2008)民四他字第11号。

② 最高人民法院关于申请人Castel Electronics Pty Ltd.申请承认和执行外国仲裁裁决一案请示的复函,(2013)民四他字第46号。

公共政策由于并没有具体明确的界定,形同一匹"脱缰的野马",如果不加羁束,随意适用,势必导致大量外国仲裁裁决得不到内国法院的承认与执行,从而破坏《纽约公约》的公信力及运行机制。因此,对公共政策的适用仍应严加限制。

六、"一事不再理"原则在平行诉讼冲突中的适用

"一事不再理"原则一般是指同一诉因如果已在受理中或已经作出生效裁判,就不得再起诉或仲裁,以避免作出相互矛盾的裁判。"一事不再理"原则典型适用于内国的法院之间或签署多边条约的国家法院之间。如在欧共体国家法院之间,根据《关于民商事案件管辖权和判决执行的布鲁塞尔公约》第21条的规定,相同当事人就同一诉因在不同缔约国法院起诉时,首先受诉法院以外的其他法院应主动放弃管辖权,让位于首先受诉法院受理。在内国法院之间,如根据《中华人民共和国民事诉讼法》第35条的规定,两个以上人民法院都有管辖权的诉讼,原告可以向其中一个人民法院起诉;原告向两个以上有管辖权的人民法院起诉的,由最先立案的人民法院管辖;根据第124条的规定,对判决、裁定、调解书已经发生法律效力的案件,当事人又起诉的,告知原告申请再审,但人民法院准许撤诉的裁定除外。

本文所述案件中,中国法院根据中国法对共同欺诈案件有管辖权,伦敦仲裁庭根据英国法对保函纠纷也有管辖权,诉讼与仲裁同时进行,因而形成平行诉讼。但是,中国法院与伦敦仲裁庭审理的却是同一事实,即交行是否应向船东返还保函项下款项。

在这种情况下,有英国判例认为较晚作出的生效裁判应受"一事不再理"原则的约束。如在"Joanna V"轮共同海损纠纷案中,船舶从阿根廷运输一批豆粕到宁波港,在装港航道搁浅从而产生救助及共同海损。船东根据提单仲裁条款提起伦敦仲裁,仲裁庭于2001年3月14日裁决收货人及担保方人保需向船东支付共同海损分摊。与此同时,收货人及人保在宁波海事法院起诉,向船东追偿已经支付的共同海损分摊。船东提起管辖权异议但被驳回。宁波海事法院于2001年9月28日作出生效判决认定船东需向人保支付共同海

损分摊。由于人保在英国拥有分公司及资产,船东申请英国法院执行伦敦仲裁裁决。英国法院认为由于伦敦仲裁裁决作出在先,宁波海事法院判决在后,根据“一事不再理”原则,伦敦仲裁裁决应优先于宁波海事法院的判决得到承认和执行。①

反观上述中国法院的判例,也符合“一事不再理”原则。在“Castel 案”中,域外仲裁裁决的作出时间晚于中国法院的裁判,因此不被中国法院所承认和执行。而在“永宁案”中,外国仲裁裁决早于中国法院作出裁定,因此能够被中国法院所承认和执行。只是由于《纽约公约》并未明确违反“一事不再理”原则可以作为不予承认和执行外国仲裁裁决的理由,因此,中国法院以是否违反公共政策为由进行审查。

“一事不再理”原则也是我国法律的基本原则,可以归于《纽约公约》所规定的公共政策的范畴,作为考量是否承认与执行外国仲裁裁决的标准。为此,最高人民法院民四庭张勇健庭长曾指出:“在承认和执行外国仲裁裁决的司法审查案件中,要严格按照纽约公约第五条第一款甲项之规定,仅限于该仲裁协议一当事人约定的准据法系属无效或未约定准据法时依裁决地所在国法律系属无效,方能以仲裁协议无效为由,拒绝承认及执行有关仲裁裁决。但如果当事人已经向人民法院提起确认仲裁协议效力之诉,人民法院作出了仲裁协议无效之裁决的,人民法院可以拒绝承认与执行,不过此时拒绝承认与执行所依据的并非仲裁协议无效,而是纽约公约第五条第二款规定的公共政策保留。”②但是,张勇健庭长并没有明确说明如果外国仲裁裁决先于中国法院判决作出而两者裁决结果相冲突的情况下何者优先的问题。上述“永宁案”中正是这种情况,该案最高人民法院并不认为承认在先作出的外国仲裁裁决违反中国的公共政策。

综上所述,根据“一事不再理”原则,如果外国仲裁裁决先于中国法院裁判作出,而且除两者裁判结果相冲突以外,并不存在《纽约公约》规定的其他不予

① 参见杨良宜、莫世杰、杨大明:《仲裁法——从开庭审理到裁决书的作出与执行》,法律出版社 2010 年版,第 655 页。

② 张勇健:《在全国涉外商事海事审判庭长座谈会上的讲话》,载贺荣主编:《涉外商事海事审判指导》(2016 年第 1 辑),人民法院出版社 2016 年版,第 25 页。

承认和执行的事项,该外国仲裁裁决应予以承认和执行。而如果中国法院裁判先于外国仲裁裁决作出,由于两者裁决结果相冲突,则可以违反“一事不再理”的基本法律原则即违反公共政策为由拒绝承认与执行。

另外,如外国仲裁裁决先于中国法院裁判作出,当事人可尽快申请承认该仲裁裁决。如中国法院予以承认,则该仲裁裁决即具有既判力。根据最高人民法院《关于民事诉讼证据的若干规定》第9条的规定,已为仲裁机构的生效裁决所确认的事实,当事人无须举证证明。这样一来,中国法院可以外国仲裁裁决已经认定的事实进行裁判,从而尽可能避免作出相互冲突的裁判。

七、结语

本文所述案件交行多线作战,顾此失彼,举步维艰。首先,英国法院签发了禁诉令,禁止交行继续进行中国诉讼。其次,纽约法院裁定对伦敦仲裁裁决予以承认及执行。此时,交行便不得不同时面对纽约法院的执行令以及中国法院的止付令。最后,即使交行在中国法院胜诉,中国法院的判决在英国和美国通常也不会得到承认,无法对抗英国法院的禁诉令及美国法院的执行令。可能是考虑以上尴尬地位,交行最终撤回了在中国法院的诉讼。

在伦敦仲裁中,如果一方放弃抵抗,基本不会有胜诉的机会。在另一个类似案件中,伦敦仲裁庭认为船东明知倒签造船合同规避《船舶压载舱保护涂层性能标准》,因而欺诈性误导了第三人(还款保函出具方上海浦东发展银行股份有限公司),以违背公共政策为由而驳回了船东要求银行退款的要求。① 可见,本案中如交行在伦敦仲裁中积极抗辩,仍有机会胜诉。但其中途放弃抵抗,因而处处陷入被动。

目前,中国正在实施“一带一路”倡议,鼓励国内的企业走出去参与国际竞争。在“走出去”的同时,国内企业也应不断提高自己的竞争力,熟悉国际商务游戏规则,才能在激烈的国际竞争中立于不败之地。

---

① (2016)最高法民申2318号民事裁定书。

论第三方资助仲裁中的“披露”*

张素平**

摘要:第三方资助在国际仲裁领域迅速发展,但同时,其带来的一系列问题也日益明显。其中,披露与利益冲突问题联系紧密,且对仲裁程序的运行起着举足轻重的作用。基于维护程序公正的原因而有必要披露,与相关主体为了维护自身利益不愿披露是一对需要调和的矛盾。通过对披露主体、范围、时间等相关问题及现有的实践与调整规则进行讨论可以发现,目前这个矛盾并未得到解决。进一步思考可以得出结论:对于由于披露引起的矛盾与问题的解决需要借助法律等强制性规范,而不是单纯地靠行业自律、仲裁机构规则与软法。

关键词:国际仲裁 第三方资助 程序公正 披露 利益冲突

20 世纪 90 年代左右出现的第三方资助制度不仅在诉讼领域广受推崇,而且风靡于国际仲裁领域,尤其是在商事仲裁和投资仲裁中颇受欢迎。与此同

* 本文系华东政法大学 2017 年创新项目“第三方资助仲裁研究”(项目编号:2017-4-150)的阶段性成果。

** 张素平,华东政法大学国际法学院 2015 级研究生。

时,第三方资助也在仲裁领域引发了大量问题。① 其中,第三方出资的披露以及与此相关的利益冲突问题尤为显著,披露直接涉及利益冲突,而利益冲突又关系仲裁程序能否顺利进行及裁决的有效性。仲裁费用的分担、裁决的可执行性等问题均是在仲裁程序进行到一定阶段方才会产生,而披露问题在仲裁庭的组成阶段就可能存在,且一旦被提出便会影响后续程序的进行。

一、第三方资助仲裁中有关披露的争议

涉及纠纷的当事人,如果需要寻求第三方资助来进行仲裁程序,则需要向潜在出资方披露案件的具体情况。虽然此时也存在披露问题,但由于尚未进入仲裁程序,与其他相关当事人的利益冲突还未产生,因此并不在本文的讨论范围之内。

本文所指第三方资助仲裁程序中的披露,主要包括两种情形:一是被资助方当事人是否需要向仲裁庭及对方当事人披露资助和资助协议的存在。二是仲裁员是否需要披露与出资者之间的关系;如果需要,披露到何种程度。对这两种情形的讨论将体现在下文对有关披露争议问题的分析中。

---

① 第三方出资者的介入给国际仲裁程序带来很多挑战:仲裁程序的保密性、仲裁员与出资者之间潜在的利益冲突、仲裁费用的分担、裁决最终的可执行性等,这一系列问题吸引了众多专家学者进行讨论:Olivier Marquais, "Investment Disputes The Role of Third Party Funders", 载 https://international-arbitration-attorney. com/the-role-of-third-party-funders-in-investment-disputes/,最后访问日期:2017年6月17日; David Samuels, *Third-Party Funding: Avoiding the Pitfalls*, http://globalarbitrationreview. com/article/1030414/third-party-funding-avoiding-the-pitfalls, 最后访问日期: 2017 年 6 月 17 日; Patricia Živkovi, *Security for Costs in International Arbitration What' s Missing from the Discussion*, http://kluwerarbitrationblog. com/2016/11/09/caution-security-costs-international-arbitration-third-party-funding-missing-link/,最后访问日期:2017年6月17日;Eric De Brabandere & Julia Lepeltak, "Third-Party Funding in International Investment Arbitration", *ICSID Review*, Vol. 27, No. 2, 2012; Jennifer A. Trusz, "Full Disclosure? Conflicts of Interest Arising from Third-Party Funding in International Commercial Arbitration", *Georgetown Law Journal*, *Vol.* 101, Issue6 (August 2013); Burcu Osmanoglu, "Third-Party Funding in International Commercial Arbitration and Arbitrator Conflict of Interest", *Journal of International Arbitration*, Vol. 32, No. 3, 2015; Christopher P Bogart, "Third-Party Financing of International Arbitration", http://globalarbitrationreview. com/insight/the-arbitration-review-of-the-americas - 2017/1067608/third-party-financing-of-international-arbitration,最后访问日期:2017年6月17日。

披露，在第三方资助仲裁中是一个关键性的基本问题。[①] 2012年11月26日，国际商会（International Chamber of Commerce，ICC）举行第32届年会的主题便是“国际仲裁中的第三方出资”，学者们当时已就披露问题进行了激烈讨论，主要涉及以下问题：应该主动披露还是强制披露；披露应达到何种程度，是仅披露出资协议的存在还是要披露协议的内容；向谁披露，是向仲裁庭还是向所有仲裁参与者披露；什么时间披露，在仲裁开始之前抑或是仲裁程序进行到一定阶段等。[②]

（一）为什么要披露：程序公正的需要

通常认为，需要披露多是基于以下三个方面的原因。

第一，不披露易引起利益冲突并导致仲裁不公正。多数仲裁案件中的第三方出资安排未被主动披露是仲裁员之间产生利益冲突的原因之一。利益冲突问题在仲裁中一直存在，而第三方出资者的加入使这个问题变得更为复杂。其中一种情况是仲裁员在同一出资者资助的两个案件中均有参与，不同的是其在前一个案件担任的是仲裁员角色，在后一个案件中的身份是受资助方当事人的顾问律师；此种情况易引起利益冲突，使仲裁员不适合参与第一个案件的审理程序。

利益冲突涉及的一个关键问题是是否向仲裁庭披露第三方出资者的信息以及如若披露需披露到何种程度。由于第三方出资者、大型律所和部分一流仲裁员之间通常存在紧密的联系，因此为了避免潜在利益冲突，当事人或第三方出资者通常应当主动披露相关信息。[③] 在投资仲裁案件中，仲裁员多由当事方自行委任，而多数仲裁员同时也是律所合伙人、公司顾问或者公司董事。一个

① See Jonas von Goeler, *Third-Party Funding in International Arbitration and its Impact on Procedure*, Kluwer Law International, 2016, p. 125.

② 参见 Munir Maniruzzaman, “Third-Party Funding in International Arbitration-A Menace or Panacea?”，载 http://kluwerarbitrationblog.com/2012/12/29/third-party-funding-in-international-arbitration-a-menace-or-panacea/，最后访问日期：2017年6月17日。

③ 参见刘净：《中国仲裁中的第三方资助（TPF）》，载 http://www.huanzhonglaw.com/templates/consulting_009_1/second.aspx?nodeid=147&page=ContentPage&contentid=479&tohtml=false，最后访问日期：2017年6月17日。

案件中的仲裁员很可能同时是该案第三方出资机构的顾问或者律师，在该第三方出资安排未向仲裁庭披露的情况下，很难保证存在利益冲突的仲裁员不会对仲裁程序的公平与独立产生影响。[①] 而众所周知的却是：仲裁员的自由公正，一直被认为是仲裁的基本原则。

第二，披露可以弥补违背仲裁保密性造成的破坏。仲裁的保密性是其吸引当事人选择该种方式解决纠纷的一个重要原因，但一方当事人在未经另一方同意时即将案情披露给潜在出资方，无疑会破坏仲裁的保密性，有违当事人的保密义务。如果不经披露，仲裁程序的其他参与者很难或者根本无法发现出资者与仲裁员之间错综复杂的关系中潜在的利益冲突，而对这些冲突影响下可能产生的不公正裁决只能被动地接受。所以为了避免这种情况的发生或为了弥补违背仲裁保密性造成的后果，受资助方应将出资安排予以披露，并告知仲裁庭及其他相关当事人出资方所知的案情范围。

第三，不披露可能导致仲裁员被申请回避，或是裁决被质疑甚至是被撤销，抑或是无法执行。多数仲裁机构规则均规定当事人对被选定或被指定的仲裁员的公正性和独立性产生具有正当理由的怀疑时，可以申请仲裁员回避或撤销裁决。[②] 对第三方出资安排的存在及第三方出资者与仲裁员之间的关系并不知情的未受资助方当事人在得知这些情况后可能会要求相关仲裁员回避或者申请撤销裁决，这无疑是对各方时间、精力和金钱等的浪费。尽管并不是所有的利益冲突都会导致仲裁员被剥夺资格或是裁决被撤销，但如果国际仲裁确实以公平、平等的态度对待所有当事人，就有必要使当事人知晓所有案件相关信息以保护和行使他们的权利。[③]

（二）为什么不愿披露：出于维护自身利益的考量

通常情况下，出资者是倾向于支持不表明出资安排的，甚至会反对披露出

① 参见徐树：《国际投资仲裁的第三方出资及其规制》，载《北京仲裁》2013 年第 2 期。

② 如《中国国际经济贸易仲裁委员会仲裁规则》第 32 条第 2 款规定："当事人对被选定或被指定的仲裁员的公正性和独立性产生具有正当理由的怀疑时，可以书面提出要求该仲裁员回避的请求，但应说明提出回避请求所依据的具体事实和理由，并举证。"

③ 参见 Francisco Blavi, "It's About Time to Regulate Third Party Funding"，载 http://kluwerarbitrationblog.com/2015/12/17/its-about-time-to-regulate-third-party-funding/，最后访问日期：2017 年 6 月 17 日。

资安排。实践中,协议是否被披露给仲裁庭和另一方当事人通常取决于出资协议本身,但多数协议均包含相关的保密条款。出资者基于担心披露资助关系后,仲裁庭会作出对其不利的裁决或是会增加附属诉讼的数量的考虑,多在资助协议中约定受资助方对出资者承担保密义务。此外,出资者之所以不愿披露还是为了免于帮助受资助方当事人负担费用分担方案。[①] 而受资助方当事人也有同样的担忧:披露将使他们更难获得资助或者将更易于被要求负担担保费用。[②] 在另一方当事人得知受资助方是在第三方资助下方有资金提起仲裁时,受资助方可能会被质疑其在败诉的情况下无力执行裁决,从而被要求提供担保。而在受资助方预付仲裁费用都有困难的情况下,费用担保令的实际承担者通常会由受资助方当事人转变为第三方出资者。所以基于维护自身利益的考量,受资助方和第三方出资者很容易在签订保密条款时在约定不对外披露资助安排上达成一致。

此外,对披露的反对还可能是对披露程序性及战略性结果的考虑,如对仲裁员的异议和费用担保的请求。一些情况下,未受资助方当事人可能根据所谓的冲突而轻率地向仲裁员提起异议,也可能仅基于资助的存在(而不是基于潜在费用相关裁决可能无法被满足的真正风险)而提出费用担保的请求。[③]

二、第三方资助仲裁中的披露未决问题

虽然早在 2012 年国际仲裁界就已对披露的相关问题进行了详细讨论。但遗憾的是,对于这些问题,目前国际上仍无统一实践。本文下面将对其中一些问题进行讨论分析。

---

① See Eric De Brabandere & Julia Lepeltak, "Third-Party Funding in International Investment Arbitration", *ICSID Review*, Vol. 27, 2012, p. 394.

② 参见 Matthew Townsend, "Arbitration in Hong Kong: Looking Back at the Year of the Sheep", 载 http://kluwerarbitrationblog.com/2016/02/12/arbitration-in-hong-kong-looking-back-at-the-year-of-the-sheep/?_ga=1.18872185.1152044985.1480728496,最后访问日期:2017 年 6 月 17 日。

③ See Draft Report for Public Discussion of the ICCA-Queen Mary Task Force on Third-Party Funding in International Arbitration, 1 September 2017, p. 69.

(一)谁来披露

从最终目的来讲,无论披露义务的承担主体是谁,追求的效果都是排除一切对案件的公正审理和裁决有不良影响的案外因素。笔者认为出资者及出资协议的存在无疑是应该由受资助方披露的。而仲裁员与出资者和当事人之间的关系则应该由仲裁员披露,因为仲裁员对于双方的关系是最清楚的,而且几乎所有的仲裁规则中都规定仲裁员应对可能影响案件公正审理的一切情况予以披露。[①] 而要求当事人和出资者对仲裁员与出资者之间的关系进行披露实践起来则相对困难:一方面,当事人并不一定了解出资者与仲裁员之间的关系渊源;另一方面,出资者虽然会对仲裁程序产生一定影响但其并不是仲裁协议的签订者,目前并没有规定其有披露义务,而且其基于维护自身利益的考量,多数情况下是反对披露的。将披露义务施加给仲裁员,要求仲裁员在仲裁的准备阶段就披露与他们自身有私人关系的出资者,虽然可能会给仲裁员增加额外负担,但对于保证案件的公正审理却有很大意义。这从制度层面上来分析同样是合理的。仲裁作为一种法律服务业务,双方当事人既然向仲裁庭付费寻求公正裁决,那么当事人就有权利得知一切影响服务质量即案件裁决的因素,其中最主要的获得途径无疑是通过仲裁庭。由仲裁员进行披露不仅符合法律服务的精神与逻辑,同时也更有利于维护仲裁员的声誉。很多时候,当事人对于仲裁员的能力并不了解,而是通过仲裁员在业界的声誉进行判断。如果在仲裁过程

① 《国际商会仲裁规则》第7条规定:"……(2)在指定或确认之前,已被指定的仲裁员应签署一份独立声明并书面向秘书处披露任何可能引起当事人对仲裁员的独立性产生疑问的事实或情形。秘书处应书面将该情况告诉当事人并给当事人确定一个提出评论的期限。(3)仲裁员应立即书面向秘书处和当事人披露任何可能在仲裁期间产生的类似性质的事实或情形。"《贸易法委员会仲裁规则》第11条规定:"可能被指定为仲裁员的人,应在与此指定有关的洽谈中披露可能对其公正性和独立性产生有正当理由怀疑的任何情况。仲裁员应自其被指定之时起,并在整个仲裁程序期间,毫无延迟地向各方当事人以及其他仲裁员披露任何此种情况,除非此种情况已由其告知各方当事人。"《美国仲裁协会国际仲裁规则》第7条规定:"1.根据本规则进行仲裁的仲裁员应是公正和独立的。在接受委任前,未来的仲裁员应向美国仲裁协会(AAA)披露可能对其公正性或独立性产生正当的怀疑的任何情况。在仲裁的任何阶段,如发生可能引起此类怀疑的新情况,仲裁员应迅速向各方当事人和AAA予以披露。收到某一仲裁员或一方当事人告知的此种信息后,AAA应通知其他当事人和仲裁庭……"《中国国际经济贸易仲裁委员会仲裁规则》第31条第1款规定:"被选定或被指定的仲裁员应签署声明书,披露可能引起对其公正性和独立性产生合理怀疑的任何事实或情况。"

中发生与仲裁员披露事项不符的情形时，必将会对仲裁员的声誉造成严重影响。这种潜在后果的威胁会促使仲裁员更加客观公正地进行披露。

(二)向谁披露

对于向谁披露的问题，争议是最少的，几乎所有的学者和仲裁规则都认同披露的对象应包含仲裁庭及其他的仲裁程序参与者。向仲裁庭披露无疑是必需的；而基于仲裁当事人对仲裁程序所享有的知情权及公平公正的考量，另一方当事人自然也应是披露的对象。此外，根据情况还可能需要向仲裁机构披露，这样便于机构判断仲裁员与出资者之间的利益冲突，裁量任命仲裁员。

(三)何时披露

如果受到资助是在仲裁程序开始之前或最初阶段，那么应当立即披露。此时仲裁员尚未被确定，这时进行披露使仲裁员可以判断其与出资者之间是否有利益关系，是否会产生利益冲突，进而决定接受任命与否。而对于在受资助方在案件开始仲裁之前/时未受到资助，而是在仲裁程序进行过程中方获得第三方资助的案例，受资助方仍对仲裁庭及其他仲裁程序的参与者负有披露义务，以便仲裁员根据披露的内容判断其与出资者之间是否存在利益关系。仲裁员对其与当事人及/或出资者之间的利益关系则应当在发现后就进行披露，以便仲裁庭和当事人判断仲裁员是否需要回避。

(四)披露程度

2015年伦敦玛丽女王大学(Queen Mary University of London)关于国际仲裁的一项调查结果显示：76%的参与调查者认为应该强制披露第三方出资的适用；63%的人认为应披露出资者身份；71%的认为应对部分协议予以披露。[①] 新加坡和我国香港特别行政区均主张强制披露第三方出资的存在。[②] 香港地区

---

① 参见 Francisco Blavi, “It's About Time to Regulate Third Party Funding”, http://kluwerarbitrationblog.com/2015/12/17/its-about-time-to-regulate-third-party-funding/，最后访问日期：2017年6月17日。

② 参见 Sapna Jhangiani & Rupert Coldwell, “Third-Party Funding for International Arbitration in Singapore and Hong Kong-A Race to the Top?”, http://kluwerarbitrationblog.com/2016/11/30/third-party-funding-for-international-arbitration-in-singapore-and-hong-kong-a - race-to-the-top/? _ga = 1.146188797.850437439.1480726786，最后访问日期：2017年6月17日。

《2016年仲裁及调解法例(第三者资助)(修订)条例草案》(以下简称《仲裁条例草案》)还规定了第三方资助终止一事亦应予披露。[①] 笔者认为在披露仲裁协议时没有必要将出资协议全部披露,有些协议内容与仲裁程序并无太大关系。当仲裁员考虑是否接受任命时,为便于其判断是否存在利益冲突,应该被告知出资者是谁。如果出资是由多数人或是实体所有,那么这些人或实体的名字都应被披露。如果一个人通过公司购买了诉讼基金等出资者的股份,那么仅披露公司名称是不够的,实际股份所有者的名字也应该被披露。如果一方当事人不愿或不能进行适当披露则可能会引发问题。[②] 其实,国际投资争端解决中心(ICSID)在审理 Muhammet Çap & Sehil In aat Endustrive Ticaret Ltd. Sti. v. Turkmenistan 案件时,仲裁庭即以程序令的形式,要求当事人对其是否接受第三方资助,以及第三方出资者的身份进行披露。[③] 仲裁庭在程序令中认为,要求当事人披露第三方资助的情况以及第三方出资者身份,将有利于判断仲裁员是否受该等第三方资助所影响,从而保障仲裁程序的完整性和公正性。

三、规制第三方资助仲裁披露问题的现有实践与规范

目前对第三方资助仲裁中的披露和利益冲突进行调整的多是仲裁机构的仲裁规则和软法。2015年伦敦玛丽女王大学(Queen Mary University of London)做的"调整相关问题的机构指引规则和软法在国际仲裁中的作用的调查"(该项调查为多项选择形式)显示,有50%的受访者认为在没有或者没有过多的调整规则时,仲裁规则和一些软法为解决问题提供了指导;48%的受访者认为它们是现有的规则、法律的补充;39%的受访者认为它们是对现有实践的

---

① 参见《仲裁条例》修订建议第98R条。

② Edouard Bertrand, "The Brave New World of Arbitration: Third-Party Funding", *Asa Bulletin*, 29, 2011, p. 611.

③ Procedural Order No. 3 of Muhammet Çap & Sehil In aat Endustrive Ticaret Ltd. Sti. v. Turkmenistan (ICSID Case No. ARB/12/6), http://www.italaw.com/sites/default/files/case-documents/italaw4350.pdf,最后访问日期:2017年6月17日。

整理。[1] 这间接反映了现有的仲裁机构规则和软法对第三方资助仲裁中的披露和利益冲突起到了一定的规制作用。

(一)国家和地区范围的实践尝试

各国家和地区对第三方资助仲裁的态度因各自的法律制度等的差异而有所不同,一些国家和地区采取默许的态度,另一些国家和地区则是积极对其进行调整。在后一种类型的国家和地区,无论是民间团体还是政府机构都为促进第三方资助产业的发展做出了努力。下面本文将对其中的一些国家和地区的实践进行简单介绍。

早在 2013 年 4 月 22 日,澳大利亚证券与投资委员会(Australian Securities and Investment Commission,ASIC)就公布了一些关于出资者如何协调冲突,处理有关出资安排的条款问题的规则。[2]

2016 年 10 月,我国香港法律改革委员会在总结香港地区 2015 年发布的第三方资助仲裁咨询文件收到的反馈意见和建议后,颁布了关于第三方资助仲裁的最终报告。[3] 而香港特区《2017 年仲裁及调解法例(第三者资助)(修订)条例》也对第三方资助仲裁披露的时间、范围、对象等做了相关规定。[4] 比如,某修订后的第 98U 条规定订立资助协议,受资助方须于指明时间内,以书面通知将此事及出资第三者的姓名或名称,告知其他每一方及仲裁机构;而第 98V

---

① 2015 International Arbitration Survey:Improvements and Innovations in International Arbitration,p. 33,http://www. whitecase. com/sites/whitecase/files/files/download/publications/qmul-international-arbitration-survey-2015_0. pdf,最后访问日期:2017 年 6 月 17 日。

② RG 248 Litigation schemes and proof of debt schemes:Managing conflicts of interest,http://www. asic. gov. au/regulatory-resources/find-a-document/regulatory-guides/rg-248-litigation-schemes-and-proof-of-debt-schemes-managing-conflicts-of-interest/,最后访问日期:2018 年 3 月 2 日。

③ 报告文本:http://www. hkreform. gov. hk,最后访问日期:2017 年 12 月 27 日。

④ 《2017 年仲裁及调解法例(第三方资助)(修订)条例》,载 http://www. gld. gov. hk/egazette/tc_chi/gazette/volume. php? year=2017&vol=21&no=25&extra=0&type=1,最后访问日期:2018 年 1 月 3 日。香港特区的所有条例均须在《香港特别行政区政府宪报》之后,方开始生效,《2017 年仲裁及调解法例(第三方资助)(修订)条例》于 2017 年 6 月 23 日在《香港特别行政区政府宪报》第 1 号法律副刊刊登,是为 2017 年第 6 号条例。

条对资助协议的终止的披露进行了规定。①

新加坡国际仲裁中心(Singapore International Arbitration Centre, SIAC)2016年2月1日发布的投资仲裁规则草案中也涉及第三方资助这个尚未有机构规则调整规制的问题。② 此后,该投资仲裁规则于2017年1月1日起生效。③ 该规则第24条第1款明确授权仲裁庭"下达披露第三方资助安排存在或/和出资者身份,在适当情况下披露包括出资者在程序中收益及出资者是否承诺有承担不利费用的能力等细节"。

值得一提的是,欧盟在近两年的协议磋商中也多次提及披露第三方资助的问题。2016年1月达成的欧盟—越南自由贸易协定包含了一条要求披露第三方资助存在的特别条款(但不是资助协议的条款)。④ 而在其与加拿大的一份全面经济贸易协议中也提到了披露第三方出资者的名字和住址,并对披露的时间做了限制。⑤ 在2015年欧盟交给美国的TTIP(Transatlantic Trade and

---

① 《2017年仲裁及调解法例(第三者资助)(修订)条例》第98U条规定:"(1)如订立资助协议,受资助方须就以下事项发出书面通知——(a)已订立资助协议一事;及(b)出资第三者的姓名或名称。(2)上述通知须于以下时间或期间发出——(a)如资助协议是在仲裁展开时或之前订立的——在仲裁展开时;或(b)如仲裁协议是在仲裁展开之后订立的——在订立资助协议后的15天内。(3)上述通知须向以下人士发出——(a)仲裁的其他每一方;及(b)仲裁机构。(4)就第(3)(b)款而言,如在第(2)款指明须发出通知的时间或期间完结时,有关仲裁并无仲裁机构,则通知须于该仲裁有仲裁机构后,立即向该仲裁机构发出。"第98V条规定:"披露第三者资助仲裁完结,(1)如资助协议完结(因仲裁已完结者除外),受资助方须就以下事项发出书面通知——(a)资助协议已完结一事;及(b)资助协议完结的日期。"

② See Jonathan Lim & Dharshini Prasad, "A Brief Overview of the Draft SIAC Investment Arbitration Rules 2016", at http://kluwerarbitrationblog.com/2016/03/12/a-brief-overview-of-the-draft-siac-investment-arbitration-rules-2016/, Jan. 2, 2018.

③ SIAC Investment Arbitration Rules, at http://www.siac.org.sg/our-rules/rules/siac-ia-rules-2017, Jan. 4, 2018.

④ 参见Marius Nicolae Iliescu, "A Trend Towards Mandatory Disclosure of Third Party Funding? Recent Developments and Positive Impact", http://kluwerarbitrationblog.com/2016/05/02/a-trend-towards-mandatory-disclosure-of-third-party-funding-recent-developments-and-positive-impact/,最后访问日期:2017年6月17日。

⑤ 欧盟与加拿大于2016年10月达成的全面经济贸易协定的第8.26条规定:"1. Where there is third party funding, the disputing party benefiting from it shall disclose to the other disputing party and to the Tribunal the name and address of the third party funder; 2. The disclosure shall be made at the time of the submission of a claim, or, if the financing agreement is concluded or the donation or grant is made after the submission of a claim, without delay as soon as the agreement is concluded or the donation or grant is made." http://www.consilium.europa.eu/en/press/press-releases/2016/10/28-eu-canada-trade-agreement/,最后访问日期:2017年6月17日。

Investment Partnership,跨大西洋贸易与投资伙伴协定)投资章节的最终版本中,也包含一条类似于要求披露第三方资助的条款。[①]

(二)仲裁机构的仲裁规则

在仲裁的发展过程中各大仲裁机构和相关行业协会的作用不容小觑,这些机构制定的仲裁规则往往是国家法律的典范和模板,在解决对第三方资助仲裁中的披露和利益冲突的问题上更是如此。其中尤以 ICC 和 ICSID 的作用最为显著。

2016 年 2 月 12 日,ICC 对《国际律师协会国际仲裁利益冲突指引》(IBA Guidelines on Conflict of Interest,以下简称《利益冲突指引》)做了一定吸收借鉴,意在确保仲裁员在潜在冲突的披露中是乐于提供透明信息的。这是 ICC 仲裁程序中增加透明度背景下的一个发展。也可以说是 ICC 为了提高透明度,在披露背景下迈出的明显正确的第一步。此类披露的内容将确保仲裁员反思和明确他们与已经被披露的出资者是否存在任何形式的关系,从而有理由要求仲裁员作进一步的披露。[②]

《国际投资争端解决中心仲裁规则》(ICSID Rules of Procedure for Arbitration Proceedings,Arbitration Rules,以下简称《ICSID 仲裁规则》)也对仲裁员的披露义务做了规定。《ICSID 仲裁规则》第 6 条第 2 款规定,仲裁员在仲裁庭第一次开庭之前或期间,应作出声明,将其与当事方之间的职业、商业以及其他关系(如存在)予以披露。[③] 这条规定虽未明确涉及第三方出资者,但不可

---

① 在欧盟提交的 TTIP 草案中规定:"Where there is a third-party funding, the disputing party benefiting from it shall notify to the other disputing party and to the Tribunal, or where the division of the Tribunal is not established, to the President of the Tribunal, the name and address of the third party funder." European Commission, Draft of Chapter II (Investment) of the Transatlantic Trade and Investment Partnership (17 Sep. 2015), Art. 8(1), http://trade.ec.europa.eu/doclib/docs/2015/september/tradoc_153807.pdf,最后访问日期:2017 年 5 月 17 日。

② See Aren Goldsmith & Lorenzo Melchionda, "The ICC's Guidance Note on Disclosure and Third-Party Funding: A Step in the Right Direction", http://kluwerarbitrationblog.com/2016/03/14/the-iccs-guidance-note-on-disclosure-and-third-party-funding-a-step-in-the-right-direction/,最后访问日期:2017 年 6 月 17 日。

③ ICSID Rules of Procedure for Arbitration Proceedings, Arbitration Rule, http://www.bjac.org.cn/news/view.asp? id=1090,最后访问日期:2017 年 6 月 17 日。

否认,仲裁员与第三方出资者之间的关系实际上也在其要求的披露范围内。虽然第三方出资者不是仲裁当事人,但其对受资助方当事人在仲裁程序中的影响及控制不容忽视,出资者与受资助方当事人之间可谓是利益共同体的关系。

中国国际经济贸易仲裁委员会香港仲裁中心(China International Economic and Trade Arbitration Commission Hong Kong Arbitration Center,以下简称CIETAC香港中心)在2017年9月发布了《中国国际经济贸易仲裁委员会香港仲裁中心第三方资助仲裁指引》(以下简称《贸仲香港第三方资助仲裁指引》)。[①] 该指引是由CIETAC香港中心组织专家起草的有关第三方资助仲裁的指导性文件,其对指导CIETAC香港中心仲裁案件中的第三方资助具有重要意义,其中第4条的部分条款对披露和利益冲突做了相对详细的规定。[②]

(三)行业协会的指引规则

目前国际上鲜有调整第三方资助仲裁中的披露与利益冲突问题的法律,而国际律师协会在2004年5月22日发布的《仲裁利益冲突指引》虽然只称得上是"软法",但却为仲裁员披露的利益冲突情况提供了一个良好的指示。[③] 这部指引规则在2014年进行了修订。修订后的《仲裁利益冲突指引》加入了对仲裁员披露与第三方出资者有关利益冲突的要求。2014年版的《仲裁利益冲突指引》的基本条款第6条注释(b)明确指出,与案件有直接利益关系的第三方出资者与该受资助的当事人本身应当属于同一当事人实体。[④] 根据该条注释,如果仲裁员与某一当事人的第三方出资者存在一定的利益冲突,鉴于该等利益冲突可能会影响到仲裁的公正性,仲裁员应当将该利益冲突予以披露。可见,

① 《贸仲香港第三方资助仲裁指引》,载https://hkarbitration.files.wordpress.com/2017/09/cietac-hk-tpf-guidelines.pdf,最后访问日期:2018年1月3日。

② 《贸仲香港第三方资助仲裁指引》第4条第1款规定:披露:仲裁庭可根据案件情况,邀请或要求受资方披露资助。披露范围可包括受资方受资助的事实、资方的姓名或名称及地址,以及其他相关法律或规则所要求的,或仲裁庭认为必要的其他资料。第2款规定:利益冲突:仲裁庭知悉其案件含资助的,应主动考虑该资助是否会影响其保持独立性和公正性,并依照适用法律和规则采取相应的措施。

③ See Burcu Osmanoglu, "Third-Party Funding in International Commercial Arbitration and Arbitrator Conflict of Interest", *Journal of International Arbitration*, Vol. 32, No. 3, 2015, p. 344.

④ IBA Guidelines on Conflict of Interest, http://www.ibanet.org/Publications/publications_IBA_guides_and_free_materials.aspx#collapseOne,最后访问日期:2017年5月17日。

国际律师协会认为披露义务主要是由受资助方当事人及与相关出资者等有关系的仲裁员承担。而IBA通过施行2014年版的《仲裁利益冲突指引》成为了在第三方资助的利益冲突辩论中第一个正式表态的机构。[①]

四、结语

通过对第三方资助仲裁中的披露问题进行研究可以发现，目前学术界对相关问题进行了广泛讨论但并未达成统一认识。就实务界而言，一方面，一些仲裁机构的仲裁规则（如《ICSID仲裁规则》）、行业协会的指引规范可以称作是规则典范，但却不具有强制力；另一方面，一些国家已经着手制定的有关第三方资助的法律文件中已涉及披露与利益冲突问题，但是从法律文件制定、征询意见、修改，到最终确定，通常需要很长一段时间，而且可能最终颁布的法律文件中并未涉及相关问题。所以对于不排斥第三方资助仲裁制度的国家和地区而言，迫在眉睫的是像新加坡和我国香港特别行政区那样尽快制定调整该制度的有强制执行力的法律规则。在制定过程中需要注意将披露和利益冲突这两个问题相结合进行处理，并对披露的主体、时间、范围等具体内容作出详细规定。此外，建议对全球范围内的出资者及仲裁员建立登记管理制度，将其中有过业务联系的出资者和仲裁员进行记录，这样以后在裁判案件时就可以直接在系统中进行查询以判断仲裁员是否与出资者有利益关系。当然这个系统的建立需要全球范围内的仲裁机构的配合，操作起来可能具有一定难度。

此外，第三方出资者主动披露的建议虽然不切实际但也不是完全不可行。英国和美国均有第三方出资机构的自律与自我规制实践，如英格兰和威尔士诉讼融资人协会（Association of Litigation Funders of England and Wales，ALF）及美国法律融资协会（American Legal Finance Association，ALFA）。ALF作为自我规制的典范，在2011年11月发布了一套针对出资者在诉讼融资中自我监管

① Draft Report for Public Discussion of the ICCA-Queen Mary Task Force on Third-Party Funding in International Arbitration，1 September 2017，p. 71.

的自律守则——“Code of Conduct for Litigation Funders”(以下简称《自律守则》)。[①]《自律守则》作为一套尝试规范诉讼融资中投资人行为的规则,对其会员有强制约束力,对于其他投资人和国际仲裁中投资人行为也具有指引作用。但《自律守则》并未涉及出资者的披露义务。为了第三方资助仲裁业务的长远健康发展,不排除未来行业协会会通过其内部守则对出资者的披露义务作出具体规定。

就我国而言,目前已有几家公司从事相关业务,关于第三方资助仲裁的实践虽然不多但不再是一片空白;[②]在涉外仲裁中也遇到过对方当事人受第三方资助的案例。随着我国对外投资的持续增长与第三方资助仲裁的进一步发展,未来我国投资者在涉外仲裁中必然会越来越多地接触第三方资助制度,所以,对第三方资助仲裁制度进行研究,为其适用做好理论和法律准备应当提上日程。而就国内仲裁而言,第三方资助仲裁制度利于更多的当事人运用仲裁制度寻求正义,无论是对我国的仲裁业发展,还是对维护当事人利益都是有益无害,但是这需要立足于对第三方资助问题进行合理规制的基础上。因此,我国应吸收澳大利亚、英美等国的经验,结合本土法律文化与仲裁制度本身的特点,对第三方资助仲裁制度尤其是其中的披露问题进行规制,以便将来引进该制度后能够顺利运行。

① Code of Conduct for Litigation Funders, http://associationoflitigationfunders. com/wp-content/uploads/2014/02/CodeofConductforLitigationFundersNovember20111. pdf,最后访问日期:2017 年 5 月 17 日。

② 目前,我国从事相关业务的公司有深圳前海鼎颂投资有限公司、帮瀛法务(北京)、赢火虫(上海)等。

小议国际仲裁中的第三方资助

——从贸仲委香港仲裁中心《第三方资助仲裁指引》出发

吴 韡*

摘要:第三方资助(Third Party Funding,TPF)作为国际仲裁的热点问题在过去几年间不断升温。香港、新加坡两大国际仲裁中心相继在 2017 年修正法案、"红灯"转"绿灯",正式接纳这一仲裁领域的新生事物。随着我国"一带一路"倡议的推进,中国仲裁走入国际舞台时势必会与它相遇并产生"化学反应"。凡事预则立,不预则废,本文以 2016 年贸仲委香港仲裁中心发布的《第三方资助仲裁指引》为借鉴的平台,浅析 TPF 在披露、利益冲突、仲裁费用等方面的一些焦点问题,为我国仲裁界探索如何更好地引导其的本土化发展拓展一些思路。

关键词:第三方资助　披露　利益冲突　仲裁费用

一、了解第三方资助仲裁

近年来,仲裁的第三方资助逐渐在国际仲裁舞台中崭露头角,扮演着越来越重要的角色。仲裁中的第三方资助具体指的是,第三方投资人为仲裁中的一方(申请人或被申请人;本文以申请人接受第三方资助的撰写角度展开)提供资金支持,包括仲裁中所产生的律师费用、仲裁程序费用、专家证人费用等在仲

* 吴韡,上海市金茂律师事务所律师。

裁程序中可能发生的费用。其后,如果被资助人的仲裁请求最终获得仲裁庭的全部或部分支持,基于双方间协议的约定,第三方从被支持的请求中获取一定比例的收益作为回报;如败诉,被资助人也无须向第三方返还仲裁中已发生的费用。

第三方资助兴起的主要原因在于被资助人在面临败诉风险的前提下,常常不愿或无法负担启动和推进国际仲裁所产生的高额法律费用(尤其是国际投资争端解决中心 ICSID,其法律费用动辄上百万美元),从而丧失了合理的司法救济求偿的机会。第三方在进行一系列风险评估后,通过支持仲裁请求有较大可能得以实现的一方当事人而介入案件,为被资助人解决资金压力、转移败诉风险,同时自身也从中获得投资利益,形成共赢的局面。

第三方资助可以发生在仲裁的任何阶段,用以帮助经济处于弱势地位的被资助人通过仲裁程序实现正义,它也是金融资本进军法律行业开展投资博弈的一种方式,近几年有“爆发式”增长的趋势,甚至已成为国际投资仲裁纠纷中的“常见实务”。[①] 但是,由于这一模式是新发展起来的,并且在应用上缺乏成熟的监管措施,容易诱发程序风险衍生新的法律问题,可能影响仲裁的公正性和独立性,因此在国际仲裁领域引起了较多关注。伦敦玛丽皇后学院(Queen Mary University of London)2015 年的国际仲裁调查报告[②]显示,71%的受访者认为第三方资助是需要得到监管和规制的领域,如与仲裁公平公正性息息相关的利益冲突披露,资助方介入案件的程度与仲裁程序原有的保密性的界限和碰撞等问题。前述问题在理论和实践领域中都得到了重视和研究,同时还衍生出了仲裁裁决的可执行性、仲裁费用如何合理分配从而实现最大化正义等后续问题。

在“一带一路”倡议的大力推动下,未来的几年中,中国企业、投资者势必会与沿线国家、地区开展更为紧密、频繁的经贸投资活动,也更需要配套高效的争议解决机制。同时,虽然国内目前第三方资助仲裁的实践较少,但已有部分

---

① EuroGas Inc. and Belmont Resources Inc. v. Slovak Republic, (ICSID Case No. ARB/14/14).

② 2015 International Arbitration Survey: Improvements and Innovations in International Arbitration, Queen Mary University of London, Chart 43.

投资人开始对相关问题进行探索,假以时日,第三方资助国际仲裁势必会在中国仲裁中获得发展。面对这一新模式新机制所形成的新挑战,如何从目前已有的国际实践经验中学习,取其精华去其糟粕,对其可能产生的风险和后果做好制度上引导的准备,是对我国仲裁机构增强国际竞争力的重要挑战,也是与国际仲裁接轨的必要准备,值得讨论和研究。

二、第三方资助的近期发展

根据调查分析,[①]伦敦和巴黎一直分别是最受欢迎、排名第一和第二的国际仲裁的首选地,我国香港地区和新加坡仅次于后。上述四个国际仲裁前沿地,不约而同地在 2016 年至 2017 年将一部分仲裁发展焦点聚集在了第三方资助这一新兴问题上。

2016 年 10 月 12 日,我国香港法律改革委员会(Hong Kong Law Reform Commission,LRC)(以下简称香港法改会)发表报告书,建议修订法例,准许第三方资助仲裁。香港法改会认为此举有助于提高香港地区作为国际仲裁中心的竞争力。

2016 年 11 月,英格兰和威尔士诉讼投资人协会(Association of Litigation Funders of England and Wales,ALF)更新了投资人在诉讼融资中自我监管的自律守则——"Code of Conduct for Litigation Funders"(以下简称《ALF 守则》)。

2017 年 1 月,新加坡国会通过民事法(修正)法案,取消了对此类资助的长期禁令,废除包揽诉讼(maintenance and champerty)并设立第三方资助框架,允许与仲裁案无关的第三方提供资金,协助索偿方承担费用,并分享胜诉所得赔偿。据悉,首起新加坡第三方资助仲裁案件已正式出现,英国诉讼融资公司伯福德资本(Burford Capital)资助了该起仲裁案件。

---

① 2015 International Arbitration Survey: Improvements and Innovations in International Arbitration, Queen Mary University of London, Chart 7-8.

2017 年 4 月,巴黎律师协会在"巴黎仲裁周"上公开了一项决议,[①]支持第三方仲裁,并且列明了律师在处理涉及第三方资助仲裁案件时的一系列操作指引,如只能由被资助人对律师进行指示、律师不能主动将案件信息披露给资助方等。

2017 年 6 月 14 日,香港地区立法会通过了《2016 年仲裁及调解法例(第三者资助)(修订)条例草案》(第三者资助草案),[②]对《仲裁条例》(香港法例第 609 章)(仲裁条例)作出修订,允许在香港地区进行的仲裁程序中的第三方资助。

截至目前,国际仲裁中的第三方资助已相继在美国、澳大利亚、英国、瑞士、法国、新加坡以及中国香港地区等诸多司法领域获得明示或默示的许可。

三、《第三方资助仲裁指引》

在 2016 年 5 月 19 日,贸仲委香港仲裁中心《第三方资助仲裁指引》(以下简称《指引》)征求意见稿在香港特区发布。该文件是由贸仲委香港仲裁中心组织专家起草的有关第三方资助仲裁的指导性文件,对指导贸仲香港仲裁中心案件中的第三方资助具有重要意义。

《指引》系由香港法律专家在贸仲委香港仲裁中心规则大前提下,起草的一份非强制性、以鼓励为主的指导意见,凝聚和浓缩了国际仲裁领域第三方仲裁资助的最新实务经验和研究成果,阐述了有关第三方资助仲裁的原则性的行为准则。《指引》不仅可适用于中国香港地区,还可为其他司法领域的仲裁实践提供参考。有赖于贸仲委的平台,《指引》对中国仲裁本土化迎接第三方资助浪潮有一定的借鉴意义和参考价值。

下文拟以《指引》中的一些条款或原则出发,结合我国仲裁大环境和国际仲裁界的新旧观点,进行一些拓展和分析。

---

① La résolution suivante a été adoptée à la séance du Conseil de l'Ordre du 21 février 2017.

② 2017 年第 6 号条例,2017 年《仲裁及调解法例(第三者资助)(修订)条例》。

四、《指引》中第三方资助的基本要素

《指引》分为三部分,第一部分对《指引》进行了简单介绍,称其为“有关第三方资助仲裁的指导性文件”;其中,第三方资助也不局限于第三方金融机构提供资金支持,还囊括了保险及特殊情况下的法律服务。同时,该部分还明确了《指引》的原则,即“鼓励性、自愿性”,并非强制仲裁规则。

《指引》的第二部分对第三方资助的基本要素、被资助人和第三方资助人的权利义务及法律关系进行了重点引导和兜底性说明,下面列举一二。

首先,关于第三方资助的形式及合法要件:在第2.1条,提示了第三方与被资助人之间要建立明确的资助协议(Arbitration Funding Agreement,AFA);在第2.2条,提示了应该事先考虑根据仲裁程序所适用的法律是否允许第三方资助的介入;第2.3条提示了考虑资助方是否为所适用的法律项下适格的资助主体。

其次,对于第三方资助人资本的要求,《指引》提示被资助人考量资助人的资本是否充足的情况、是否足以承担双方约定的由资助人承担的仲裁费用以及是否会有撤回出资的情况发生,并提示要提前约定和考虑如果资助人撤回出资的后果(第2.4条、第2.11条)。关于资助人的资本金额,《指引》只提到应该作为考量要素,应满足被投资人和投资人之间的AFA,但并未给出如何判断是否满足的具体标准和依据,属于兜底性的引导条款。

关于这一点,鉴于我国金融资本市场目前仍有一些鱼龙混杂的现象,如第三方资助国际仲裁在我国出现时,对于部分没有雄厚的资本支持又想投机取巧的机构来说,将是百害无一利的。那么,在源头上对第三方投资人的资本体量等硬标准作出规定将是最好的办法,这样可以有效避免仲裁程序因第三方资助人资金链出现问题等不可预期的原因陷入混乱的局面。关于具体如何确定硬标准,英格兰和威尔士诉讼投资人协会《ALF守则》中的相关“指标”具有一定的参考意义,其规定:“出资者有能力偿还到期所有债务、需要至少在一定期间内(36个月)的所有时间的财务资本都足以负担双方资助协议中约定的将资助

被资助人仲裁费用的金额,以及资本金额在一定期间内不少于一定数额(500万英镑)。"

此外,《指引》还引导被资助人应该提前与资助人协商第三方资助对仲裁案件的掌控程度(第2.10条)。同样,在这一问题上,根据《ALF守则》中的规定,"出资第三者不得寻求影响受资助方的代表律师或出庭律师将争议的控制权或处理权转让给出资者",这是一个可以参考的掌控程度及范围的具体标准。

在目前的国际仲裁实务中,如果第三方对仲裁案件的掌控度过高,或者已足以被认定为在事实上成为案件真正的当事人,那么仲裁裁决书将面临一定风险,即被执行地的法院以违反当地公共政策为由被不予承认和执行。此外,也有过因为第三方资助人介入案件过于深入而被仲裁庭要求承担另一方仲裁当事人律师费用的案例。

五、第三方资助的透明度——利益冲突与披露

随着第三方资助国际仲裁的逐渐普及,追本溯源,是否有必要披露资助细节、披露的范围和对象成为一个热点话题。

就这一问题,伦敦玛丽皇后学院2015年的国际仲裁调查报告显示,[①]有76%的受访者认为在仲裁中如有涉及第三方资助的情况,应进行披露;63%的受访者认为应对第三方的主体身份进行披露;仅有29%的受访者认为有必要披露资助协议的全部条款。

关于披露引发的问题,有三个主要方面值得探讨,即是否有强制进行披露的必要及进行披露的程度(需要披露哪些信息、披露的对象)、利益冲突问题,以及进行披露行为可能引发的问题。

(一)是否进行强制披露及披露的程度

首先,从《指引》的第三部分来看,在第3.1条明确了仲裁庭在参照适用法

① 2015 International Arbitration Survey: Improvements and Innovations in International Arbitration, Queen Mary University of London, Chart 45.

律规定和规则的前提下，有必要时，可以要求或强制被资助人披露第三方资助的情况。同时，第 3.2 条明确了如果要求进行披露，应该披露的内容包括：是否有第三方资助的情况、第三方资助者主体身份和地址，以及其他根据适用法律应披露的信息或仲裁庭认为有必要披露的信息。

显然，《指引》中的这一内容，意在与强制性规定不冲突的前提下，将是否有必要进行强制披露及披露程度的决定权交给了仲裁庭。如仲裁庭认为有必要的，应对第三方资助的情况、具体主体信息及其他有必要的信息一并披露。但如何判定是否有必要启动披露程序，《指引》并没有规定明确细则。

其次，目前在不同各国（地区）的各自法律中，对此的规定各有不同。其中，澳大利亚早已开始强制要求披露第三方资助关系。而根据我国香港地区最新的《仲裁条例》，[①]在确认允许仲裁程序中的第三者资助的同时也强制要求了披露第三方资助关系。香港《仲裁条例》规定，受资助方须就以下事项发出书面通知：(1)已订立资助协议一事；及(2)出资者的姓名或名称及其他每一被资助人的姓名或名称。通知须在仲裁开始之前发出，或如果资助协议是在仲裁开始之后订立的，则在订立资助协议后的 15 日内发出。而其他国家如英国、法国、新加坡，都暂未强制要求披露第三方资助信息。

最后，关于是否有强制进行披露的必要及进行披露的程度。从仲裁案例角度来看，在国际投资争端解决中心的 Muhammet Çap v. Turkmenistan 案[②]中，仲裁庭基于对仲裁程序正义的关注，以程序令的形式（2015 年 6 月 12 日第 3 号程序令），要求被资助人披露是否有第三方资助的情况以及第三方资助者的身份。仲裁庭作出这一程序令的原因是，仲裁庭认为披露将会有利于判断仲裁员是否将会受到第三方资助者的影响，据此来保证仲裁程序的完整性和公正性。

然而，在 Teinver SA and ors v. Argentina[③] 案中，作为被申请人的阿根廷认

① 仲裁条例（香港法例第 609 章），98T。

② Muhammet Çap & Sehil In aat Endustri ve Ticaret Ltd. Sti. v. Turkmenistan,（ICSID Case No. ARB/12/6）, Procedural Order No. 3, 12 June 2015.

③ In Teinver SA and ors v. Argentina（ICSID Case No. ARB/09/1, Decision on jurisdiction, 21 December 2012, paras. 254-259）.

为第三方资助人柏福德公司不是阿根廷的投资者,也不是在西班牙设立的公司,有可能违反 ICSID 公约中关于管辖权的规定,因此要求披露。仲裁庭基于"是否存在第三方资助对仲裁庭对案件管辖权并不会产生影响,不需要进行披露"为由,拒绝了阿根廷关于披露第三方资助的请求。同时仲裁庭也进行了说明,这一拒绝的理由仅仅基于案件尚在管辖权阶段的客观事实,不等同于在实体问题审理阶段不考虑第三方资助这一因素。

通过披露使仲裁庭知晓第三方资助存在的情况及基本信息,确实是非常有必要的,但也没有以强制的形式来要求的必要,应尊崇《指引》的指导思想,由仲裁庭在不违反适用法律规定的前提下,根据具体仲裁案件的情况来判定。

结合我国目前的仲裁实务,应综合案件的复杂程度、争议标的、仲裁费用来考量。针对案情复杂、争议金额大、仲裁费用高、任一方败诉将承担较大风险的案件,如果不对第三方资助情况进行披露,那么仲裁庭将难以在后续的仲裁费用负担、是否要求一方提供仲裁费用担保的问题上作出公正的判断,不利于案件的公平进展。如果是一个相对简单的案件,在法律关系清晰的前提下,要求披露第三方资助情况将势必造成节外生枝,造成仲裁资源的浪费、仲裁费用的增加,反而不利于案件当事双方高效便捷和快速地通过仲裁解决纠纷。

(二)利益冲突披露

首先,对于利益冲突问题,《指引》在两个地方分别提出:第 2.9 条规定,在适用的法律或规则约定下,被资助人发现获得的资助可能发生利益冲突时,应该立即告知仲裁庭和对方;第 3.3 条规定,仲裁庭在了解到第三方资助情况下,应该及时考量自身的独立性是否有利益冲突,根据适用的法律或规则,采取必要的、公正合理的措施。第 2.9 条是发现冲突在先,披露在后,即被资助人在发现可能有利益冲突的情况下应主动披露的情况;第 3.3 条是披露在先,判定利益冲突在后,用以明示仲裁员考虑利益冲突问题的出发点应该基于独立性和公正性。

其次,关于利益冲突问题,目前《ICSID 公约》仅在第 6 条、第 14 条笼统地要求仲裁员披露自己同案件当事方之间的关系、赋予了被资助人申请仲裁员回避的权利，并未明确主动披露义务的范围及所对应的利益冲突关系层面是否包括第三方资助关系，规定得十分宽泛。

同时，国际律师协会(International Bar Association，IBA)在2014年对《利益冲突指引》进行修订时，已经加入了对仲裁员披露与第三方资助人有关的利益冲突的要求。国际律师协会的表述为：由于第三方资助者与案件将会有直接的利害关系，故第三方资助者与被资助人应该被认定为共同体，基于此，如仲裁员与第三方资助者有利益冲突关系，视同于仲裁员与案件当事人有利益冲突关系，那么必然地将会影响案件的公正性，应予以披露。

目前，国内各大仲裁机构的仲裁规则均规定了仲裁员应在接受任命时披露可能影响仲裁程序独立性、公正性的利益冲突事项，同时，如果利益冲突将会影响到仲裁程序时，一般也都赋予了被资助人请求仲裁员回避的权利。例如，《中国国际经济贸易仲裁委员会仲裁规则》第31条第1款规定，“被选定或被指定的仲裁员应签署声明书，披露可能引起对其公正性和独立性产生合理怀疑的任何事实或情况”。第32条第2款规定：“被资助人对被选定或被指定的仲裁员的公正性和独立性产生具有正当理由的怀疑时，可以书面提出要求该仲裁员回避的请求，但应说明提出回避请求所依据的具体事实和理由，并举证。”

国际仲裁程序中，仲裁庭的公正性和独立性是基石。而第三方资助者介入仲裁案件中，经常会动摇仲裁当事双方原本在程序上的平衡关系，带来潜在的利益冲突，间接挑战了仲裁员的独立性。我国仲裁在针对第三方资助带来的利益冲突问题进行规制时，应沿用《指引》中的思路结合现有仲裁规则，不做大规模的强制性要求或限制性要求，仅在一些特殊情况下提出鼓励性原则，具体建议如下。

其一，根据强制法律规定或仲裁庭已要求被资助人披露的前提下，明确提示仲裁员及当事双方应根据披露的信息来判定该第三方是否会形成需要披露的利益冲突情况。

其二，在无强制法律规定，仲裁庭也暂无合理理由要求进行披露是否有第三方资助的情况下：首先，应从仲裁员自身角度出发考虑，如果仲裁员基于社会地位、身份、职业、工作等因素知晓自身已受到影响或是知晓自身将来可能会受到影响的,应主动进行披露。其次,如仲裁员从事的行业(如律师、投资人等)与第三方资助可能存在有一定程度的联系,为避免日后可能的披露利益冲突,仲裁员应据此作为考量依据,要求被资助人就是否存在第三方资助情况及第三方信息进行披露。这样能尽早确认是否有需要披露的利益冲突,同时也是仲裁员自我保护的一种方式。否则如果程序进行到了若干个阶段后,才发现基于案外第三方资助,仲裁员可能有潜在的利益冲突问题时,势必会造成仲裁资源的浪费,仲裁费用的无端扩大等一系列不利的后果。

此外,就披露行为所可能引发的问题,《指引》也分别在第2.5条、第2.7条、第2.8条中进行了提示以尽量避免当事人遇到两难的局面;提示了当资助协议约定了被资助人对第三方资助关系承担保密义务与仲裁庭或法律规定要求被资助人向仲裁庭披露发生矛盾;建议被资助人在资助协议谈判初期就应该考虑到将来可适用的保密条款和相关的法律规定的效力、第三方和被资助人之间签订保密协议的必要性;提示了被资助人应当考虑与第三方之间的协议内容是否会在仲裁程序中面临被要求予以披露的情况等。这些都是在过去几年第三方资助模式从无到有发展过程中引发的争议关键点,如今仍然值得推敲和考虑。

六、仲裁费用的分配

首先,在第三方资助中,虽然第三方往往在经过一定程度的尽职调查后,对案件的胜诉概率有一个预估的基础后才决定介入,但没有任何机构和个人能够对于案件胜诉与否做出完全准确的判断,故第三方资助的情况下,被资助人仍然存在败诉的可能性。其次,在第三方资助的情况下,受资助方往往是因为在经济上处于不良状态(如破产或流动资金受限)才接受第三方资助,这意味着,一旦败诉,受资助方很可能没有财产承担非受资助方所要求承担的费用,而第三方资助者又因没有仲裁协议,不属于仲裁案件的当事人,仲裁庭根本无法作出要求其承担不利诉讼费用的裁定。这样的情况下,非受资助方可能会面临重大损失。

上述问题已经在第三方资助国际仲裁案件中多次出现,如何处理引起了广泛的讨论,针对不同的法律体系、不同仲裁机构的仲裁费用分配规则,不同的第三方介入情况,对这个问题都有不同的解决方法,有的解决方法差异很大。

在《指引》的第3.4条中,特别提到了仲裁费用担保(security for costs)的问题,即根据适用法律或规则,仲裁庭可以在考虑第三方资助的性质和范围的前提下,对是否适用仲裁费用担保问题进行判定。但对于第三方资助的性质和范围是否会影响、会如何影响仲裁费用这一判定上,《指引》并未明确。

在我国目前仲裁规则下,可能因为仲裁费用不高、由申请人预缴的客观情况,大多数从业者对仲裁费用担保的概念还比较陌生。其实在国际仲裁中,它不失为被申请人的一个"撒手锏"。即如被申请人一方能有证据向仲裁庭进行满足适用法律及仲裁条款下所需证明事项的证明,那么被申请人就有权请求仲裁庭要求申请人将预估的败诉时需要支付的仲裁费用交给仲裁庭作为担保,否则仲裁庭就可能采取不利于申请人的其他措施。

鉴于仲裁保证金具有紧急措施的性质,此处的判定适用标准宜严不宜松,不然将形成不必要的滥用仲裁紧急措施的情形。

对于这一问题,Commerce Group Corp & San Sebastian Gold Mines, Inc. v. Republic of El Salvador 案件①中特别委员会的观点很有借鉴意义。特别委员会认为:被资助方因财力困难而无法缴纳费用的情况并不能被视为或构成滥用诉讼(conduct amounts to abuse)或主观恶意行为(pursued in bad faith),据此拒绝了被申请人要求申请人提供仲裁费用担保的申请,故只有当有证据能证明被资助人有滥用诉讼或其他主观恶意行为的前提下,才能要求被资助方提供保证金(security cost),使另一方能在被资助方败诉后从保证金中获得补偿。

此外,关于涉及第三方资助的仲裁案件中,在最后仲裁费用的分配和承担问题上有两处争议焦点,英国法院的观点都是可以借鉴和学习的。

---

① 参见郭春华:《第三方资助国际投资仲裁之滥诉风险与防治》,载《国际经济法学刊》2014年第2期。

一是第三方投资者对仲裁费用的承担范围，在2005年，英国法院在Arkin v. Borchard Lines Ltd.[①]案中曾经明确，如果受资助的案件败诉，第三方资助者对费用的法律责任将以其投入的金额为上限。

二是第三方资助费用应由被资助方承担或由败诉方承担。关于这点，Essar Oilfields Services Ltd. v. Norscot Rig Management PVT Ltd.(2016)EWHC 2361一案中，英国法院最终确认了仲裁庭有权裁决被申请人补偿第三方资助费用，在该案中，英国法院认定了第三方资助构成《英国仲裁法》第59(1)(c)条规定的"其他费用"有很大的参考价值。但同时也应该注意到，在本案中，有因Essar的不当行为，客观上造成了Norscot别无其他选择，只能获得第三方资助以寻求救济的特殊情况，故在参考借鉴时应考虑这一特殊情况。并非所有第三方资助费用都可以列入"其他费用"中，而应综合非被资助方不当行为的严重程度、被资助方寻求资助的原因、第三方资助的获利情况等多方因素考量。

七、结语

虽然《指引》所提示的事项皆为可能会影响整个第三方资助合法性、对仲裁程序和结果产生巨大影响的焦点问题，但所用语言几乎都不是"应当"或"必须"这样强硬的字眼，通篇以提示和引导为主。目前，在面对国际仲裁中第三方资助这个新事物，在任何方面都不应该随意地制定下强制性规定；在我国仲裁界本土化国际仲裁第三方资助制度的建设时，这一点是可以有条件地借鉴和学习的。在非强制性原则问题上，收放自如的提示和引导势必将优于强硬的强制性约束，如何"锤炼打磨"出一个最契合的本土化规则或指引，则需要在实践中找问题和答案。

---

① Arkin v. Borchard Lines Ltd [2005] 1 WLR 3055.

“赌徒的天堂”(gamblers’ nirvana)还是投资者沃土
——第三方资助仲裁中的投资者视角

胡 宪*

摘要:第三方资助仲裁是近些年来国际仲裁界热议的话题。一方面,其风险投资的商业化路径能帮助更多的当事人“接近正义”;①但另一方面,第三方资助对原有法律服务行业及仲裁程序的冲击也引发了许多担忧。部分国际仲裁的参与者不了解第三方资助的流程和资助方的投资逻辑,对此颇有非议。我国第三方资助仲裁实践尚处于发展初期,本文旨在介绍资助方在投资流程中所扮演的角色。对投资者心理更为充分的了解在一定程度上有利于规范第三方资助的市场,使其更能在“一带一路”倡议的背景下更好地发挥优势,帮助中国企业积极应对国际仲裁的挑战。

关键词:第三方资助 国际仲裁 投资者视角

一、问题的提出

在著名的RSM案②中,被申请方指定的仲裁员Gavan Griffith在裁决费用

* 胡宪,深圳前海鼎颂投资有限公司研究院院长兼投资经理,厦门大学法律硕士,中国仲裁研究院青年会员;主要研究(从业)方向:争议解决中的第三方资助、法律资本及其实现模式。

① 张光磊:《第三方诉讼融资:通往司法救济的商业化路径》,载《中国政法大学学报》2016年第3期。

② RSM Production Corporation v. Saint Lucia, ICSID Case No. ARB/12/10.

担保申请时的多数意见中明确指出，第三方资助是“赌徒的天堂”（gamblers' nirvana），而资助方则是这个“天堂”中只赢不输的投机者。这一意见不仅在当时被申请方RSM公司选定的仲裁员Edward W. Nottingham在少数意见中提出了质疑，随后更是在投资仲裁界掀起了轩然大波。学者Yasmin Mohammad撰文指出，其不同意仲裁庭多数意见中关于“赌徒的天堂”的论断，认为资助方不承担任何风险的断定并不符合事实，且这种论断会阻碍第三方资助在仲裁领域的发展。著名第三方资助机构伯福德资本则发文驳斥了仲裁庭多数意见中“赌徒的天堂”这一“错误且荒谬”的论断。①

第三方资助的实践正在全世界范围内如火如荼地展开，各国也纷纷通过立法和修法来适应第三方资助的模式。2017年1月11日，新加坡国会通过民事法修正案，允许第三方提供资金，协助索偿方承担费用，并分享胜诉所得赔偿。巴黎律师协会则在2017年5月对第三方资助问题进行研究并得出结论，认为第三方资助并不违反法国法律。2017年6月14日，我国香港特别行政区通过立法，允许在香港进行的仲裁和调解中适用第三方资助。

在给予第三方资助充分关注的同时，各国与主要国际机构对其采取了不同程度的规管。新加坡在其《2017年民法（第三方资助）规则》中要求第三方资助提供者应具备不少于500万新币的实缴资本。② 其《2017年法律专业行为准则（修正案）》也要求第三方资助的存在和资助方身份必须披露给相关的法院和仲裁庭。与此不同的是，香港特别行政区立法会则准备在一段时间内采用指引性的自律这类更为软性的规管模式来应对第三方资助仲裁带来的挑战。国际商事仲裁委员会（International Council for Commercial Arbitration）与伦敦玛丽女王大学（Queen Mary University of London）联合成立专项工作组，对国际仲裁中第三方资助问题进行研究，并于2017年9月1日在其网站公布初步工

---

① Christopher Bogart, RSM v. St Lucia："Why the Majority Got it Wrong on Security for Costs", *Global Arbitration Review* issue of 11 September 2014, avaiable at http://globalarbitrationreview.com/news/article/32964/rsm-v-st-lucia-why-majority-wrongsecurity-costs/，最后访问日期：2017年8月3日。

② 参见 Civil Law Act (Chapter 43) -Civil Law (Third-party Funding) Regulations 2017-Qualifications for "qualifying Third? Party Funder"。

作报告,同时欢迎来自公众的意见和建议。①

虽然第三方资助给传统法律服务行业带来了巨大的冲击,但国内外第三方资助提供者却鲜有对自身商业和运营模式进行介绍和披露的。信息不对称使诸多争议解决参与者对第三方资助仍然停留在初步的感性认知上。故得出第三方资助是"赌徒的天堂"这一论断也就不足为奇。借此机会,笔者立足于在国内专业从事第三方资助的机构——鼎颂商事争议解决支持平台的实践经历,结合与国内外同行的经验交流和研究成果,与读者共同分享资助方在第三方资助中的主要考虑因素及整个投资流程的构建方式。

二、评判标准

判断第三方资助是否真的是"赌徒的天堂",应从两个角度切入进行分析。评价标准正如仲裁员 Gavan Griffith 在多数意见中阐述的两个因素:第一,第三方资助是否是一种投机行为;第二,当前的法律服务市场能否让"投机"的第三方资助方如鱼得水,只赢不输,成为"赌徒的天堂"。

(一)投资与投机的区别

虽然投资与投机二者并没有严格的定义,但其确有本质的区别。一般而言,投资是基于现有的资源和信息做出决策,最终实现风险控制下收益的最大化;相反地,投机便带有一定的赌博性质,是基于对未来资源和信息的预测做出决策,追求的是非常态化收益。此外,如果从更深层的角度上进行理解,投资属于博弈论范畴中的长期博弈,需要对先前多次博弈的结果进行分析并从中归纳总结出经验;而投机则相应缺少前端的总结,更着眼于短期套利。

对于第三方资助者来说,投资仲裁案件与投资其他的企业融资项目并没有本质不同,仅仅是投资对象的不同,最终的目的都是获取投资收益。② 虽然相对股权投资,案件的平均投资周期要短得多,但也有很多国际商事仲裁和国际

① 参见 ICCA 官网新闻:http://www.arbitration-icca.org/news/2017/347/third-party-funding-draft-report-public-comment-from-september-2017.html,最后访问日期:2017 年 8 月 3 日。

② 参见章曦:《论国际仲裁中的第三方融资及投资人的自我监管》,载《北京仲裁》2015 年第 3 期。

投资仲裁案件历时较久。以著名的尤科斯诉俄罗斯政府投资仲裁案为例,从申请人向PCA申请仲裁到最终裁决作出的流程持续了10年之久(2004~2014年),并且时至今日仍处于尤科斯公司向荷兰最高法院上诉的阶段。因此,第三方资助提供者必然要考虑其应对长期复杂案件的资金实力和风险控制能力,并且基于目前掌握的信息和资源做出投资决策,以便更好地应对这一长期博弈。同时,投资决策的做出及风险控制也更多地依赖于先前的经验和对案例数据的分析。以上几点,均说明了第三方资助更符合投资的构成要素,而不是一种单纯的投机行为。

(二)第三方资助并非赌徒的天堂

第三方资助的市场也并非投机者不劳而获的乐土。寻求第三方资助的当事人普遍有规避风险的需求,故涉及的案件也同时具有案情复杂、周期长、成本高等特点,投资的风险也就相应提高。在这种状态下,单纯凭借雄厚的资金实力而不对拟投项目进行筛选是不可取的。除了投资决策,第三方资助提供的另一类服务是案件管理,即选取更好的仲裁策略来指导律师和当事人,在仲裁请求被支持的前提下获取更高额的收益(或反过来减少损失)。

以上二者共同决定了第三方资助方在这一市场中只能是精明的投资者,而绝非轻而易举一掷千金的"赌徒"。虽然这一市场需求巨大、前景无限,但也存在激烈的竞争和更新迭代,故也绝非投机者可以不顾客观经济规律和商业逻辑而肆意妄为的"天堂"。

三、资助方的投资流程与其中的考虑因素

一般情况下,完整的第三方资助项目会经历以下流程:项目立项——项目审查——投资决策——投后管理——项目回收。接下来,笔者将结合相关国内外实践,逐步分析每一流程中第三方资助者重点考虑的因素。

(一)项目立项与尽职调查

就仲裁而言,第三方资助者介入的时机因被资助方的需求而异。部分当事人在仲裁程序中因资金状况出现变故,故而产生对第三方资助的需求;也存在当事人在已经获取生效裁决后,甚至已经在对方当事人主要财产所在地完成承

认裁决的程序后，由于担心后续执行流程太漫长或存在部分执行不能的风险，希望引入第三方资金，来转移或分散风险。但更多的情况，是资金状况不佳或希望转嫁风险的当事人希望在提交仲裁申请前便获得第三方资助支持，以便整个仲裁程序能够有序推进。

对于资助方而言，项目立项阶段的主要工作为尽职调查，①而尽职调查活动的目标，主要为以下几点。

1. 管辖权和管辖法律

资助仲裁案件前，资助方首先需要通过仲裁协议或合同内的仲裁条款确认仲裁地，仲裁机构（临时仲裁的管理机构），仲裁适用程序法、实体法等一系列与仲裁程序有关的基本信息。以上信息的获取在未来的投资成本核算和风险控制中都会起到举足轻重的作用。尤其是当仲裁条款存在瑕疵或约定不明时，无疑提高了提请仲裁后对方当事人提起管辖权异议或申请撤销不予执行仲裁裁决的相应风险。②

2. 潜在利益冲突

此处所指的利益冲突主要由以下两方面构成。

（1）相对于仲裁员的利益冲突。

相对于仲裁员的利益冲突是指组庭之后的仲裁员，无论是由一方指定还是双方共同指定，抑或是仲裁机构直接委任，都要避免出现与"仲裁参与人有利害关系，并足以影响仲裁员公正独立作出裁决"的情形。如存在上述情形，仲裁员有义务自行或在当事人申请下进行回避。引入第三方资助后，仲裁员的利益冲突情形可能会更加复杂。举例说明，如果在某一案件中，仲裁员是某一律师事务所的合伙人，而当事人一方的第三方资助者恰恰与该律师事务所在业务上经常合作。此时，虽然该名仲裁员与当事人之间并不存在任何利益关系，但

---

① Niccolo Landi，"Chapter II：The Arbitrator and the Arbitration Procedure：Third Party Funding in International Commercial Arbitration-An Overview"，in Christian Klausegger and Peter Klein，et. al.（eds），"Austrian Yearbook on International Arbitration 2012"，*Austrian Yearbook on International Arbitration*，Volume 2012.

② 参见章曦：《论国际仲裁中的第三方融资及投资人的自我监管》，载《北京仲裁》2015 年第 3 期。

出于其自身律师事务所与第三方资助者的长期合作,该仲裁员往往会更希望这一第三方资助者所资助的当事人胜诉,以保障该第三方资助人可以正常获得应有的收益。在这种情况下,仲裁员在审理、裁决案件的过程中往往会产生一定的偏向性,影响仲裁程序的有序公正。① 因此,IBA 也在其"IBA Guidelines on Conflicts of Interest in International Arbitration"2014 年修订版中加入了关于第三方资助者的定义和相应的披露回避要求。②

资助方在接手案件后,应当第一时间进行这类利益冲突检索,并向与本公司有长期业务联系同时在相关机构担任仲裁员的人士发送报告,以便于其知情而选择主动回避或主动向当事人双方和其他仲裁员披露相关信息。同时,第三方资助者也要及时与当事人沟通,建立利益冲突防火墙制度,竭力避免为当事人指定存在利益冲突的己方仲裁员等。

(2)相对于被资助方的利益冲突。

此外,还有一类利益冲突存在于资助方和被资助方之间。例如,资助方先前的主要客户是大型金融机构,则其应当尽量避免资助针对这些金融机构提起的仲裁。当然这种情况下的利益冲突检索与法律或律师执业守则中规定的律师事务所利益冲突不同,而纯粹是基于商业上的考量,具体的实施也因资助方的实力而异。据悉,在美国诉讼融资市场,甚至会有实力强大的资助方要求长期合作的律师事务所禁止接受资助案件对方当事人的委托。

3. 资产状况和裁决执行能力

尽职调查的另一个重点是仲裁参与方的资产状况和裁决执行能力。此处的资产状况不仅包括仲裁对方当事人名下的资产明细、财务状况和涉诉情况,还包括被资助方的相关情况等。尤其当仲裁案件案情复杂时,这些因素很可能导致被资助方因争议事由导致资金短缺。也存在被资助方债务缠身,即便仲裁请求被支持获得了赔偿款项,资助方也无法从诸多债权受偿顺位中获取应得的

① 参见陈鲁明、陈雨葳:《浅议第三方资助模式下仲裁员利益冲突的新形式》,载 http://www.junhe.com/law-reviews/139,最后访问日期:2017 年 8 月 3 日。

② 参见 *IBA Guidelines on Conflicts of Interest in International Arbitration* 中"Explanation to General Standard 6, General Standard 7"。

收益的情况。反观对对方当事人的资产状况的评估能力,则是决定被资助方获得胜诉裁决后能否最终执行的关键。而相应的财产线索是资助方决定投资后立即向法院或仲裁机构申请临时措施进行财产保全的重要依据。当然在实践中也存在部分自然人当事人,虽然其财务状况和资产状况不佳,但由于公职身份或亲属珍惜名誉,而主动偿还债务的情况。

执行能力则主要考虑获取生效裁决后,对方当事人财产所在地对于仲裁裁决的态度和司法保障力度。《纽约公约》明确了不同法域承认执行仲裁裁决的尺度和标准,受到许多国家的认可,目前已经发展到了157个成员国。即便如此,在某些特定法域或司法辖区因对仲裁的司法保障力度不足而存在一定执行上的风险,或者可能因执行程序过于烦琐而增加了资助方投资资金的使用成本。这些都是资助方在开始立项时需要及时主动了解,并随着投资流程的深入逐步跟进的信息。

（二）项目审查

第三方资助仲裁的项目审查主要由两个维度构成。

1. 内部风险控制

内部风险控制是指资助方在作出投资决策之前,需要衡量考虑本机构的资金实力或可供支配的外部资金实力。部分机构如英国 Woodsford Litigation Funding 和鼎颂商事争议解决支持平台主要使用自有资本金进行投资,其优势在于决策流程短,且仅需机构自身一道风控程序即可进行投资决策。但绝大多数的资助方主要采用设立基金,由资助方担任 GP,投资人担任 LP 的方式来完成投资,如 Burford Capital、荷兰 Omni Bridgeway 和美国本土的多数诉讼融资机构。此种模式的劣势在于投资决策流程较长,相对的优势在于可支配的资金较多,资金实力雄厚。这也是《2017年新加坡民法》(第三方资助)规则中对资助方提出资金要求[①]之用意所在。此外,内部风控还要考虑资金的使用成本,包括资金的沉没成本。简单来说,如果一个回报相对较低的仲裁案件长期占用

① 参见 Civil Law Act (Chapter 43) -Civil Law (Third-party Funding) Regulations 2017-Qualifications for "qualifying Third Party Funder"。

了大量资金,该资助方便无法用这些资金投资新的项目,且很有可能新项目预期收益回报率会更高。因此,资助方也应在资金存量上留有余地,以期应对未来更好的项目。

2. 外部风险控制

外部风险控制则针对案件本身的风险,主要从提高案件胜诉率和降低裁决执行风险两方面着手。众所周知,争议解决案件尤其是仲裁案件,仲裁策略的选取往往在请求能否获得支持上比其他因素更为重要。在软性规管模式下,仲裁程序当事人及其代理律师如何设计仲裁请求、如何应对对方可能的抗辩事由等因素都需要资助方出具意见,并通过专业人士结合经验和资源进行引导,甚至在一定程度上包揽整个的仲裁程序。在硬性规管模式下,资助方大多只提供资金和建议,最终的仲裁策略仍以当事人的意志为准。此外,对禁令和临时措施富有技巧的运用也是有效降低裁决执行风险的方法,如果能在仲裁组庭前有效利用部分仲裁机构的"紧急仲裁员"程序,或在组庭后向法院申请财产冻结令,便可以大大提升执行的可能性。

3. 风险收益平衡

诚然,资助方倾向于通过将风险分担在诸多案件的方法来降低潜在败诉的风险,但一定程度上也会投资一些高风险高回报的案件,正如一种形象的"打井钻油"类比,"你明知自己会钻出很多空洞,但只要有一项发现就可以让这一切非常值得"。①

(三)投资决策

投资决策并非可以一蹴而就,除了结合上述项目因素外,还要根据其他的诸多因素进行统筹考量。在这一阶段,资助方和被资助方需要共同商讨资助协议里的具体事项,并达成合意。

1. 投入回报比

在做出投资决策之时,资助方将结合客户需求及以上提到的各种因素进行

---

① George Kahale, III, Is Investor-State Arbitration Broken?, Transnatl Dis. Mgt. 33(2012).

投资成本核算。如果因诸如律师费、仲裁费按小时收费的原因无法准确核算,也可以大致估算出相应的费用区间或至少估出费用的上限,并与争议标的总金额进行对比。一般而言,争议标的总金额在预计投入金额的10倍以上的案件,才属于对资助方而言盈利能力较强的项目。但这一比例不是一成不变的,资助方也会因新市场开拓或大客户维护等原因,从而接受投入回报比例相对较低的案件。

2. 投资回收期

除了投资回报的比例之外,投资的回报周期也是很值得资助方考虑的因素。除了某些案情特别复杂的案件外,一般而言,仲裁案件从申请仲裁到获得裁决终稿的时间都会落在一个合理周期内。但也不排除某些案件具有缩短这一周期的积极因素,如仲裁双方在某些事实上无争议,存在和解的基础。如果当事双方可以尽快达成和解,投资周期会大大缩短,无形中提高了已投入资金的使用效率。这样的安排也体现在下面即将谈到的资助协议中,具体为按照投资回款的周期决定最终的回报比例,回款时间快,比例可以适度降低,这样的激励机制也在一定程度上提高了当事人积极和解并化解纠纷的意愿。

3. 资助协议及核心条款

资助协议(funding agreement)是资助方与被资助方之间权利义务关系最为明确的体现,也是整个投资流程中双方最为关注的问题。对于资助方而言,资助协议的约定直接影响案件回报条件达成后,资助方如何获得并确保己方的投资权益得到实现。一般情况下,资助协议的复杂程度与案件的复杂程度和风险级别呈正相关,这也就意味着高风险的复杂案件需要资助方更精确地设置资助协议及其中的核心条款来满足双方的差异化需求。总体来说,这些核心条款主要分为三类,即投资范围条款、收益回报条款及资方控制条款,其中对资助方最为关键的条款是其中的投资范围和收益方式。①

① Lisa Bench Nieuwveld and Victoria Shannon *Third Party Funding in International Arbitration*, Kluwer Law International 2012.

(1)投资范围条款。

除了当事人主动提出的资金需求(仲裁费、仲裁员费用、律师费),有经验的资助方都会在投资前预测其他可能产生的费用并明确自己的投资范围,这些费用包括鉴定费、聘请专家费、与仲裁相关的法庭程序费(承认执行、撤销抗辩、禁诉令)、临时措施费用等。[①] 其中特别值得一提的是败诉后对方合理费用的偿付和费用担保(security for cost)成本。虽然"败诉一方承担对方的仲裁费用"(cost follow the event)并不是一个普遍的费用分担原则,但在国际仲裁中当事人一般都会主张对方应承担为其案件所支出的合理费用(不利费用,adverse cost)。[②] 在实践中,除了部分法域不支持要求申请方承担对方律师费之外,绝大多数国际商事仲裁实践中均支持仲裁庭根据实体请求支持程度裁量分配费用,故资助方应明确其投资是否包括支付对其不利的费用裁决。[③] 相应的因担心申请方无力支付不利费用裁决而产生的费用担保也会在资助方考虑的范围内。但好在二者的风险都可以通过商业保险的方式转嫁出去,[④]故大多数资助方并不会因此太过于纠结这类请求对投资成本的影响。同时,如果是资助被申请人,则费用担保不啻为一种拖延并获取优势的程序策略。最终资助方将结合先前评估阶段的成本核算和投资回收期预估与被资助方协商,共同确定合理的投资范围。

(2)收益回报条款。

投资收益条件除了一般的执行回款后,还包括获取可分配利益的时间点。正如先前提到的,投资回收期在收益回报条款中也会有所体现。一方面,资助方一般会根据回款的实际日期决定回报比例,且二者成反比。另一方面,回报

---

① Aren Goldsmith and Lorenzo Melchionda, Third-Party Funding in International Arbitration: Everything You Ever Wanted to Know (but were afraid to ask). Revue de Droit des Affaires Internationals, 2012.

② 参见杨良宜、莫世杰、杨大明:《仲裁法:从 1996 年英国仲裁法到国际商务仲裁》,法律出版社 2006 年版,第 560 页。

③ Nowaczyk P, Czech K., Rethinking Costs and Costs Awards in International Arbitration: a Call for Less Criticism of Arbitration Costs, but Improvement of Costs Allocation Practices. ASA Bulletin, 2015, 33 (3): 494-513.

④ See Jonathan T. Molot, "The Feasibility of Litigation Markets", 89 *Ind. L. J.* 179 (2014).

金额的计算方式也分为两种，即按比例计算或按倍数计算。比例计算以最终执行回款或帮助减损的金额为基准，按照双方约定的比例得出一个确定数值；倍数计算则是以资助方投入的金额为基准，回报条件达成后，被资助方需支付约定倍数的投资本金作为回报。按资助方的投资逻辑，适用比例计算的一般是争议标的较大，回报可观但风险较大的案件；适用倍数计算的则为预期回报相对较低，且风险较小的案件。在实践中，资助方也会使用两种模式的组合进行约定，如 Woodsford Litigation Funding 在其投资的著名的 Essar v. Norscot 一案中就选用了"最终获取权益的 35%或投资本金的三倍，以二者中高者为准"。① 如果被资助方本身便存在一定的财务问题，资助方还要考虑一旦出现破产清算，其投资回报的债权优先级问题。故 Burford Capital 在其近期披露的 Teinver S. A. 等诉阿根廷政府一案中，便是采用了收回投资本金后，优先收回投资本金三倍的"优先回报"的模式，之后再按执行款项的相应比例计算这样的模式来确保相对于被资助方其他债权人的优先债权。

(3)资方控制条款。

资助方对被资助方最主要的控制在于对律师的控制和对当事人和解、调解权利的限制。前者一般是行业惯例，也多为了确保资助方本身的利益实现，资助方会向被资助方推荐合适的律师团队，甚至可以约定获取当事人的排他性委托授权，代替其委任律师团队，并在之后的仲裁流程代为行使当事人的意志。② 后者依据不同法域的对于资助方的规管程度而异，在部分规管较为严格的国家可能会因妨碍当事人的程序权利而产生不利后果。③ 但本质上，限制和解条款的目的在于防止当事人做出不利于资助方的冲动妥协行为，根本上并不妨碍当事人合理行使和解权。④ 尤其是考虑到投资周期，相当多的有资助方参与的仲

① 参见张建、张蓓蓓：《国际商事仲裁第三方资助的费用分摊问题——基于 Essar 诉 Norscot 案的分析》，载《荆楚学刊》2016 年第 17 卷第 6 期。

② Edouard Bertrand, *The Brave New World of Arbitration*: *Third Party Funding*, ASA Bulletin, Kluwer Law International 2011, Volume 29.

③ See Joshua G. Richey, "Titled Scales of Justice? The Consequences of Third-Party Financing of American Litigation", 63 *Emory L. J.* 489, 501(2013).

④ 参见张光磊：《第三方诉讼融资：通往司法救济的商业化路径》，载《中国政法大学学报》2016 年第 3 期。

裁案件最终都是在资助方的指导下以和解结案,这种情况下当事人的权益获得了有力保障,同时也节省了双方的争议解决成本。

(四)投后管理

在投资决策做出并完成先期支付后,整个投资流程的重头戏已完成,剩下的更多是针对案件的跟进和管理。除了及时与当事人和代理律师沟通案件相关流程外,资助方在案件管理的同时还要及时应对对方当事人和仲裁庭针对资助方而额外提出的程序请求。这类程序请求主要是披露和费用担保。关于第三方资助者的披露,除了香港特区新修改的仲裁条例规定"如果资助协议于仲裁开始当日或之前达成,则在受资助的仲裁开始时披露资助协议的存在和第三方资助人的名称,如果协议于仲裁开始后达成,则于15日之内披露"。[①]《新加坡国际仲裁中心投资仲裁规则(2017)》中第24条明确作为"仲裁庭的额外权力",且明确赋予仲裁庭"要求披露第三方资助协议和/或第三方资助者的身份,在适当的情况下,资助方在仲裁结果中的利益和/或是否同意负担反向费用",其他的仲裁机构还鲜有涉及。

但考虑到仲裁庭广泛的自由裁量权,在一方当事人请求下要求被资助方一定程度上对资助协议进行披露并未超出其权限范围,且一定程度上有利于之后仲裁庭自我评估是否有利益冲突的情形存在。[②] 但对于仲裁庭能否因为第三方资助者的参与而要求被资助方提供费用担保,依然存在较多的争议,《ICCA Queen Mary 联合工作组费用担保与费用报告草案》(Task Force on Third-Party Funding in International Arbitration Draft Report Subcommittee on Security for Costs and Costs)中建议仲裁庭不应当仅仅通过第三方资助协议的存在要求被资助方提供费用担保,而且可以将其与被资助方其他的财务数据统筹考虑来衡量其财务状况。而贸仲委香港中心组织起草的《第三方资助仲裁指引》则更为谨慎,赋予仲裁庭在适用法或规则允许的前提下,将第三方资助作为考量费用担保的相关因素。此外,即便没有明确的规则要求或给予指导,第三

① 参见 Article 98V, Cap. 609, Hong Kong Arbitration Ordinance。

② 参见章曦:《论国际仲裁中的第三方融资及投资人的自我监管》,载《北京仲裁》2015年第3期。

方资助者也要提前防范并合理应对费用担保,同时也要权衡提出抗辩或接受费用担保分别的费用负担,毕竟因此多计算的小时数都是直接出自自己的腰包。

(五)项目回收

一旦所投资的案件达到先前约定的回报条件,资助方便开始积极筹备项目回收的相关事宜。在获取胜诉裁决后,资助方会尽其所有资源协助被资助方在对方当事人的主要财产所在地申请承认执行。如果该地区资产不足以执行,再另寻被申请方在其他国家和地区的财产。资助方在帮助被资助方获取应得权益的前提下,也要关注并确保己方应得的权益。部分资助者会考虑第三方监管账户(third-party escort account)的使用,在对方当事人自愿履行或通过法院执行回款后,率先打入资助方的第三方监管账户。由资助方率先凭借资助协议获取己方应得的部分之后,再行支付给被资助方。这样既保证了当事人的合法权益,又维护了资助方因承接风险获取收益的商业模式的有序运行。

四、结语

作为从事第三方资助的专业投资机构,投资者需要良好的信誉以保障其在行业内的竞争力,其对仲裁案件是否有价值的判断力是其竞争实力的重要表现。[①] 在国内,第三方资助仍处于探索和萌芽阶段。但结合走出去和"一带一路"倡议所创造的巨大海外投资需求,相信中国企业对于国际仲裁的依赖度和认可度将会有本质的提升。在吸收学习境外机构的先进经验的同时,境内的第三方资助机构也要积极立足于本土司法实践,让自身的投资模式更符合市场需求和商业逻辑的双重考验。当实践和理论积累到一定高度时,第三方资助从业者应积极呼吁通过立法或设立行业标准的形式积极进行规管,减少第三方资助产生问题,同时积极发挥其专业服务的职能和内在优势。

---

① 参见张光磊:《第三方诉讼融资:通往司法救济的商业化路径》,载《中国政法大学学报》2016年第3期。

第三方资助仲裁若干问题之新探

范 瑞*

摘要：近年来，第三方资助仲裁凭借其特有的优势，在国际仲裁领域发挥着越来越重要的作用，并于欧美诸国、澳大利亚以及我国香港特区等地呈现产业化的趋势。尽管第三方资助仲裁有其积极的一面，但仍然会对现有的仲裁制度造成不小的冲击；目前理论界和实务界尚存不同观点的交锋和碰撞。为打破困境，需要对现有的制度构建进行新的探索。本文还提出了对第三方资助仲裁研究工作的展望以及我国对这一制度所应采取的态度。

关键词：第三方资助　披露　保密性

一、引子：第三方资助仲裁概述及现状

近年来，国际仲裁领域出现了第三方资助仲裁的模式，并被越来越广泛地运用。第三方资助仲裁的主要原因是仲裁案件中的当事人难以承担仲裁所需的巨额成本，需要外界的资助以启动和运行仲裁程序，但也不乏是出于转移风险或是出于不愿将资金投入烦琐的争议解决中的考虑，从而求助于第三方提供的资金，第三方资助仲裁便应运而生。第三方资助者进行的实质上是一个以获取利益为目的的商业投资行为，资助者在其进行投资之前通常会进行全面且尽

* 范瑞，中国人民大学法学院2016级法学硕士，法学硕士研究生二年级在读。

职的调查以确保其有一定的获胜率。[①] 仲裁结束后,资助方收取胜诉判决收益的一定比例作为回报。第三方资助仲裁的模式对当事人而言具有不小的吸引力,将对世界范围内仲裁市场的格局产生不小的影响。

目前,第三方资助仲裁已在欧美诸国、澳大利亚以及我国香港特区等地呈现燎原之势。英国伦敦、法国巴黎、瑞士日内瓦等主要的国际仲裁中心已允许第三方资助。[②] 英国是第三方资助发展的最好的国家之一。在 Essar 案中,英国法院判决认定仲裁庭有权裁决被申请人补偿第三方资助的费用,并据此驳回了 Essar 公司撤销仲裁裁决的申请;这堪称第三人资助仲裁制度发展的里程碑事件。英国对第三方资助的规制大多见于诉讼领域,如在诉讼实践中,就有法院认为资助方对诉讼案件进行了"投资",就理应承担因败诉给对方当事人带来的成本,但承担的金额限于其资助的金额范围内。[③] 然而,第三方资助的相关规制并未在英国形成法律,立法机关至今尚未针对其作出任何立法的强制性规定,仅有的规制也主要集中于诉讼环节,对于仲裁一般都是推定适用,这就更使第三方资助无法可依。[④] 就目前而言,英国立法机关对于是否应从立法层面对第三方资助仲裁进行规范还存在一定顾虑。[⑤] 美国在第三方资助方面也有所发展,目前在美国已经出现专门投资于商事诉讼的大公司。[⑥] 然而由于第三方资助制度有一定的争议性,其在美国的发展也并非一帆风顺,针对仲裁中的第三方资助的相关规制在很多州还未有明确。一项调查显示,目前美国有三分

① 参见白心虹:《国际投资仲裁中的第三方资助模式研究》,载《荆楚理工学院学报》2016 年第 5 期。

② 参见《在我国进行商业仲裁企业或可接受第三方资助》,载 http://beltandroad. zaobao. com/beltandroad/news/story20161108-687326,最后访问日期:2017 年 11 月 22 日。

③ 参见郭华春:《第三方资助国际投资仲裁之滥诉风险与防治》,载《国际经济法学刊》2014 年第 2 期。

④ 白心虹:《第三方资助国际投资仲裁法律规制研究》,安徽财经大学 2016 年硕士学位论文。

⑤ 参见环中仲裁团队:《第三方资助(TPF)的发展以及各国法律监管现状总结(英国篇)》,载 http://www. huanzhonglaw. com/templates/consulting_009_1/second_147_493. html,最后访问日期:2017 年 11 月 22 日。

⑥ 如杰瑞迪卡资本管理公司、柏福德资本有限公司。

之二的州法院认可资助协议的有效性。[①] 尽管如此,目前已经有不少投资机构推出了针对国际仲裁融资的金融产品,接受第三方资助或其他允许在裁决作出之后再为仲裁付款的金融产品的当事人也越来越多。[②] 至于香港特区,香港特区法律改革委员会(以下简称香港法改会)在2015年10月19日发布了一份咨询意见,建议修订《仲裁条例》以准许香港地区实行第三方资助仲裁。2016年5月,中国国际经济贸易仲裁委员会香港仲裁中心发布了《第三方资助仲裁指引》,为处理第三方资助的相关问题提供了参考。香港法改会第三方资助仲裁小组委员会委员彭耀鸿就曾表示,大部分国际仲裁中心均允许第三方资助,如香港地区的实践不作出相应改变,便会失去竞争力。[③] 香港法改会第三方资助仲裁小组委员会主席甘婉玲表示,知道此实践有风险,但通过参考外国例子,相信风险可控。[④] 可见对于第三方资助仲裁,香港展现出了积极拥抱的态度。值得一提的是,新加坡于2017年1月取消了对第三方资助的长期禁令。[⑤] 截至目前,中国内地的司法公开资料中还没有出现第三方资助的案例。通过上述梳理我们可以看到,欧美国家有着比较完善的第三方资助制度,但比较局限于诉讼领域;而亚洲在此方面发展则较为缓慢,具有较大的发展潜力。

二、分歧:第三方资助仲裁观点之争

(一)第三方资助仲裁存在合理性之争

目前,对于是否应当允许第三方资助的存在尚且存在争议。反对者认为第

---

① Lisa Bench Nieuwveld and Victoria Shannon, *Third Party Funding in International Arbitration*, Kluwer Law.

② 参见环中仲裁团队:《第三方资助的发展以及各国法律监管现状总结(美国篇)》,载http://www.huanzhonglaw.com/templates/consulting_009_1/second_147_497.html,最后访问日期:2017年11月22日。

③ 参见《法律改革委员会会倡准第三方资助仲裁》,载香港政府新闻网:http://www.ccpit.org/Contents/Channel_4113/2016/1013/703305/content_703305.htm,最后访问日期:2017年11月22日。

④ 参见香港商报:《法改會倡准第三方資助仲裁》,载http://www.hkcd.com/content/2015-10/20/content_964086.html,最后访问日期:2017年11月22日。

⑤ 参见Dorothy Murray,Edmund Northcott:《摊牌?小议第三方资助披露》,载http://www.kwm.com/zh/knowledge/insights/disclosure-of-third-party-funding-of-international-arbitration-20170522,最后访问日期:2017年11月22日。

三方资助仲裁存在以下弊端:(1)第三方资助仲裁是一个“增熵”的过程,不利于仲裁的高效性。资助情况的披露将花费时间和精力,同时还会加重仲裁庭的调查责任。倘若还存在应当披露的却未披露的情形,还可能涉及仲裁员的回避以及仲裁程序反复的问题,进一步增加了时间和精力消耗。(2)资助方与被资助方可能存在目标上的分歧。资助方可能只是着眼于金钱利益方面的回报,而被资助方并不一定以金钱利益为唯一追求。这种目标的不同可能会导致在和解过程中,提供资金的第三方成为当事人之间达成和解的绊脚石。(3)基于当下的仲裁员的选择制度,不排除仲裁员为了今后业务开展的考虑,作出有利于资助方的裁决,从而使自己今后更多地被选为仲裁案件的仲裁员。(4)资助仲裁的行为可能为仲裁庭提供了一种暗示,尤其在被资助方的理据并不占优的情况下,可能会引导仲裁庭在潜意识里偏向被资助方,从而对裁决的结果造成一定的影响。

支持者的理由大致包括以下几点:(1)能够间接缓解法院的压力。第三方资助仲裁的引入,将会使更多的当事人以仲裁的手段解决纷争,间接缓解了法院的办案压力。[①] (2)这是仲裁正义的实现途径之一。第三方的资金使当事人在面对仲裁的争议解决时,不再因为高昂的仲裁费用望而却步,从而积极推动争议的解决。(3)资助方对案件能起到协助与推动的作用。投资者为了保证自身的投资收益,会对整个仲裁过程进行全程监管,这些“附加服务”可以使仲裁申请人客观、全面地认识案件本身,为后续进行的仲裁活动提供法律策略上的支持。[②] 即使最终并未获得资助,第三方也可能会将针对案件的分析告知当事人,推进当事人对案件的了解,有助于其找到有利的争议解决方式。(4)资助行为将对仲裁庭产生一种暗示,即该案的理据可能比较充分,案情对于被资助方来说比较有利,从而促使案件更加快速地解决,提高了仲裁的效率。

---

① 参见香港商报:《法改會倡准第三方資助仲裁》,载 http://www.hkcd.com/content/2015-10/20/content_964086.html,最后访问日期:2017 年 11 月 22 日。

② 参见田媛:《第三方资助对国际仲裁程序的影响及规制建议》,中国政法大学 2017 年硕士学位论文。

(二)资助信息披露与否之争

近年来,仲裁实践出现披露资助信息的倾向,即要求受资助的当事人披露资助方的身份,甚至还要求披露资助协议的实质性条款。目前,学界已经达成了一定的共识,即需要对资助仲裁中的第三方予以披露,但就披露的范围、披露主体和披露对象等问题依旧存在争论。对于披露的范围存在两种主张,一种认为只需要披露资助方的情况即可,另一种立场则还要求当事人披露与资助方的资助合同。对于披露主体,主要存在将资助当事人、仲裁员作为义务主体的立场;除此之外,还有呼吁对第三方资助者施加披露义务的呼声。至于披露对象,有观点认为仅向仲裁员披露即可,但也有观点认为还需向仲裁的被申请人披露。

然而,披露义务所面临的一个关键问题是资助者与被资助者不愿主动公开资助的事宜。在这种情况下,仲裁庭要求被资助当事人提供资助信息是建立在被申请人请求的基础之上的。但若仲裁被申请人没有获知资助的信息,也就不可能向仲裁庭提出披露申请,仲裁庭也自然不会作出披露要求,这就为仲裁的公正审理留下了隐患。①

(三)第三方资助仲裁的保密性之争

首先,第三方资助仲裁会对仲裁保密性造成一定冲击,比如,当事人为获得资助,必然会向第三方提供与仲裁有关的资料和信息;又如,当第三方是上市公司时,按照有关的法律规定,需要对外披露公司经营状况。其次,代理人在告知第三方有关案件的进展和信息时也可能会违反代理人的保密义务,引发代理人的职业道德危机。最后,不排除市场上可能存在一些以第三方资助之名行窃取商业秘密之实的行为。对此,学界存在仲裁保密性至上和保密性缓和两种观点。坚持仲裁保密性至上的观点认为,保密性是仲裁制度的基石,是吸引当事人选择仲裁争议解决方式的重要原因之一,必须予以坚守;而保密性缓和说认为,随着贸易发展以及仲裁案件的迅猛增长,需要对仲裁案件的透明度提出一

① 参见田媛:《第三方资助对国际仲裁程序的影响及规制建议》,中国政法大学2017年硕士学位论文。

定的要求,保密原则应当有所例外。

(四)第三方资助仲裁激励滥诉之争

第三方资金的介入引发了学界对于激励滥诉的担忧。在第三方的资助下,有关费用由第三方承担,申请人所付出的成本大大降低,使原本难以提起的仲裁案件或者一些胜诉可能性很低的纠纷被提起了仲裁,导致被申请人可能将花费巨额的费用来应对。另外,从资助者的角度来说,其着眼点可能更多地放在收回成本并获取利益方面,巨大的经济利益可能驱使其授意被资助人刻意提高索赔的金额,人为夸大被申请人的过错,以求获得更多的经济利益,在某种程度上也是对滥诉的一种推动。但也有观点认为,当下学界的一些观点有将第三方的资金妖魔化之嫌。第三方的资金并不是没有理性的;相反,其可能通过资助协议等方式对资金的使用作出严格的规制。资助者可以通过其强大的资金优势,牢牢控制着仲裁案件的走向,而滥诉可能会造成不必要的利益损失,故资助者对此不会置若罔闻。资助者还可通过对案件的评估,将缺乏理据的案件排除在外,避免当事人滥用仲裁权利。

三、改造:第三方资助仲裁制度构建之探索

(一)促进资助信息的主动披露

对于第三方资助仲裁,如果资助方或者被资助方自愿披露,问题可以得到顺利的解决。但在现实中,资助方或者被资助方往往基于担心仲裁的公正性受到质疑的考量而不愿将资助的信息予以披露。另外,为避免仲裁员认为其可能存在任意仲裁或者夸大诉讼标的额的嫌疑,资助方一般也不愿意向仲裁庭及被申请人公开其对仲裁申请人的资助。为此,如何促使资助信息的主动披露成为了一个亟待解决的问题。通常情况下,可以通过以下两种方式解决。

1. 通过对仲裁费用的分配促进披露

依照《国际商会仲裁规则》第31条第1款规定,仲裁费用应包括仲裁院按仲裁程序开始时实施的费用表确定的仲裁员费用开支和商会仲裁行政管理费用,以及仲裁庭聘请的专家费用开支和当事人因仲裁而支付的合理的法律费用

及其他费用。在国际仲裁中,除双方当事人另有约定外,仲裁庭可以就仲裁费用的分担作出自由裁量。① 尽管国际仲裁中的做法往往以“败诉一方承担对方的仲裁费用”为标准,但其尚未成为一个国际公认的仲裁费用分担规则,这就为仲裁费用的分配留下了一定的余地。当前多数双边投资条约并未就投资仲裁的费用分配作出规定,仲裁庭对于仲裁费用的分配具有充分的自由裁量权,有权决定将仲裁费用由当事双方平均分配或者由败诉当事方承担所有或者大部分的仲裁费用。② 基于对仲裁费用的自由裁量权,仲裁庭可以通过对仲裁费用的分配促进披露。在因费用责任风险而命令披露资助条款的情况下,资助人很难有理由拒绝披露,毕竟这样的安排对支付费用的当事人极具惩罚性。③ 通过对仲裁费用的分配促进披露亦有其正当性。拒绝披露原本应当披露的事宜,增加了仲裁庭的调查费用,降低了仲裁的效率,引起了他方当事人的经济损失,理应在一定范围内负担更多的仲裁费用,承担更多的责任。

2. 通过签署保证书的方式促进披露

对于资助人与被资助人一般不愿意主动公开资助事宜的问题,可以借鉴诉讼程序中的保证书制度。根据最高人民法院《关于适用〈中华人民共和国民事诉讼法〉的解释》第119条第1款的规定,人民法院在证人出庭作证前应当告知其如实作证的义务以及作伪证的法律后果,并责令其签署保证书,但无民事行为能力人和限制民事行为能力人除外。类似地,通过要求仲裁当事人签署保证书,承诺若存在尚未披露的事宜,将自愿接受不利的裁决,包括仲裁费用的分配等,以此来促使资金的来源浮出水面。

但如果仅仅通过仲裁费用的分配或“保证书”的签署以促进披露可能难以达到预期的效果。一方面,当事人之间的仲裁协议不涉及提供资金的第三方,

---

① 参见杨良宜、莫世杰、杨大明:《仲裁法从1996年英国仲裁法到国际商务仲裁》,法律出版社2006年版,第560页。

② 参见徐树:《国际投资仲裁的第三方出资及其规制》,载《北京仲裁》2013年第2期。

③ 参见 Dorothy Murray,Edmund Northcott:《摊牌?小议第三方资助披露》,载 http://www.kwm.com/zh/knowledge/insights/disclosure-of-third-party-funding-of-international-arbitration-20170522,最后访问日期:2017年11月22日。

因此仲裁庭无法对资助人进行制约,仲裁庭只能通过向被资助人施压、告知其可能承担较多的仲裁费用,从而倒逼其披露。然而在存在资助的仲裁案件中,被资助人往往本身就是弱势群体。若被资助人执意披露,可能会引起资助人的不满,从而很可能会失去受到资助的机会,因此试图借助被资助人给资助人施压存在过于理想主义的嫌疑。另一方面,无论是仲裁费用的分配、不利裁决的作出,还是保证书的签署,都是从后果的层面加以规定,不排除会存在适得其反的可能,即上述的做法都是建立在"没有披露但是最终被发现"的情形之下,这易使资助人和被资助人走向另一个极端,即更加注重资助事宜的保密,将被发现的可能性降至最低。综上所述,上述的做法还需要与仲裁费用分配等其他制度予以配合,打出强有力的"组合拳",方可将主动披露落到实处。

(二)保密条款与资金披露矛盾之解释路径

在实践中,资助人与被资助人之间往往会约定对资金的提供予以保密,这与上文讨论的披露制度背道而驰。显然,这里存在保密条款与资金披露这一对矛盾体。这看似是一个价值判断问题,但由于近年来,对仲裁保密性原则缓和的呼声越来越高,对资金披露的需求越来越迫切,仲裁市场已经基本形成了这样的价值判断,即保密条款并不能完全凌驾于披露义务之上,对资金来源的明确已经成为势不可挡的潮流。因此,围绕这对关系的讨论应当聚焦于解释选择层面,即对解释路径的探讨。

不妨罗列一下现有法律法规对于保密性条款的突破,并分析其背后的理论基础。(1)在民事诉讼中,即使是涉及商业秘密的证据,也不可以保密条款为由拒绝向法庭出示,意在对实体真实的探求与实体正义的实现。(2)根据《证券法》的有关规定,上市公司应当按要求披露有关信息和资料,不得以保密性条款对抗披露义务。此举意在规范资本市场的运行,促进证券市场的健康发展,维护市场的稳定性。(3)在专利制度中,通过对技术方案的公开,换取专利法律法规的保护。若基于保密协议对一些关键性内容不予公开,则存在公开不充分而得不到专利授权的可能。这里存在权利义务对等的考量,即获得专利权以尽到公开义务为前提。笔者相对应地提出以下三种解释路径:(1)资金披露对保密性的突破是仲裁实体正义实现的必然要求。第三方资助的行为可能会对仲裁的公正性产生影响,而仲裁的公正性是仲裁制度的重要基石。(2)资金披露对保密性的突破是基于对市场稳定性的考量。第三方资助仲裁往往涉及大量的资金,存在一定的金融风险,通过资金的披露可以有效降低这种风险。(3)资金披露对保密性的突破有利于实现权利与义务的统一。第三方通过资助仲裁将获得巨额的可预期利益,若不予以披露将存在信息的严重不对等,第三方所拥有的权利与其履行的义务也陷入严重的不对等,不符合公平正义的要求。

但必须强调的是,对保密性的突破并不是无原则、无底线的突破,而是一定限度内的、有边界的突破,即对范围要有严格的限定。目前学界存在着是否向被申请人披露第三方资金的争论,但向仲裁庭披露并没有太大的争议。巨额资金的介入很可能改变仲裁案件的走向,从"武器对等"和"信息对等"的角度来看,被申请人理应享有知情的权利。另外,对于保密性条款的突破,其外延必须由仲裁的保密性予以限制,即参与仲裁案件的各方应秉承保密原则,不得对案外人员予以公开。

(三)第三方审慎义务的施加

因仲裁协议并不涉及协议外提供资金的第三方,仲裁庭对该第三方并没有约束力,这就使仲裁庭对第三方的监管和约束非常有限。并且因第三方并未实质性地参与仲裁案件的程序,仲裁机构的仲裁裁定也很难及于第三方,因此,可以考虑从法律法规的层面对提供资金的第三方施加一定的审慎义务,强调资助方的自我监管义务,使资助方在主观上规范自身的行为。审慎义务的履行和自我监管的落实不应局限于口头上,更应当具体到行为中。可以从立法、司法及行业规范的层面对提供资金的第三方规定专业操守和财务标准的要求,对第三方的越界行为作出规制。事实上,审慎义务的履行和自我监管的落实也有利于资助方的声誉树立和自身的良好发展。

四、希冀:对第三方资助研究的若干展望

目前学界对于第三方资助仲裁的探讨依旧有限,主要围绕融资披露、[1]滥诉规制、[2]费用分摊[3]等问题展开。未来可以但不限于从以下几个角度进行探索。

(一)对于第三方资助仲裁不同情形之探讨

当前学界对于第三方资助仲裁的讨论依旧比较局限,尚存在进一步拓展的空间。当下对于第三方仲裁的讨论不能完全涵盖实践中可能出现的所有情形,存在讨论的"盲区"。事实上,商业社会千变万化,无论是商事仲裁案件中的资助者还是被资助者,都是商业社会中的一员,其本质上都是逐利者。而资助行为本质上还是基于合意的一种行为,因此必然会存在一个协商和选择的过程,以达成最符合自身利益的资助方式。资助协议的内容也可能会随着双方的利益冲突而发生改变。比如,当事人实际上是有支付仲裁费用的经济实力的,只是暂时不想使用自己的资金用于仲裁,于是与第三方约定仲裁程序结束后归还,在这种情况下,认定为是单纯的借款行为还是资助行为将会引发不同的法律后果。另外,以资助的费用范围为例,实践中就存在多种可能。假定资助方可能提供的资助包括仲裁费用(包括律师费用支出、仲裁员费用支出等)以及败诉所引发的赔偿费用,由此就可能引发至少以下 8 种情形,即对所有仲裁费用和所有赔偿费用提供资助、对所有仲裁费用和部分赔偿费用提供资助、对部分仲裁费用和所有赔偿费用提供资助、对部分仲裁费用和部分赔偿费用提供资助、仅对所有仲裁费用提供资助、仅对所有赔偿费用提供资助、仅对部分仲裁费用提供资助、仅对部分赔偿费用提供资助。对于不同的资助费用,是否应当采取不同强度和手段的规制?披露的程度是否一致?相对应的法律后果是否存在差异?这都是需要予以探讨的问题。

---

① 详见《刍议国际投资仲裁第三方融资披露问题》《国际投资仲裁的第三方出资及其规制》《国际投资仲裁中的第三方资助模式研究》。

② 详见《第三方资助国际投资仲裁之滥诉风险与防治》。

③ 详见《国际商事仲裁第三方资助的费用分摊问题——基于 Essar 诉 Norscot 案的分析》。

(二)对不同阶段的资金介入之区分

当前对于第三方资助仲裁的探讨大多围绕着"有或无"的问题,而鲜有涉及介入的不同阶段的问题。资金介入不同的时间点对于信息的披露和责任的承担等问题具有一定的影响。将仲裁程序进行阶段性的划分,可以分为仲裁前的资助、仲裁过程中的资助和仲裁后的资助。对于仲裁前的资助,资助方和被资助方具有充足的时间进行商议,资助方也存在更长的时间予以评估,对于仲裁公正性可能产生的干扰程度也相对较强。而对于仲裁过程中介入的资金,由于资助方与被资助方相对没有较长的时间进行磋商,资助方的调查时间也大大受到压缩,这笔资金的意图更加倾向于"江湖救急",对仲裁公正性的干扰程度不及仲裁程序开始之前的资助强。而仲裁程序结束之后的资助,更加偏向于一种责任承担的方式,鲜有涉及仲裁的公正性问题。可见,对于阶段的分类讨论具有其现实意义。

(三)对于"第三方是否存在"的证明问题

在探讨第三方资助仲裁的时候,第一个面临的问题就是"是否存在提供资助的第三方"的问题。从逻辑的角度来看,证明一个事实存在是较为容易的,但完全证明一个事物或者一个事实不存在则难度极大。即使是在信息、专业知识不对等的环境侵权诉讼中,也不是由被告就"不存在污染"进行初步证明,而是由原告先提供初步的证明,即"存在环境污染的初步事实",之后才由被告就自己的行为与污染事实之间不存在因果关系或存在法律规定的免责事由进行证明。① 类似地,也难以要求仲裁案件中的申请人证明"不存在资助人"。因此,可由仲裁案件中的被申请人提供初步的证明,而由申请人提供相反证据。当然,上述的方式并不是解决"是否存在第三方"问题的唯一途径。对于第三方存在与否的认定还可通过申请人或资助方主动披露、仲裁员的披露、仲裁庭基于调查等多种途径进行。

① 最高人民法院《关于民事诉讼证据的若干规定》第4条第3款规定,因环境污染引起的损害赔偿诉讼,由加害人就法律规定的免责事由及其行为与损害结果之间不存在因果关系承担举证责任。

五、余论:第三方资助仲裁之有效应对

目前第三方资助仲裁已经在许多国家和地区方兴未艾,在国际贸易和国际争议解决中扮演越来越重要的角色。我国是一个资本的输入和输出大国,我国对外投资日趋国际化,而第三方资助仲裁可以满足当事人,尤其是我国数量庞大的中小企业的资金需求,当事人还可利用这种制度达到转移风险、节约成本的目的,因此第三方资助仲裁对于我国企业利益的保护具有重要意义。我国已经是全球第二大经济体和进出口贸易第一大国,是第三方资助的一个巨大的潜在市场,我们有充足的理由相信,第三方资助仲裁在我国具有美好的发展前景。为应对第三方资助仲裁带来的机遇与挑战,我们应当顺应潮流,开放包容,跟上时代,力求将其为己所用;同时加强监管,谨防可能由此引发的一些负面影响。一方面,我们应当以开放的心态去面对蓬勃发展的第三方资助仲裁,拿出制度变革的勇气,对现有的仲裁规则做出相应调整,为当事人寻求第三方资助扫清障碍。随着我国“一带一路”倡议的逐步推进,我国与“一带一路”沿线国家的贸易往来将会越来越频繁,第三方资助仲裁为解决我国企业同“一带一路”沿线国家的争议提供了新的思路。另一方面,要对其可能产生的风险以及由此引发的后果有所防备。因第三方资助仲裁往往涉及大量的资金,非常容易引发投机行为,甚至造成市场的动荡,因此笔者并不认同仅仅依靠行业自律或者“软法”规制,而是需要有力的监管措施。

我国仲裁临时措施执行的现实困境与完善路径

杜焕芳* 李贤森**

摘要:我国法律规定法院专属享有仲裁临时措施管辖权,仲裁庭无权决定采取临时措施。法院专属管辖权模式不仅使当事人获得临时措施救济的效率下降,而且时常导致仲裁地与执行地的法律冲突,使我国仲裁临时措施的国内外执行均出现困难。我国部分仲裁机构尝试创新仲裁规则,对法律强制性规定进行软化处理,但难以从根本上解决我国仲裁临时措施的执行困境。有必要通过赋予仲裁庭临时措施决定权,扩大仲裁临时措施种类,规范仲裁临时措施申请条件等完善措施从根本上突破现实困境,充分发挥临时措施在仲裁程序中的重要价值。

关键词:临时措施 仲裁规则 管辖权 执行问题

一、我国仲裁临时措施的规定与缺陷

临时措施作为便利或促进仲裁的辅助措施是仲裁制度的重要组成部分之一,其对于保障当事人合法权益、推进仲裁程序的顺利进行以及保证仲裁裁决的最终落实意义重大,因此完善临时措施制度是构建良好仲裁制度中不可忽视的一环。目前我国的仲裁临时措施规定面临着诸多问题,有必要追根溯源厘清

* 杜焕芳,中国人民大学法学院副院长、教授、博士生导师,主要研究国际私法、国际商事仲裁。
** 李贤森,中国人民大学法学院博士研究生,研究方向为国际私法、国际商事仲裁。

问题，从而探寻相应的解决方案。

（一）我国仲裁临时措施的具体规定

1. 我国法律中财产保全的规定

首先，我国《民事诉讼法》第101条第1款[①]规定了仲裁前的财产保全，有效避免因立案不及时等原因，导致当事人未能在第一时间内获得救济，极大地保障了当事人的切身利益。其次，我国《仲裁法》第28条第2款[②]规定了仲裁中的财产保全，《民事诉讼法》第272条[③]规定了涉外仲裁中的财产保全，但当事人无权越过仲裁机构而直接向法院提出申请，只能借由中间渠道转递：这一方式存在较大的延迟隐患。更为重要的是，转递申请造成了仲裁临时措施裁定的"审裁分离"，极易因为信息不对称以及信息传送偏差等原因造成背离实质正义的决定。最后，2016年12月1日起实施的最高人民法院《关于人民法院办理财产保全案件若干问题的规定》[④]（以下简称《规定》）中，对仲裁实务中财产保全的若干司法疑难问题作出了详细规定。《规定》梳通了仲裁财产保全的操作流程与衔接环节，避免就同一财产多次重复申请保全，保障了仲裁财产保全措施的连续性效力；明确了仲裁财产保全的解除情形和申请保全人未及时申请解除保全的损害赔偿责任，有效保证了被申请人的合法权益不受侵害。

2. 我国法律中证据保全的规定

首先，我国《民事诉讼法》第81条第2款[⑤]规定了仲裁前的证据保全，这

---

① 《民事诉讼法》第101条第1款规定，"利害关系人……可以在提起诉讼或者申请仲裁前向被保全财产所在地、被申请人住所地或者对案件有管辖权的人民法院申请采取保全措施……"

② 《仲裁法》第28条第2款规定，"当事人申请财产保全的，仲裁委员会应当将当事人的申请依照民事诉讼法的有关规定提交人民法院"。

③ 《民事诉讼法》第272条规定，"当事人申请采取保全的，中华人民共和国的涉外仲裁机构应当将当事人的申请，提交被申请人住所地或者财产所在地的中级人民法院裁定"。

④ 最高人民法院《关于人民法院办理财产保全案件若干问题的规定》（法释〔2016〕22号）第17条第1款规定，"利害关系人申请诉前财产保全，在人民法院采取保全措施后三十日内依法提起诉讼或者申请仲裁的，诉前财产保全措施自动转为仲裁中的保全措施，进入执行程序后则自动转为执行中的查封、扣押、冻结措施"。第23条规定，"人民法院采取财产保全措施后，有下列情形之一的，申请保全人应当及时申请解除保全：……"

⑤ 《民事诉讼法》第81条第2款规定，"……利害关系人可以在提起诉讼或者申请仲裁前向证据所在地、被申请人住所地或者对案件有管辖权的人民法院申请保全证据"。

样的规定保障了当事人在紧急情况下可以快速获得相应的司法救济，从而避免了后续争议解决工作的潜在困境。其次，《仲裁法》第46条[①]规定了仲裁中的证据保全，《仲裁法》第68条[②]规定了涉外仲裁中的证据保全。仲裁机构自自身无权处理申请，只能作为中间渠道完成转递工作，由法院负责管辖与处理临时措施申请，由此体现了司法机关对于强制性措施的决定权十分严谨审慎的态度。

3.我国法律中行为保全的规定

《民事诉讼法》第100条[③]规定了行为保全，但从条文的文字表述来看，主要适用于诉讼案件，目前《仲裁法》中并未直接规定“行为保全”，仲裁保全措施与诉讼保全措施的内容与目的具有高度相似性，但仲裁是否可以直接参照《民事诉讼法》及相关实体法的有关规定决定采取类似措施的条件和方法尚存在疑问。

（二）我国仲裁临时措施规定的主要缺陷

事实上，临时措施在很大程度上决定仲裁裁决的最终可执行性，缺乏临时措施的救济将导致仲裁裁决毫无意义，但有关仲裁程序中临时措施的界定、内容及其可否在国内外获得执行，国际上的认识却并不统一。一般说来，临时措施可以包括仲裁庭在对争议作出最终裁决之前决定的任何临时性裁定。[④] 由于各国法制传统与法律规定的差异，对于临时措施并无统一规范，我国法律体系中并没有“临时措施”的概念，只有与之相近的“保全”这一概念。我国目前的临时措施制度是为满足入世承诺及《与贸易有关的知识产权协议》要求而建

---

① 《仲裁法》第46条规定，“……当事人申请证据保全的，仲裁委员会应当将当事人的申请提交证据所在地的基层人民法院”。

② 《仲裁法》第68条规定，“涉外仲裁的当事人申请证据保全的，涉外仲裁委员会应当将当事人的申请提交证据所在地的中级人民法院”。

③ 《民事诉讼法》第100条规定，“人民法院对于可能因当事人一方的行为或者其他原因，使判决难以执行或者造成当事人其他损害的案件，根据对方当事人的申请，可以裁定对其财产进行保全、责令其作出一定行为或者禁止其作出一定行为……”

④ 参见张虎：《外国仲裁裁决在我国的承认与执行研究——以海事仲裁为重点》，大连海事大学2014年博士学位论文，第157页。

立的，但我国法律对仲裁临时措施的规定比较粗糙，不完善之处较多。我国立法的供给不足，难以满足当事人的实践需要，对上述条文进行分析可以发现，我国对仲裁临时措施的规定主要存在以下缺陷。

第一，仲裁临时措施种类相对单一，缺乏对行为保全是否可以适用于仲裁程序的明确规定；第二，临时措施决定权的分配过于僵化，没有适当地赋予仲裁庭决定临时措施的权力；第三，未规定申请临时措施的具体标准，使申请结果缺乏可预见性；第四，仲裁前临时措施的申请主体规定不明，未明确规定当事人可以直接向法院提出申请；第五，对紧急仲裁员制度是否可以实施并未明确表态，使案件受理后至仲裁庭组成前这一段时间内，仲裁临时措施救济问题缺乏法律依据，导致出现法院不予受理仲裁无法处置的管理真空阶段；第六，未规定除财产保全外，其他临时措施在何种情形下应当被解除，是法院依职权解除还是依当事人申请解除；①第七，未明确规定境外仲裁庭所决定的临时措施在我国境内是否可以得到相应执行。这些缺陷直接影响了仲裁程序的流畅度与紧凑性，损害了仲裁高效快捷的制度优势，降低了纠纷当事人对仲裁的制度信心与参与意愿。

二、我国仲裁临时措施执行的现实困境

从上述分析可以看到，我国仲裁临时措施规定的缺陷大致可以分为两大类，一类是关于临时措施的申请与管辖问题，另一类是关于临时措施执行的问题。根据我国临时措施管辖权的有关规定，在我国，仅仅法院有权决定临时措施，但其决定在境外却难以得到执行；仲裁庭无权决定临时措施，但境外绝大多数国家却尊重并承认其决定。临时措施决定是执行的源头，临时措施执行是决定的归属，两者具有统一性，不能将临时措施的决定与执行割裂开来。临时措施的管辖权分配直接影响其能否得到顺利执行，因此有必要对上述两类问题一并进行探讨，以求从根本上认识我国仲裁临时措施执行困境的成因进而探寻解

① 参见张圣翠：《论我国仲裁保全措施制度的重构》，载《上海财经大学学报》2016 年第 2 期。

决的路径与方法。

(一)境外仲裁临时措施在国内的执行困境

1. 境外法院决定的临时措施在国内的执行难度较大

若根据仲裁地的程序法规定,当事人只能向法院提出临时措施申请,则将由法院负责裁定准许满足条件者,但这样的裁定是否可以得到执行,则会因执行地国家法律规定的差异而存在不同情况。我国法律并未对境外仲裁中临时措施决定在国内的承认和执行作出明确规定,外国法院决定的临时措施在我国的承认和执行既无先例可循又无法律可依,故而此类裁定获得执行的难度很大。

2. 仲裁庭在境外决定的临时措施在国内缺乏可执行性

(1)境外机构适用境外规则在境外仲裁的情况下,其决定在我国基本得不到执行。当涉及境外仲裁裁决承认与执行问题时,《纽约公约》以及仲裁地国与执行地国之间的双边协定是执行地法院进行审查的主要依据。公约条文所规定的仲裁裁决仅限定为对于案件实体问题的裁决,程序性问题的裁决则被排除在外,不能适用相关规定。①

(2)境外机构适用我国规则在境外仲裁的情况下,裁决面临仲裁地与执行地法律规定相冲突的问题。若仲裁地法与仲裁规则均允许仲裁庭决定仲裁临时措施,但由于执行地法律对此持否定态度,故而会产生难以调和的法律冲突。我国法律并没有赋予仲裁庭决定有关保全措施的权力,我国法院缺乏承认与执行外国仲裁庭决定的临时措施的法律依据。② 并且在此种情况下,境外仲裁庭也不可能依据我国仲裁规则将临时措施的申请转交给执行地法院:一是因为仲裁地在境外,临时措施的裁决属于程序性问题应当适用境外仲裁地法律而非执行地法即我国法律;二是因为境外仲裁机构并非我国仲裁法规定下的仲裁机构,不具备转交申请的主体资格。

---

① 参见张虎:《〈自贸区仲裁规则〉下临时措施实践的困境与出路》,载《大连海事大学学报》(社会科学版)2015年第6期。

② 参见赵秀文:《〈国际商事仲裁示范法〉对临时性保全措施条款的修订》,载《时代法学》2009年第3期。

(3)国内机构适用国内规则在境外仲裁的情况下,裁决面临被我国法院否定而执行不能的风险。国内仲裁机构应当事人要求在境外依据国内机构规则进行仲裁,此时仲裁规则与仲裁地程序法均允许仲裁庭决定临时措施,但在执行时却面临被我国法院以违反我国强制性法律规定而否决的风险。

(4)国内机构适用境外仲裁规定在境外仲裁的情况下,裁决可能被我国法院拒绝执行。若仲裁规则与仲裁地程序法均允许仲裁庭决定临时措施,但在执行层面却受到我国法律的制约,因此该临时措施也很难在国内得到顺利执行。

(二)国内仲裁临时措施在境外的执行困境

1. 国内法院的临时措施决定在境外执行具有不确定性

法院决定临时措施的权力来源于国家赋予的司法权,司法权又是国家主权的重要组成部分,由于各国主权相互平等,故而各国司法权也是相互平等与独立的。一般而言,为了维护本国的司法独立性与权威性,在没有双边或多边司法互助协议的情况下,一国法院的判决或裁定很难在他国得到承认与执行。因而我国法院决定的临时措施能否在境外得到执行,关键在于我国与执行地国家之间是否签订了相关协议。司法互助协议的签订不仅关乎法律问题更涉及政治问题,其谈判过程复杂、达成共识困难,是否能够最终签订司法互助协议具有较大的不确定性。但具体到个案中,涉案国家是否与我国签订了相关协议则是明确可查的公开事实,因此涉外仲裁案件的参与者应当对这一事项提高关注,将不确定性问题变成确定性问题,以避免国内法院的临时措施决定在境外难以获得执行的窘境。

2. 国内仲裁中决定的临时措施在境外的执行困境

(1)国内机构适用国内规则在国内仲裁的情况下,我国程序法已明确否定了仲裁庭决定临时措施的权力。在当事人没有选择或仲裁地国法律不允许选择时,仲裁的程序性问题应当适用仲裁地法律作为准据法,在仲裁地在我国国内的情况下,仲裁程序法应为中国法。即使境外执行地所在国法律承认国内仲裁庭的临时措施决定,但根据我国法律规定,仲裁庭却无权决定临时措施,当事人也无权直接向境外法院提出临时措施申请。

(2)国内机构适用境外规则在国内仲裁的情况下,仲裁地与执行地之间的法律冲突将带来执行风险。此种情况下,如果仲裁庭决定采取临时措施,理论上是可以在执行地得到顺利执行的,但问题在于由于仲裁地在中国,我国仲裁程序法并不允许仲裁庭决定临时措施。此时是否可以因为临时措施的执行地在境外就只考虑仲裁规则与执行地法律?国内法院又是否会以违反法律强制性规定而撤销该裁决,两者之间的法律冲突问题又该如何处理?这一冲突导致的不确定性将给临时措施的最终执行带来风险。

(3)境外机构适用境外规则在国内仲裁的情况下,国内法院是否可以接受境外仲裁机构转交的临时措施申请存在疑问。若依据执行地法律及境外规则,仲裁庭则有权采取临时措施,但依据我国程序法,仲裁庭却无权决定临时措施,两者之间的冲突该如何处理目前并无明确的法律依据以及相应的司法实践进行参考。退言之,如果境外仲裁机构与当事人选择首先遵守仲裁地程序法的相关规定,依照中国法律由仲裁机构将临时措施申请转交给国内具有管辖权的法院,但境外仲裁机构的主体资格并不适格。由于并非中国仲裁法下的仲裁机构,我国法院是否可以接受境外仲裁机构的申请存在疑问。

(4)境外机构适用国内规则在国内仲裁的情况下,同样存在国内法院是否可以接受境外仲裁机构转交的临时措施申请的问题。此种情形下,虽然执行地允许仲裁庭决定临时措施,但受仲裁地法约束。当事人只能选择由仲裁机构代为转交其临时措施申请。此处同样存在境外仲裁机构的主体资格问题;该种情况下,存在仲裁庭既无法直接决定临时措施决定又不能向法院转交申请的两难困境,这对当事人的权利保护极为不利。

三、仲裁规则对临时措施管辖权规定的创新处理与局限性

根据我国现行法律的规定,仲裁临时措施决定权专属于法院。在当事人提出临时措施申请后,仲裁庭只能将申请转交给具有管辖权的法院来决定,法院在收到申请后进行审查作出决定并负责执行。此种模式导致临时措施的申请变得极为不便,同时出现了案件审理者与临时措施决定者相分离的现象,增加

了结果的不确定性。在仲裁机制中，临时命令机制的不完善和不方便，将直接影响人们对仲裁的信心和选择。

(一)仲裁机构的创新尝试与仲裁庭决定临时措施的有限权力

我国临时措施管辖权的法院专属模式与国际主流允许仲裁庭享有临时措施管辖权的做法存在明显差异，实践中面临着案件当事人不能直接申请临时措施、紧急仲裁员制度没有法律依据、仲裁庭决定的临时性措施决定难以得到承认与执行等问题。实际上，通过对境外重要国家的程序法、著名仲裁机构的仲裁规则以及具有广泛适用性与威权性的国际条约进行考察，可以发现多数法律与规定都允许仲裁庭采取临时措施。美国、英国、德国、瑞士、新加坡、荷兰、韩国、巴西等国的仲裁法都明确规定了“双轨制”做法，仲裁庭与法院均享有决定临时措施的权力。[①] 为了紧跟仲裁发展的最新趋势，增强国际竞争力，我国一些大型仲裁机构已经尝试在不违反法律对临时措施强制性规定的前提下，力求引进吸收目前国际仲裁发展的最新成果与先进制度，通过仲裁规则的“造法”功能对仲裁庭临时措施管辖权问题进行创新规定。

中国国际经济贸易仲裁委员会(以下简称贸仲委)作为我国目前知名度最广、国际化程度最高的仲裁机构，其受理的案件有相当一部分会依据当事人的约定适用国外法律规定或港澳台地区的相关规定，而国外仲裁法律规定及港澳台地区的仲裁规定和仲裁实践均允许并经常采用由仲裁庭决定临时措施的做法。[②]《中国国际经济贸易仲裁委员会仲裁规则(2015 年版)》第 23 条的名称为“保全及临时措施”，该条规定，按照案件适用的法律来规定仲裁庭是否有权采取临时措施，分别适用“保全”与“临时措施”的概念，并增加了紧急仲裁员制度。该仲裁规则在条文的文字表述上有意识地区分了这两个概念，以分别满足了国内仲裁与国际仲裁的实践需要，避免与我国现行法律规定产生直接触碰，

① 参见房沫:《仲裁庭组成前的临时救济措施——以新加坡国际仲裁中心仲裁规则为视角》，载《社会科学家》2013 年第 6 期。

② 参见《贸仲委新版仲裁规则 5 月 1 日起实施——专访贸仲委副主任兼秘书长于健龙》，载法制网:http://epaper. legaldaily. com. cn/fzrb/content/20120405/Articel06002GN. htm，最后访问日期:2016 年 8 月 13 日。

从而导致法院对新规则给予否定性评价,表现得积极求变又稳重谨慎。这种以所适用法律允许为设定前提,并采取不同概念进行明示区分的方法具有较大的灵活性与适应性。《中国(上海)自由贸易试验区仲裁规则》同样高度重视临时措施规定,发挥首创精神地以整章的内容具体阐明了临时措施的各个方面,明确规定仲裁庭具有决定临时措施决定的权力,扩大了采取临时措施的主体,突破了我国以往由法院专享临时措施决定权的立法规定。受这些仲裁规则的影响,其他仲裁机构也陆续出台了相关规定,例如,《北京仲裁委员会仲裁规则(2015 年版)》分别在第 3 章第 16 条和第 8 章第 62 条规定了仲裁保全和临时措施;《深圳国际仲裁院仲裁规则(2016 年版)》用第 4 章全章规定了临时措施;《珠海国际仲裁院仲裁规则》分别在第 21 条和第 22 条规定了保全和其他临时措施。

(二)仲裁规则的创新规定难以完全解决我国临时措施执行困境

从以上仲裁规则关于临时措施的规定中可以看出,我国部分仲裁机构已经着手尝试在不违背法律强制性规定的前提下,对我国程序法中一些过于刚性的规定进行软化处理,使之更加贴近实践的需要。这种尝试十分有益,可以弥补法律规定的不完善,有效增强法律规定的实效性,但仲裁毕竟是基于契约性的产物,自然不可能完全突破与改造代表国家权威的强制性法律规定,这种“戴着镣铐跳舞”的“造法”方式的其局限性也十分明显。

《中国国际经济贸易仲裁委员会仲裁规则(2015 年版)》规定,如果当事人所适用的法律为中国法律,仲裁庭仍然只以选择将“保全”申请转交给具有管辖权的人民法院,这一做法与我国法律的强制性规定保持一致;只有当仲裁案件所适用的法律为外国法律或港澳台地区的“法律”或相关规定并且该规定允许仲裁庭有权决定临时措施时,仲裁庭才可以决定其认为必要或适当的“临时措施”。由于规范法院和仲裁庭采取临时措施的法律主要是程序法,规定中“适用的法律”主要是指认可仲裁庭有权决定临时措施决定并与作出和执行具体案件临时措施有关的国家或地区的程序性法律,例如,香港特别行政区的法律,英国、美国、新加坡、德国等大多数国家的法律。[①] 应该说这一规定虽然有助于仲裁机构国际竞争力的提升,但仍然没有冲破也不可能冲破现行法律规定的禁锢。

《中国(上海)自由贸易试验区仲裁规则》规定,只有在执行地所在国家或地区的法律允许的情况下,仲裁庭才有权采取临时措施。仲裁庭决定临时措施首先要符合仲裁地法律的规定,其次还要考察临时措施执行地法律以保证决定的可执行性。仲裁案件中的仲裁地国和临时措施执行地国很有可能并不一致,例如,对我国境内的财产、证据等采取临时措施,必然需要考虑我国程序法的规定,如果仲裁庭仅以仲裁地法律为依据决定了临时措施却未恰当考察我国程序法,那么将得不到我国法院的承认和执行,临时措施的有效性也就无法体现。[②] 该规则以临时措施决定的执行落实为落脚点,直接以执行地法律为依据来决定仲裁庭是否有权决定临时措施,本来是为了避免出现仲裁程序性问题准据法适用不明的情况,但目前国际上明确以立法方式承认和执行境外仲裁所作出的临时措施决定的只有德国、澳大利亚、瑞士等国以及我国香港地区,数量极少,故这一规定在适用上略显狭窄。

由此可见,我国仲裁机构积极发挥仲裁规则的"造法"功能,通过对法律强制性规定进行软化处理,规定了具体适用条件下的仲裁庭临时措施管辖权、紧急仲裁员等新规定,使之更加贴近实践的需要。这种尝试十分有益,可以在一定程度上弥补法律规定的不完善,有效增强法律规定的实效性。但受制于我国法律规定,这些紧跟时代潮流的新规定却无法在中国境内发挥作用,仅适用于中国仲裁机构在境外进行的仲裁或者临时措施在境外执行的仲裁。只要仲裁地或执行地在我国境内,我国程序法规定就必然成为一座无法逾越的大山,在得不到司法机关的承认与配合的情况下,仲裁规则的"创新"与"造法"都无法发挥相应的作用。如果不能从根本上改变我国目前临时措施管辖权的法律规

---

① 参见李晶:《国际商事仲裁中临时措施在中国的新发展——以民诉法修改和仲裁规则修订为视角》,载《西北大学学报》(哲学社会科学版)2014 年第 6 期。

② 参见袁发强:《自贸区仲裁规则的冷静思考》,载《上海财经大学学报》2015 年第 2 期。

定,这些先进的制度规定都将难以发挥应有作用,反而可能造成临时措施执行的法律冲突。如此不仅不利于我国仲裁的现代化与国际化发展,而且还可能导致公众的认知混乱,打消国际商事交易当事人将争议提交到中国进行仲裁的意愿,不利于我国建设国际商事仲裁中心目标的实现。

四、我国仲裁临时措施执行问题的反思与完善

我国现行法律对于临时措施管辖权的规定已经严重地阻碍了我国仲裁临时措施在国内外的执行。虽然仲裁机构尝试通过仲裁规则创新来缓解这一问题,但仲裁规则的"造法"功能具有明显的局限性,在缺乏立法机关与司法机关有效配合的情况下,无法真正发挥制度设计所期待的效果。要解决当前我国仲裁临时措施制度所面临的执行困境,单凭仲裁规则的软化处理只能是隔靴搔痒,必须依靠仲裁规则、仲裁地法律和执行地法律三者之间完善的制度衔接。

(一)赋予仲裁庭必要的临时措施决定权

我国临时措施决定权的法院专属模式与允许仲裁庭享有临时措施决定权的国际主流做法存在明显差异,目前仅在中国、阿根廷、奥地利、芬兰、意大利、利比亚、加拿大魁北克省等少数国家和地区的立法中,排除了仲裁庭的临时措施决定权。我国应当适当赋予仲裁庭必要的临时措施决定权,以保障仲裁程序的便捷性、流畅性。1985年版的《联合国国际商事仲裁示范法》第17条中就已经规定了"仲裁庭有权力采取其认为有必要的任何临时性保全措施",2006年该文件修订时对第17条进行了较大改动,使仲裁庭作出临时措施的可操作性与可执行性更加强化。

临时措施决定是执行的源头,临时措施执行是决定的归属,两者具有统一性,不能将临时措施的决定与执行割裂开来。如果仅通过仲裁规则采取内外分立的变通做法,对法律强制性规定进行部分软化处理,而不能从根源上实现临时措施管辖权模式的转变,必然会出现仲裁地与执行地之间难以调和的法律冲突,从而难以真正解决我国仲裁临时措施的国内外执行困境。只有适当扩大仲裁庭的权力,在立法上明确承认仲裁庭采取临时措施的合法性和可执行性,给

仲裁庭采取临时措施的权力以明确的和必要的支持，才能理顺临时措施管辖权与执行的关系，从根本上解决我国仲裁临时措施的执行困境。

（二）扩大仲裁临时措施的种类

2013年修订通过的《联合国国际贸易法委员会仲裁规则》第26条第2款规定，“临时措施是指仲裁庭在作出最终裁决之前，可以命令一方当事人采取的任何临时性措施”。[①] 目前，我国明确规定的仲裁临时措施仅有财产保全和证据保全两种，范围相对狭窄难以满足实践需要，应当进行必要的扩展。特别是外国法院或仲裁庭决定的行为保全措施，在我国将面临没有执行依据的窘境。我国《民事诉讼法》在修改中已经增加了诉讼中行为保全的相关规定，《仲裁法》应当借鉴《民事诉讼法》对于行为保全的相关规定，扩大仲裁临时措施的种类并丰富其具体内容。构建与国际主流做法相接轨的仲裁临时措施体系，既有利于增强外国投资者与贸易者对我国法律制度的信心，也有利于我国企业在对外贸易纠纷解决中获得更为有力的保障。

（三）规范仲裁临时措施的申请条件

我国缺乏对仲裁临时措施申请条件的具体规定，这将增加外国法院对我国发布的临时措施决定的不信任度，加强审查力度甚至拒绝承认执行。为统一审核标准避免申请结果的不确定性，我国相关法律应当对申请条件进行详细规定。可以参考《联合国国际贸易法委员会仲裁规则》第26条第3款的条文，在决定是否发布临时措施时主要考虑如下因素：首先，案件情况是否具有现实紧急性。若案件情况紧急使对当事人的救济来不及等到最终裁决作出之后，若不采取紧急措施，即使当事人获得有利裁决也难以弥补其实际损失时，则可以认定当事人对于所申请的临时措施具有迫切的现实需要。应当强调的是，这种紧急状况必须具有现实性即损害的增加是正在发生的，而不能只是基于对将来可能发生的情况的推测，否则当事人的申请则不能被认定具有紧急性。其次，可

---

① 中国国际贸易促进委员会：《联合国国际贸易法委员会仲裁规则》（2013年修订），载中国国际贸易促进委员会网：http://www.ccpit.org/Contents/Channel_3584/2016/0728/676471/content_676471.htm，最后访问日期：2017年7月23日。

能造成的后果是否具有不可逆性。如果不发布临时措施可能造成难以挽回的损害,这种损害通常是难以通过金钱等赔偿手段获得完全弥补,则应当批准采取相关临时措施。再次,双方利益的平衡性。临时措施的强制性可能会造成被申请人合法权益的损害,出于利益平衡的考量,要求申请人因没有获得临时措施救济所遭受的损失,应当大于临时措施可能对被申请人造成的损害。最后,是否可以要求申请人提供适当的担保。我国《民事诉讼法》第100条第2款规定:"人民法院采取保全措施,可以责令申请人提供担保,申请人不提供担保的,裁定驳回申请。"由于案件的紧急性与可能损害的不可逆性,临时措施通常具有强烈的单方保护功能,如若被滥用则会导致被申请人的利益损害。为了避免触发临时措施的不良反应,可以要求申请人提供必要且适当的担保,担保价值应当等同于保全财产的价值,作为准予采取临时措施的前提条件以减少滥用风险。

演艺经纪合同仲裁案件的裁判要点解析

张 峥[*] 刘 鹏[**]

一、引 言

随着近年来文化娱乐产业特别是互联网文化产业的蓬勃发展,“演艺事业”早已不再是一个艺术院校、专业院团独占的“专业技术工种”,而是成为人人皆可试水、追逐明星梦的自由领域。越来越多的人投身演艺事业,无疑使这个行业的竞争日趋激烈,因此演艺经纪服务作为艺人成名之路的助推器,其重要性也就越发凸显出来。特别是对于刚入行的新生代艺人来说,签约一家适合自己的经纪公司几乎已经成为必然的选择。那些掌握着丰富市场资源的行业巨头、文化大鳄甚至是明星艺人则纷纷成立自己的经纪公司,通过培养新人以及为旗下艺人提供经纪服务的方式获取收益。①

艺人与经纪公司之间通常都会签署一份演艺经纪合同,以此作为确定双方

* 张峥,北京市高朋律师事务所创始合伙人,北京市律师协会副会长,中国国际经济贸易仲裁委员会以及北京、上海、广州等多家仲裁机构仲裁员,中国仲裁法学研究会常务理事,北京市影视娱乐法学会副会长。

** 刘鹏,北京市高朋律师事务所合伙人。

① 笔者认为,从更为宏观的角度来看,艺人还可以视作影视娱乐产品的“生产资料”。使用自己投资开设的经纪公司的签约艺人,制作方可以有效地控制“生产成本”;如果能够掌握“明星 IP”,那么则相当于获得了“产品质量认证标签”,成为票房收入的保证。也就是说,演艺经纪实际上已经成为“资本通吃”原则主导之下,文化娱乐产业链上的一个能够把艺术创作和资本运作密切联系起来的中间环节。

权利义务的依据。基于演艺经纪合同引发的诉讼/仲裁纠纷也并不鲜见。由于仲裁具有保密性的优势,加之审理演艺经纪合同仲裁案件的仲裁员通常拥有较为丰富的从事或服务于文化产业及相关领域的专业经验,更加擅长结合演艺经纪行业的实际情况来裁断、平衡双方之间的利益关系,因此越来越多的演艺经纪合同选择以仲裁委员会作为纠纷解决机构。根据笔者审理演艺经纪合同仲裁案件的经验,此类案件审理时的争议焦点通常集中在合同能否解除、双方履约中的过错程度等方面。在查明上述争议焦点的基础上,仲裁裁决通常会涉及合同的性质及效力如何、合同是否解除以及损失如何酌定等问题。以下将对演艺经纪合同仲裁案件的裁判要点予以具体解析。

二、演艺经纪合同的常见内容

(一)基础内容

顾名思义,演艺经纪合同最基础的内容与“经纪”有关。“经纪”一词在我国现行法律、法规中并无单独明确的定义。而在对房地产、保险、期货、营业性演出等特定行业、特定主体进行规制的具体行政法规或部门规章中则使用了“某某经纪”“某某经纪机构”这样的词语。[①] 通过这样的立法用语我们可以大致推导出“经纪”的定义为:在房地产、保险、期货、证券、文化、艺术、体育等各个领域中广泛存在的,为市场上的供需双方提供促成交易的中介服务并收取相应报酬的经营行为。

按照上述定义,具体到本文所讨论的“演艺经纪”一词,“供需双方”指的

① 例如,(1)《房地产经纪管理办法》(住房和城乡建设部、国家发展和改革委员会、人力资源和社会保障部令第8号)第3条规定:“本办法所称房地产经纪,是指房地产经纪机构和房地产经纪人员为促成房地产交易,向委托人提供房地产居间、代理等服务并收取佣金的行为。”(2)《保险经纪机构监管规定(2015年修订)》(中国保险监督管理委员会令2009年第6号)第2条规定:“本规定所称保险经纪机构是指基于投保人的利益,为投保人与保险公司订立保险合同提供中介服务,并按约定收取佣金的机构,包括保险经纪公司及其分支机构。”(3)《期货交易管理条例》(2012年修订)(中华人民共和国国务院令第489号)第18条规定:“期货公司从事经纪业务,接受客户委托,以自己的名义为客户进行期货交易,交易结果由客户承担。”(4)《演出经纪人员管理办法》(文市发〔2012〕48号)第3条规定:“本办法所称演出经纪人员,包括在演出经纪机构中从事演出组织、制作、营销,演出居间、代理、行纪,演员签约、推广、代理等活动的从业人员;在县级文化主管部门备案的个体演出经纪人。”

就是从事演艺事业的艺人和投资、聘请艺人制作电影、电视剧、电视节目、广告宣传片等艺术作品以及组织演唱会、舞台剧等演出活动的公司或其他法律主体。演艺经纪机构所提供的“促成交易的中介服务”即向艺人介绍表演或演出机会,或者为制作或演出单位推荐艺人,从而促成供需双方签约。这正是经纪机构与艺人之间签署的演艺经纪合同中最为基础的、不可或缺的内容。

(二)扩展内容

上述基础内容是演艺经纪合同的本质要求,但基于演艺经纪行业的特殊性,演艺经纪公司如果只提供上述基础内容的服务是远远不够的,难以帮助艺人实现其签署演艺经纪合同的目的。具体而言,所谓经纪服务无非是帮助供方更好地将其商品销售出去,同时帮助需方更好地从市场上购买到符合自身需要的商品。然而演艺经纪服务所面对的商品——“艺人的表演或演出”具有特殊性,它缺乏统一的、客观的质量标准;艺人能够向“需方”提供的商品的价值高低,取决于艺人本身的知名度、艺术造诣的高低以及与需方所需要的艺术形象的契合程度等多重因素。因此如果要想提高艺人所能够提供的商品的价值,也即提高艺人的“身价”,不仅需要专业上的艺术指导、商业上的营销推广,还需要有大量资金持续稳定地投入。这些工作仅凭艺人自身特别是刚入行的新人几乎是不可能完成的,演艺经纪机构通常承担了这一职责。所以演艺经纪合同中还可能会包含以下扩展内容。

1. 艺人形象设计、包装

合同可能会约定由演艺经纪机构自行或者聘请专业人士根据艺人自身的基础情况和个人特点,帮助艺人设计最有利于其自身发展的个人形象,并通过专业方式进行包装,使艺人总能够以其最好的形象展现在公众面前,从而促进其个人商业价值的提升。履行这一合同内容的过程中还可能涉及发型设计、化妆、服装、造型、形象指导等具体服务内容。

2. 培训、艺术指导[①]

这一部分内容与前述第一点“艺人形象设计、包装”有一定关联和重合之处，主要是指演艺经纪机构针对那些刚入行的缺乏专业表演经验的艺人进行专业训练和指导，从而帮助其提升专业水平。

3. 营销、推广、宣传[②]

既然艺人从事演艺事业也属于向市场公开提供一种“商品”，那么市场营销和宣传推广就是必不可少的。特别是在信息爆炸的互联网时代，信息传播和更新的速度、频率之快都是过去难以想象的，如果不进行持续的营销、推广与宣传工作，艺人的知名度、市场价值都时刻面临衰退的风险。根据该行业目前的通常情况，对一个艺人的营销和宣传效果与其获得的表演或演出机会以及其完成的艺术作品紧密地结合在一起。一部代表作品的出演成功，会对艺人的市场营销与宣传推广起到极为重要的助推作用。

4. 日常工作中的服务

这一部分内容可能涉及衣、食、住、行等各个方面的服务，经纪公司通常会安排助理或相关人员负责为艺人提供相关服务，同时承担艺人工作期间产生的各种费用。

5. 公关与维权[③]

要维持艺人的正面健康形象，演艺经纪机构通常会在危机公关、维持与公众以及新闻媒体之间的良好关系等方面投入成本。另外，如果发生了艺人权益被不法侵害的事件，经纪机构还会提供相关服务，如聘请专业机构及人员，帮助艺人进行维权。

---

① 常见的表述方式为：“就甲方的公众形象、舞台形象、公共关系、演艺事业才能的发挥与发展等为甲方提供建议和咨询意见。”“完成乙方为其安排的一切演艺事业活动及培训练习，以求达至最佳的演艺效果。”

② 常见的表述方式为：“在合约期内，乙方独家拥有在报刊、杂志、出版物、电台、电视台、电影、网上等传播媒体上和录音的、录像中讲述、披露甲方自传、传记或简历等的全部权利。”

③ 常见的表述方式为：“在合约期内，凡因侵害甲方的财产、人身等权益从而会进一步损害到乙方按本合同之规定所拥有的相应权益的，乙方可以全权代表甲方予以处理。”

6. 肖像权、知识产权开发

该部分内容是指出版与艺人有关的图书、相册、音乐专辑等作品，以及就艺人的形象进行对外授权许可使用或者进行其他相关开发、经营等事项。

7. 公司纪律①

演艺经纪机构通常会在合同中约定艺人有义务服从演艺经纪机构安排的工作、遵守演艺经纪机构纪律等相关内容。合同还会明确约定演艺经纪机构对艺人不仅有提供服务之义务，还有实施管理之权利。即演艺经纪机构在履行演艺经纪合同的过程中，有权自行决定艺人的工作安排而无须听取艺人的意见，享有艺人相关资料信息的披露、许可或其他处分权益、有权对艺人履行双方之间合同的行为提出具体的管理要求等。另外，演艺经纪机构大部分为注册登记的法人机构，而且对于一些刚入行的新人来说，经纪公司还可能会向艺人支付固定的薪酬，因此有很多演艺经纪合同的双方之间同时还可能形成了劳动用工法律关系。

8. 代理签约②

为了保证对艺人的工作进行全面的掌握及安排，合同中通常都会约定演艺经纪机构具有全权代表艺人进行签约的权利，在这种情形下，演艺经纪机构在为艺人提供促成交易的中介服务的同时还获得了授权代理人的法律地位，有权以艺人或者自身的名义与"需方"即艺人表演或演出服务的购买主体进行谈判、代理签约。

---

① 常见的表述方式为："甲方不得擅自订立聘用协议，亦不得擅自同意或接受任何聘用其从事演艺事业的意向"、"接受乙方代其订立的聘用协议或为其接洽、安排的演艺事业活动与工作，按照聘用协议规定及雇主的要求努力演出以求达至最佳的演艺效果"、"保持自己处于最佳健康状态，不会参与任何有危险性的活动，以免不能以最佳状态完成乙方为其安排的演艺事业活动与工作；保证随时告知乙方自己的去向及联系电话号码，以使乙方能在任何时候及时与其取得联络；保证未经乙方事先书面同意，不会从事任何非经乙方接洽、安排的与其演艺事业有关的社会活动，亦不会参与任何有损其演艺事业发展的各类活动，而不论上述活动有无报酬"以及"未经甲方同意，乙方不得擅自更改或放弃任何甲方与第三者为乙方安排或接洽的演艺事项及其实施细则"。

② 常见的表述方式为："甲方诚意委托乙方作为其演艺事业的世界性独家代理人""由乙方全权代表甲方接洽、安排、同意、策划甲方在世界各国家、各地区的演艺事业，并由乙方全权代表甲方签订聘用协议""独家、全权代表甲方接洽、安排、同意、接受、策划演艺事业活动与工作"。

三、演艺经纪合同的常见形态

与其他类型的合同一样,演艺经纪合同的条款设置也是合同签约双方之间实力对比的真实反映。虽然每一份演艺经纪合同的内容大致都不会超出前文所述之范围,但因为艺人自身的发展阶段不同、知名度以及议价能力高低不同,从而使其在缔约谈判时的地位不同,合同具体条款的设置以及表述方式也因此会有很大的不同。从这一角度出发,笔者结合案件审理的经验,把演艺经纪合同的常见形态归纳为以下几种。

(一)事业起步期

这一形态通常适用于刚刚"出道"、缺乏演艺工作经验的新生代艺人,以及刚刚完成跨界转型,虽在原行业有一定知名度但仍属于演艺圈新人的情况。这种形态下合同通常呈现以下几个特征。

(1)艺人专业能力及知名度均有待提高,经纪公司需要承担更多的专业培训、艺术指导以及营销推广职责,重视合同中关于培养艺人环节的约定。

(2)演艺经纪机构分成比例较高,合同期限较长。演艺经纪合同通常是以双方按比例分配艺人演艺收入的方式来计算经纪机构的服务报酬的。那么在这种合同形态下,由于艺人的谈判地位较低,缺乏话语权,加之演艺经纪机构前期对艺人培养的投入较大,艺人从开始学习表演到最终达到较好的艺术水准及知名度,这期间所耗费的培养周期较长,因此合同通常会约定经纪机构前期取得较高的分成比例,并且合同期限较长。随着合同期限的增加,经纪机构所取得的分成比例会逐渐下降。

(3)重视对公司纪律的要求。这种合同形态下演艺经纪机构对于艺人的管理较为严格,通常会要求艺人严格遵守演艺经纪机构对于其从事工作、参加培训以及其他机构组织活动的安排和相关纪律要求。

(二)事业上升期

这一形态适用于那些已经具有一定演艺工作经验的艺人,通常是与原经纪机构之间的合同到期或者已经解除之后,艺人重新签署的演艺经纪合同。这类合同的特点如下。

(1)双方比较重视合同中关于演艺经纪机构如何承担对艺人进行设计、包装以及如何进行宣传推广等合同义务的约定。

(2)艺人话语权有一定程度的提升,合同期限相对较短,艺人分成比例较高。

(三)事业巅峰期

这一形态适用于那些已经具备丰富的从业经验、已经达到了演艺事业巅峰期的艺人。这类合同的特点如下。

(1)合同拓展内容涉及较少,经纪机构主要提供促成交易的中间服务以及代理艺人进行签约等内容。

(2)艺人本身也已经具备较高的知名度、市场影响力及营销能力,双方之间呈现一种松散的合作关系,更多的是互相利用资源及平台,实现品牌、资源上的联合与共赢。

(3)合同期限相对较短,艺人分成比例较高。

以上是对演艺经纪合同的常见内容及形态的归纳总结。了解上述内容未必会对仲裁案件的裁决产生直接的影响,但有助于对案件所涉合同条款的理解,有助于厘清双方之间的权利义务关系、查明合同的性质,还有助于在裁决时对于合同的缔约背景及双方真实发展状况做出准确判断,从而更好地实现双方利益的平衡。

四、演艺经纪合同的法律性质

一旦艺人与演艺经纪机构之间发生合同纠纷,艺人通常习惯于采用单方通知的方式解除合同,其主张的法律依据是演艺经纪合同的法律性质属于委托合同,因此缔约双方均具有单方任意解除权。这一观点在实践中确实得到了一部分法院判决以及仲裁裁决的支持。但笔者认为此观点并不符合通常情况下的演艺经纪合同的特征及法律属性,与目前主流的法院判决及仲裁裁决思路也不一致。具体理由如下。

第一,上述观点认为,我国《合同法》分则第21章第410条对典型的委托合同规定了任意解除权,而演艺经纪合同大多会约定艺人将与本人演艺事业相关的权利概括性地有偿委托给演艺经纪机构行使,经纪机构有权对外以自己的名义就与艺人的演艺事业相关的问题进行接洽、联络并签订相关协议;上述内容表明了双方之间的委托关系以及委托代理的权限和范围。笔者认为这一观点是对演艺经纪合同内容的片面认识。正如本文第一部分所述,演艺经纪合同最基础的内容实际上是为艺人提供"促成交易的中介服务",这一特征符合《合同法》分则第23章第424条关于居间合同的定义。① 演艺经纪合同之所以称为"经纪"合同,是因为首先它应当是以类似居间性质的服务为核心,而不是以委托代理服务为核心,因此不属于典型的委托合同。

第二,判断合同的法律性质,既不能仅仅依据合同文本中的某一个或几个词语的字面含义,也不能仅仅关注某一个或某几个合同条款所体现的权利义务关系,而是应当综合合同的全部内容、对照《合同法》分则各章关于各类有名合同的规定,进行具体分析和判断。本文已经详细介绍了演艺经纪合同中通常出现的扩展内容,由此可知,艺人与演艺经纪机构之间的法律关系是一个综合性的、复杂的法律关系,是通过合同各个条款所约定的权利义务连接起来的、不同性质的多重法律关系的总和。即使合同某些内容中确实能够反映双方之间存在着委托代理法律关系的要素,但这并不是双方之间法律关系的全部,无论是经纪机构对于艺人提供的综合服务,还是经纪机构对于艺人的管理权利,这些都超出了《合同法》分则第21章规定的委托合同的范畴。

第三,部分法院判决及仲裁裁决适用委托合同的任意解除权规定,确认艺人单方面解除合同有效的另外一个考量因素在于:演艺经纪合同是建立在双方互信基础上,并且是具有较强人身属性的合同,其履行需要双方本着诚实信用、平等互利的原则予以配合。在双方已经陷入诉讼/仲裁纠纷的前提下认定难以继续履行合同,从而判决合同解除。笔者认为这样的考虑是值得商榷的,因为关于合同难以继续履行的问题可以是合同法定解除的条件之一,需要根据案件

① 我国《合同法》第424条规定:"居间合同是居间人向委托人报告订立合同的机会或者提供订立合同的媒介服务,委托人支付报酬的合同。"

事实来具体判断。也就是说,如果仲裁案件的当事人要求解除合同,而仲裁庭又根据案件查明的事实情况认定合同难以继续履行,只要适用法定解除的规定即可。

综上所述,笔者认为演艺经纪合同属于非典型无名合同,不宜生搬硬套、径行适用《合同法》分则第 21 章关于委托合同的规定。

五、演艺经纪合同的法律效力

虽然《营业性演出管理条例》对于从事营业性演出经纪业务的机构应当具备的资质作出了规定,但这一规定并非效力性强制性规定,而且仅仅局限于营业性演出(为公众举办的现场文艺表演活动)的范畴。因此可以确定演艺经纪合同的签署及生效并无特定资质要求,只要艺人与演艺经纪合同双方达成意思表示一致,就意味着该合同已经成立并生效。

六、解除合同或继续履行时的仲裁请求

根据笔者审理此类仲裁案件的经验来看,几乎所有的演艺经纪合同纠纷在诉诸仲裁时都已陷入双方矛盾激化、艺人坚决主张解约的"分手"状态。因此合同的效力状态是双方争议的焦点,通常也是双方请求仲裁裁决的事项之一。一般来说,艺人会主张合同解除。而演艺经纪公司的主张会有所不同,有的公司同意解除并要求支付违约金;有的公司则不同意解除,要求继续履行合同,当然这种情形下仍旧也可以主张赔偿因艺人违约而导致的损失。以下区分不同的仲裁请求分别论述笔者实践中的处理思路。

(一)艺人要求确认合同已经解除

当艺人提出要求裁决确认演艺经纪合同已经解除时,就意味着艺人已经提前行使过解除合同的权利。解除合同的权利分为两种类型:一种是依据演艺经纪合同约定的解除条件成就而获得的解除权,另一种是所谓的委托合同的"单方任意解除权"。

对于前一种类型,处理思路关键在于一方面查明合同约定的解除条件的具

体内容,另一方面查明双方履约的过程中是否出现了触发双方约定的合同解除条款的情况。从案件的实际情况来看,演艺经纪合同中对于合同解除条款的约定通常不是很清晰,缺乏足够的客观性。例如,对于合同的根本目的仅有“双方力争将甲方打造为一线明星”之类的表述,就不能认为演艺经纪公司就其经纪服务的结果做出了客观、明确的承诺,因为对于“一线明星”这样的表述本身就缺乏严谨性。另外,已有案例显示,即使是双方已经明确约定了经纪公司应当在一定期限内使艺人的片酬“达到每集2.5万元”这样的客观性的条款,法院仍然没有以此为依据支持艺人要求确认合同解除的请求。法院判决中指出,演员由于其知名度的提高其片酬处于一个动态的变化过程,艺人在合同履行期间其片酬已处于不断上升的过程中,而且已经有多部电视剧的片酬达到了每集2.5万元的水平。这种情况下法院认为如果仅仅因为某一部电视剧的每集片酬低于2.5万元就支持艺人单方解约的请求,对于演艺经纪机构是不公平的。[①] 笔者认为法院这样的处理方式,是在充分考虑了演艺行业的特殊性和当事人履约的实际情况后,作出了相对符合实际的、公平的认定。

对于后一种类型,前文已经阐述,除非双方之间签署的经纪合同简单到只有艺人授权委托演艺经纪公司代为办理演艺事务这一项内容,否则按照演艺经纪合同通常内容来分析,不宜认定这种单方解除权的成立。

(二)艺人要求判令合同解除

1. 查明违约情形

如果艺人没有依据委托合同的单方解除权要求仲裁庭确认合同已经解除,而是要求仲裁庭判令演艺经纪合同解除的,则仲裁庭应当对于双方约定的具体事实以及双方违约的情形予以详细查明。通常情况下,艺人与经纪公司经常发生的违约情形大致包括以下几种。

(1)艺人在独家授权一家演艺经纪公司全权负责办理签约事宜的前提下,未经其授权的演艺经纪公司同意又与其他经纪公司或者制作单位联系,承接其

① 参见贾某诉上海某公司其他合同纠纷再审案,案号为(2014)沪高民一(民)再提字第8号。

他演艺工作,即通常所说的"接私活"。

(2)艺人未履行合同约定义务的情形主要体现为拒绝接受经纪公司安排的工作,存在违反经纪公司禁止实施的不良行为,如吸毒、嫖娼或其他违法犯罪行为等。

(3)演艺经纪公司经常出现的未履行义务的情形主要涉及没有及时为艺人联系到足够的演出机会,或者没有充分开展宣传营销活动,导致艺人的知名度、曝光度不足以及合同履行期内的收入过低。通常情况下可以从以下几个方面来对演艺经纪公司的经纪服务是否存在违约情形做出判断:一是艺人在合同履行期内参与演出的作品数量以及作品的知名度;二是艺人在合同履行期内获得行业内相关荣誉和奖励的情况;三是经纪公司能够举证证明的为艺人进行宣传推广情况以及赞助投入情况;四是艺人在合同履行期内收入增长情况;五是艺人在合同履行期之前的专业背景、从业经验、社会知名度等情况,以此为背景考虑艺人在订立演艺经纪合同时对自身演艺事业发展水平的规划和合理预期。

根据笔者审理案件的经验,查明违约情形的最关键的问题就是证据认定。根据证据规则,合同义务承担一方应当就其义务履行事实承担举证责任。通常情况下仍然应当以"谁主张,谁举证"为原则。如果演艺经纪公司已经就其履约的事实承担了合理的举证责任,那么就应当要求艺人就演艺经纪公司的履约行为已经构成违约的问题进一步承担举证责任。事实上,如果演艺经纪合同中并未对经纪公司履行某些义务的标准作出明确的约定,很有可能任何一方都无法就经纪公司履约的适当性程度问题完成举证责任。这种情况下需要仲裁庭依据其自身对于这个行业的理解和认知,对演艺经纪公司的履约情形是否构成违约作出判断。以笔者在北京仲裁委员会审理的某影视明星解约一案为例,合同中约定经纪公司负有危机公关的义务,该艺人即主张经纪公司在其陷入与某高官的潜规则绯闻时怠于澄清事实,未尽危机公关义务,导致艺人名誉以及形象遭受极大损害,构成根本违约。经纪公司答辩称并非未采取危机公关措施,而是根据实际情况需要选择了沉默、冷处理的方式解决。仲裁庭经审查认为,关于艺人公众形象维护问题的约定,合同条款只是要求经纪公司提供建议和咨询意见,至于如何提供、提供怎样的建议和咨询意见,合同条款中没有做出明确的限制或要求,因此仲裁庭认为经纪公司选择了以沉默、冷处理的方式来应对这一绯闻事件并未违约。仲裁庭进一步认为,就演艺经纪行业应对危机事件、舆论公关所能够采取的方法本身而言并无优劣之分,能否达到最符合演员自身利益的程度更是取决于事件的客观进展、演员自身的不同情况等多重因素,没有客观判断标准。经纪公司面对可能对艺人产生不利影响的危机或舆论,究竟应该积极应对、广泛发声,还是应该沉默低调、冷处理,这应当属于经纪公司根据具体情况作出专业判断的问题,亦是不同经纪公司之间专业水准、具体操作的重要差异。既然本案中没有证据证明经纪公司存在明显的怠于履约之情形,仲裁庭认定经纪公司在就相关公众形象维护提供建议和咨询义务的问题上不存在违约情形。

2. 判令解除的依据

(1)如果仲裁庭能够查明的违约事实已经达到双方约定的合同解除条件,那么申请人提出仲裁请求的方式就可以认定为一种行使约定解除权的方式,因此可以裁决演艺经纪合同解除。

(2)如果双方并未约定解除条件,但是经审理如果发现符合我国《合同法》第94条规定的法定解除的条件的,即不可抗力、预期违约、迟延履行、根本违约等,同样可以裁决演艺经纪合同解除。

(三)演艺经纪公司要求继续履行合同

在充分查明合同履行情况后判断合同是否符合约定解除或者法定解除条件的前提下,仲裁庭在处理艺人要求解除合同的请求时通常比较慎重,会充分考虑演艺经纪合同所具有的较强的人身属性。演艺经纪合同的内容涉及艺人职业的长期发展问题,合同的履行需要双方积极主动地为一定行为,如果双方产生不可调和的矛盾,无法本着诚实信用的原则继续履行合同,那么维持合同的效力将很有可能对艺人的职业生涯以及经纪公司的正常运营产生不利影响。基于上述考虑,如果仲裁庭查明双方均有解除合同的意愿,通常情况下会作出支持解约的裁决。

但是,上述分析并不意味着仲裁庭不能作出驳回解除合同、维持合同有效的仲裁裁决。具体包括以下两种情形。

一种情形是仲裁庭经审理查明现有证据无法证明经纪公司存在足以导致约定解除或者法定解除合同的违约行为,而经纪公司当庭又明确表示要求继续履行合同。这种情况往往是因为艺人在经纪公司的服务中获得了非常好的表演机会,未来很有可能获得市场知名度和身价的大幅提升。艺人如果继续执行经纪合同,将会向经纪公司支付较高比例的佣金,为了自身获得更多的经济利益艺人会因此而提出解除现有合同。对于这种艺人“将红未红”的情况,经纪公司会考虑此前艺人累计获得的收入较少,因此经纪公司的分成相应也较少,担心无论是违约金还是损失赔偿金的数额都有可能无法与未来正常履约的收入分成相比。因此经纪公司会坚决要求继续履行合同。

另一种情形是仲裁庭即使认为演艺经纪合同符合解除的条件,但由于艺人坚持认为其行使单方解除权的行为有效,只作为庭审意见发表,并未提出要求确认合同解除,同时演艺经纪公司作为被申请人也未提出要求解除合同的反请求,那么仲裁庭会本着“不告不理”的原则,认定艺人行使单方解除权的行为无效,而不能作出超越仲裁请求范围的解除合同之裁决,因此合同会继续履行。

七、违约金及赔偿损失相关的仲裁请求

实践中双方签署的演艺经纪合同基本都是由经纪公司拟定的,对于事业刚刚起步的新生代艺人,经纪公司在拟定合同时通常会有较为严苛的违约金条款。那么在仲裁中应当如何对违约金进行处理?如果当事人提出了违约金约定过高、要求予以酌情调整的请求,又如何对实际损失作出判定?

笔者认为,目前仲裁审理程序更加倾向于重视合同约定、尊重双方意思自治,严格执行合同约定的解除规则以及违约金计算方法并无不可。然而仲裁庭在裁决时,应当从公正裁断的角度出发,既不能只站在经纪公司的角度无视艺人的价值,也不能只站在艺人的角度无视经纪公司在青年演员成长不同时期所付出的物质或非物质的、有形的或无形的各种资源对于对艺人自身艺术造诣的

提高和收益能力的增强的重要作用。也就是说,裁决应当充分考虑对演艺行业不同从业主体之间的利益平衡。

因此,如果艺人提出了违约金标准过高、要求予以酌减之请求,那么仲裁庭通常都会根据《合同法》第114条的规定,在合同约定违约金标准的基础上再考虑因违约造成的实际损失的具体情况,对最终支持的违约金金额予以酌情减少。酌情减少的判断标准实际上取决于因为艺人提前解约而给经纪公司造成的实际损失。在实际损失酌定的问题上,笔者总结了以下考量因素。

(1)经纪公司为了履行演艺经纪合同所投入的成本。该等成本不仅包括经纪公司直接用于艺人的包装、宣传、推广以及日常工作中为服务于艺人而投入的各项费用支出,还包括经纪公司为了帮助艺人获取演出机会而投入的其他费用,如影片投资、赞助费用,等等。对于这部分成本的确认,难点在于证据的查明。演艺经纪合同履行的一个特点就是费用支出项目繁杂、费用发生次数以及参与的人员较多,很多情况下书面凭证不完善甚至是欠缺。而对仲裁庭裁决案件而言,只有取得了明确的财务报销凭证或者有明确的合同依据,才能够有效确认经纪公司投入的成本数额。

(2)艺人在合同期内未经经纪公司许可而"接私活"的收入分成。演艺经纪合同通常都会约定合同期内艺人的全部工作均由经纪公司负责安排,所取得的收入经纪公司均有权参与分成。因此如果出现艺人"接私活"的情况,相应的分成所得通常也被视为经纪公司的损失。

(3)经纪公司的预期利益损失,即合同剩余年限内本应获得的收入分成即佣金。提前解约的预期利益损失在事业起步型的艺人的解约纠纷中体现得较为突出。根据演艺经纪行业的特点以及艺人职业生涯的发展规律,由于新人的专业能力和经验欠缺,又没有市场知名度,因此经纪公司在合同履行的前期,为培养新人以及为其谋求演出机会所付出的成本与合同履行后期相比往往是非常大的。随着多年的投入与积累,艺人在合同履行的后期,其市场知名度及身价都会提高,而经纪公司的成本投入反而有所下降。换句话说,经纪公司所能够获取的经济利益回报主要体现在合同履行的中后期。如果提前解约,经纪公司会面临前期大量投入无法收回的风险。

当然,在考虑经纪公司预期利益损失的时候,还要依据《合同法》第113条关于预期利益可预见性的要求,综合考虑合同的剩余期限、艺人在合同履行期内逐年的发展趋势以及在解约时艺人整体的市场知名度、票房身价等多方面因素而予以酌定。笔者认为,这种酌定并不是主观盲目判断,而是充分体现了仲裁的“专家断案”、强调“公平合理”的优势。仲裁庭只有在充分考虑演艺行业的特性以及个案中当事人双方具体情况的基础上,运用法律知识以及对演艺行业的了解与经验,作出一个公平合理的裁决,才能够真正平衡双方的利益,达到案结事了、化解纠纷的最佳效果。

另外,在很多案件中还存在仲裁庭将艺人在合同履行期内实际取得的收入总额作为裁决违约金或损失赔偿金数额的参照因素之一。笔者认为从法理上来分析,这种处理方式并无法律依据。艺人在履约期间所取得的收入是其所付出劳动的对价,与解约之后给经纪公司造成的损失之间并无必然联系。笔者认为这种裁决思路的初衷,主要是考虑艺人对裁决结果的承受能力问题,避免过高的赔偿金导致艺人无法维持基本生活的需要或者使其艺术生涯难以为继。正是基于这种考虑,我国目前对于艺人解约的赔偿金额普遍低于合同约定的违约金标准,“天价赔偿”更是难觅其踪。

八、结　　语

笔者曾发表过一篇题为《支撑商事仲裁裁决的六要素——以仲裁裁判实践为视角》的文章,将作出商事仲裁裁决时需要重点关注的问题归纳为六要素,即合同的效力、请求的依据、履约的证据、损失的酌定、主文的处理、程序的完善。这六要素只是一个宏观的框架,具体到不同类型的案件中会有所侧重,所需要考虑的具体因素差异很大。本文以演艺经纪合同仲裁案件作为研究对象,将思维方向由宏观转向微观。通过对案件审理过程中收集到的素材进行分析整理,形成更具个案实际指导意义的论证,与“裁决六要素说”相互对照与呼应,以期更加深入地思考和研究仲裁案件的审理、裁决方法。

第五届“中伦杯”获奖论文选登

编者按：

为进一步推进中国商事仲裁的发展，中国国际经济贸易仲裁委员会与中国人民大学法学院、中华全国律师协会、北京律师协会联合发起了“中国仲裁周”活动。“中国仲裁周”旨在打造一个全国性、国际性、开放性的仲裁宣传、交流和研讨的平台，每年举办一届。在2017年举办的第五届“中国仲裁周”活动期间，“中国仲裁周”活动组委会举办了第五届“中伦杯”全国国际商事仲裁征文大赛活动，面向有志于研究国际商事仲裁理论与实践的教师、学生和实务工作者征文。

征文活动得到了广泛的欢迎和热烈的响应。经“中国仲裁周”活动组委会邀请，多位国内知名专家通过公开、公平、公正的程序进行评审，最终评选出28篇获奖论文。这些获奖论文对国际商事仲裁理论与实践中存在的问题进行了翔实的解读和深度的思考，提出的意见和建议对我国商事仲裁的未来发展不乏参考和借鉴价值。经“中国仲裁周”活动组委会推荐，本刊将陆续刊发部分获奖论文，以飨读者。

论第三方资助仲裁中的担保费

陈 挚*

摘要:第三方资助在费用高昂的国际仲裁中能够帮助经济困难的当事人实现正义。但由于受资助方可能无力承担败诉费用,由此造成了仲裁程序中权利义务的不平衡。在实践中,仲裁庭可以要求受资助方提供担保费以避免这一问题。仲裁庭在决定担保费的时候可以考虑第三方资助因素,但仅仅是因为存在受资助方就要求其提供担保费显然有失公平。应当合理分配举证责任,并充分查明相关的第三方资助情况,在必要时可以要求受资助方披露资助协议。在充分调查并全面考量的基础上才能做出合适的决定。

关键词:第三方资助 临时措施 担保费 披露

一、第三方资助及其争议

(一)第三方资助现状

第三方资助(又称第三方融资)的核心内涵是与案件争议无关的案外人为当事人提供垫资等帮助,以便其提起或者维持诉讼、仲裁程序(包括支付仲裁/诉讼费、律师费、专家证人费等全部或者部分费用)。尽管这一概念近年来才成为仲裁界的热点,但为当事人垫资打官司的做法却历史悠久,在英国中世纪,贵族为了扩张其土地,往往会资助其属臣与他人进行土地诉讼,其条件为受资

* 陈挚,广州仲裁委员会办案秘书。

助的当事人一旦胜诉,则该贵族可以成为土地的共有人。由于帮讼行为被贵族大量使用于对抗其敌人,帮讼和维持行为也被边沁称为“男爵之剑”(sword of a baron)。由于这种帮讼行为使新兴市民阶层处于滥诉的威胁中,以英国为代表的英美法系国家发展出了帮讼原则(doctrine of champerty),将第三方资助视为一种违法甚至犯罪的行为。[①] 然而近年来,许多国家和地区纷纷修改法律,积极引入第三方资助。数据显示,截至2010年,欧洲24个国家中,完全禁止第三方资助的国家仅有希腊和葡萄牙。此外,尽管荷兰法律仅允许非营利的第三方资助,但通过设立特定的公司进行权利转让也可以对此进行规避。[②] 在亚洲,香港在2017年6月14日通过了允许在仲裁和调解中使用第三方资助的立法;而新加坡则在2017年1月承认第三方资助合法性以后,更在7月迎来了第一起第三方资助的仲裁案件。

(二)第三方资助的优势及争议

传统上,民事诉讼和仲裁只是当事人之间的事情,与案外人无涉,即使是律师、鉴定人、翻译人等诉讼参加者也只是受一方当事人或者裁判者的委托提供相应服务,与裁判结果没有直接利害关系。然而诸如律师风险代理、第三方资助等方式的出现,改变了案件的利害关系结构,由此造成的影响既有利也有弊。

从有利的一方来看,由于部分民商事诉讼和仲裁案件标的额巨大,争议解决费用自然也水涨船高,客观上阻碍了当事人维护自己的正当权利。第三方资助使在经济上处于劣势地位的当事人也可以通过诉讼或者仲裁实现争议,而对于资助者来说,则可以获得诱人的回报。对于资助方和受资助方可以说是一个双赢的交易。

---

① 大陆法系国家传统上没有明确禁止第三方资助的法律规定。但大多数大陆法系国家几乎不存在普遍的第三方资助实践,只有德国、奥地利和瑞士例外。在德国,第三方资助在学理上被视为一种隐名合伙(silent partnership),合法有效。此外,在德国禁止律师风险收费的情况下,第三方资助可以约定风险费用。See de Morpurgo, Marco, "A Comparative Legal and Economic Approach to Third-party Litigation Funding(April 2011)", *Cardozo Journal of International and Comparative Law* 19, 2011, pp. 399-405, Accessed August 13, 2017, https://ssrn.com/abstract=2167802.

② See Cento Veljanovski, "Third Party Litigation Funding in Europe", *Journal of Law, Economics and Policy* 8, 2012.

从不利的一面来看,第三方资助给诉讼或者仲裁当事人地位造成了极大的不平衡,特别是对于非受资助方的不公平。这体现在以下几个方面:首先,受资助方由于接受了第三方资助,其参加诉讼和仲裁的成本较低甚至不需要任何的成本。其次,根据国际仲裁中通行的"赢家通吃"(costs follow the event)原则,如果胜诉,可以将承担的资助费用转嫁给对方当事人,甚至可以要求对方当事人支付受资助的费用以及利润。如果受资助方败诉,由于缺乏财产可供执行,非受资助方所支出的费用(adverse cost,该费用对于受资助方来说通常是因败诉产生,故以下简称败诉费用)无法得到补偿。最后,资助方可以通过胜诉获得利润,但由于其并非当事人,败诉后损失有限,这就促使资助方鼓励滥诉,甚至存在为了保证利润而干预当事人和解、调解的可能性。以上几点所导致的后果是受资助方或者资助方滥用诉权并逃避责任,这一现象被学界总结为"打游击"(hit-and-run)并加以戒备。①

当然,对于第三方资助的优劣目前还停留在理论探讨和数学模型阶段,缺乏系统的实证分析。这既和第三方资助兴起时间不长、案例较少有关,也存在第三方资助往往具有高度的保密性的原因。因此,虽然对第三方资助进行管制的呼吁日益高涨,但对于如何监管,仍没有一个成熟的方案。

二、对第三方资助的管制:法律、诉讼与仲裁

考虑到第三方资助可能带来的当事人权利义务的不平衡,以及资助方无法受到约束的问题,对第三方资助进行监管是必要的。然而在英美法系传统的帮讼原则被废除以后,对第三方资助在制定法上的监管实际上处于空白状态。2009 年 12 月,英国法官杰克逊公布了一份关于诉讼费用的最终报告,该报告的最后一章提出了对第三方资助的三项建议,包括:(1)应当制定一个所有第三方资助者签署的自律守则(voluntary code),该守则应当包括充足的资金要

---

① See Zivkovic, Patricia and Galagan, Dmytro, "If They Finance Your Claim, Will They Pay Me If I Win: Implications of Third Party Funding on Adverse Costs Awards in International Arbitration(February 17, 2015)", *European Scientific Journal*, *ESJ April* 2015 /Special/ Edition, Accessed August 13, 2017, https://ssrn.com/abstract=2604048.

求以及合理限制资助者放弃资助正在进行的诉讼;(2)一旦第三方资助市场扩张,则应当重新考虑是否应当为第三方资助立法的问题;(3)基于法官的自由裁量权,资助方应当对全部的败诉费用负有潜在的责任。①

杰克逊法官的报告体现了司法界对第三方资助的矛盾态度:一方面认为应当接纳甚至积极拥抱这一做法,另一方面又对其可能产生的风险和后果抱有戒备之心;具体而言,则是一方面认为应当对第三方资助进行监管,另一方面又认为应当采取行业自律或者“软法”的形式进行“轻度”监管而非法律强制监管,②以避免将这一“脆弱”的新兴行业扼杀在摇篮之中。因此,目前对第三方资助的监管主要通过两种主要形式,即行业内部的自律规范,以及法院在个案中的自由裁量权。

(一)行业内部规范

在杰克逊报告的倡议下,由7家英国从事第三方资助业务的公司成立了英国诉讼资助者协会并于2013年开始运行。2014年,该协会通过《行为准则》以规范协会成员在诉讼投资中的行为。《诉讼资助者行为准则》(Code of Conduct for Litigation Funders)规定,资助者不能试图影响受资助当事人代理人的行为、③必须保证有足够的资金④并向受资助者声明其是否(或者在何种程度上)承担败诉费用、购买诉讼保险、支付担保费以及满足其他金钱义务。⑤《诉讼资助者行为准则》极大限制了资助者撤回资助的随意性,资助者只有在三种情况下才能够停止资助,⑥资助者如果要终止资助,必须征询御准大律师协会

① Rupert Jackson, Review of Civil Litigation Costs: Final Report, Published by TSO (The Stationery Office), p. 464, Accessed August 13, 2017, http://www.tsoshop.co.uk.

② 由英国女王玛丽学院公布的一项调查显示,71%的受访者认为第三方资助应当被监管,但当被问及最有效的监管方式时,58%的受访者认为应当采取类似于国际律师协会(IBA)所公布的指引进行监管,29%的受访者认为应当由资助者集体行业自律,6%的受访者倾向于资助者内部监管,选择其他方法的仅占8%。See School of International Arbitration, “Queen Mary, University of London”, 2015 *International Arbitration Survey: Improvements and Innovations in International Arbitration*, p. 47, Accessed August 13, 2017, http://www.arbitration.qmul.ac.uk/docs/164761.pdf.

③ Code of Conduct for Litigation Funders (Dec., 2016), art. 9.2, 9.3.

④ Code of Conduct for Litigation Funders (Dec., 2016), art. 9.4.

⑤ Code of Conduct for Litigation Funders (Dec., 2016), art. 10.

⑥ Code of Conduct for Litigation Funders (Dec., 2016), art. 11.2.

指定的御准大律师的意见,[①]而且除非是因为受资助方的违约导致停止资助,否则仍应承担责任。[②]《诉讼资助者行为准则》的通过一定程度上约束了资助者的行为,但由于该准则仅为英国诉讼资助者协会行业规范,缺乏法律强制力,而且对协会成员以外的资助公司没有拘束力,因此行业规范无论从深度还是广度上都不足以解决第三方资助带来的问题。

(二)法院自由裁量权

资助方并非诉讼的当事人,按照传统的诉讼原理,其不受法院判决的约束。但在实践中,英国法院认为资助方存在承担责任的可能。例如,在 2005 年 Arkin 案中,英国高等法院认为一个专业的资助者,会在其资助金额的范围内承担责任。[③] 而在 Excalibur 案[④]中 Psari 公司以及其他资助人资助 Excalibur 向多个被告提起诉讼,但最终全部败诉,后因 Excalibur 公司被发现只是一个空壳公司,英国高等法院要求众资助人在惩罚性的基础上(on the indemnity basis)赔偿被告相关费用。

(三)仲裁中对第三方资助的监管

与法院不同,仲裁的管辖权来自仲裁程序当事人的意思自治,对于案外人的效力极其有限。近年来,随着仲裁实践的发展,各主要仲裁机构纷纷修改了仲裁规则,有条件地引入追加第三人制度,实践中也出现了诸如公司集团理论、刺破法人面纱、禁反言等将协议扩张至非签约方的做法,但这些规则无一例外都以第三人的同意为基础。

在第三方资助仲裁中,也有观点认为,受资助方与资助方构成"同一人格",可以适用刺破法人面纱或者公司集团理论的标准将资助方追加进仲裁程序中。然而这样做并不现实:首先,无论刺破法人面纱还是公司集团理论,被追加的当事人都必须与案件的实体争议有关,在系争合同签订或者履行过程中就已经介入,但第三方资助显然不符合这种情况,因为资助方是在争议发生后才

---

① Code of Conduct for Litigation Funders(Dec. ,2016),art. 13. 2.

② Code of Conduct for Litigation Funders(Dec. ,2016),art. 13. 2.

③ Arkin v. Borchard Lines Ltd. & Ors [2005] EWCA Civ 655,para. 41.

④ Excalibur Ventures v. Keystone et al. [2014] EWHC 3436.

介入案件,与案件实体争议的法律关系无关。其次,在仲裁程序中追加当事人的基础是被追加人以及仲裁程序当事人的一致同意,而资助方既不是争议当事人,也不会在可能承担责任的情况下同意加入。最后,仲裁程序中通过刺破法人面纱或者公司集团理论来追加当事人本来就没有被各国广为接受,[①]即使能够追加成功,也会使裁决存在被撤销或者不予执行的风险。因此以资助方作为当事人在仲裁程序中并不现实,在实践中也没有相关的案例。[②]

在这种情况下,要求受资助方提供相应的担保费(security for cost)成为仲裁庭最有力的做法,担保费是仲裁程序中临时措施的一种,其目的在于保证仲裁裁决的可执行性。仲裁庭要求当事人提交担保费的来源多样,有些法域(如英国及我国香港地区)的仲裁立法以及仲裁规则(如英国伦敦国际仲裁院规则、香港国际仲裁中心规则、新加坡国际仲裁中心规则)明确允许仲裁庭命令当事人交付担保费,而有些国家的立法以及机构的仲裁规则(如国际商会仲裁院规则、美国国际争议解决中心规则)仅一般性地约定仲裁庭可以采取"临时措施"(interim measure),即使在法律或者仲裁规则没有规定的情况下,要求支付担保费也会被视为仲裁庭的固有权力。[③] 无论何种情况,仲裁庭都可以要求受资助方提供相应的资金,对于不遵守该要求的当事人可以申请法院强制执行,或者在其后的审理中对其进行不利推定。因此,要求提供担保费在目前可以说是平衡第三方资助仲裁中双方权利义务唯一可行且有效的方法。

三、第三方资助中的担保费实践——以RSM案为例

然而在实践中,仲裁庭命令受资助方支付担保费的案件少之又少,这在一定程度上是因为目前各仲裁立法以及仲裁规则对于临时措施发布条件的规定模糊,并且未禁止仲裁庭考虑第三方资助的情况。但是,根据习惯做法,临时措

① 参见陈挚:《公司集团理论对构建我国仲裁第三人制度的意义》,载《仲裁研究》2015年第2期。

② ICC-QMUL TPF Task Force Repoet on Security for Cost and Costs Darft Report of 1 November 2015, p. 10.

③ ICC-QMUL TPF Task Force Repoet on Security for Cost and Costs Darft Report of 1 November 2015, pp. 12-13.

施只有在个别(exceptional)条件下才能发布,而第三方资助在实践中已经越发普遍,仅仅因为第三方资助的存在就要求提供担保费,必然会引发极大的争议。关于这点,在2014年的RSM公司诉圣卢西亚案中体现得最为明显。

(一)RSM公司诉圣卢西亚案介绍

1.案情简介

RSM公司诉圣卢西亚案(案件号为ICSID Case No. ARB/12/10)是仲裁庭基于第三方资助原因要求当事人缴纳担保费的第一起国际投资争端解决中心(ICSID)投资仲裁案。申请人RSM公司是一家美国公司,被申请人是加勒比海上的岛国圣卢西亚。双方当事人签订了一份合同,约定圣卢西亚授权RSM公司在其境内某区域开发石油独家许可,期限为4年,但因为圣卢西亚与周边国家(马提尼克、巴巴多斯和圣文森特)的边界纠纷导致石油开发不顺利,双方便在2000年将合同期延长4年。到了2004年,双方又确认因为边界纠纷持续,再将合同延期3年。2006年至2007年,圣卢西亚政府发生更替,RSM公司要求继续延长合同但遭到拒绝,遂提起本案仲裁。

在仲裁过程中,圣卢西亚请求仲裁庭命令RSM公司提供担保费用,理由有两个:一是RSM公司在此前的几起仲裁和诉讼案件中都存在不遵守仲裁庭和法院命令的行为;①二是RSM公司是在受到了第三方提供了资金的情况下提起的仲裁,资助方虽然提供资金启动了仲裁程序,但如果仲裁庭在裁决中要求RSM公司承担费用,那么资助方不会遵守这一裁决,圣卢西亚认为“游击式仲裁”构成了支付担保费的正当理由。② 圣卢西亚进一步提出本案对于保证金存在紧急需求,同时不需要证明其在实体争议方面的情况。③

RSM公司承认第三方资助的存在,并表示自己存在经济困难。但认为仅

① RSM Production Corporation v. Saint Lucia (ICSID Case No. ARB/12/10) Decision on Saint Lucia's Request for Security for Cost (August 13, 2014), paras. 30-31.

② RSM Production Corporation v. Saint Lucia (ICSID Case No. ARB/12/10) Decision on Saint Lucia's Request for Security for Cost (August 13, 2014), para. 33.

③ RSM Production Corporation v. Saint Lucia (ICSID Case No. ARB/12/10) Decision on Saint Lucia's Request for Security for Cost (August 13, 2014), paras. 35-36.

仅是一方当事人经济处于困难并不能构成提供担保费的理由，就第三方资助而言，RSM公司认为圣卢西亚同样受到了第三方资助，因此圣卢西亚不可能会立即遭受到不利。[①] 故要求仲裁庭驳回圣卢西亚的请求。

2. 仲裁庭意见

2014年8月13日，仲裁庭就担保费问题作出了一项决定。首席仲裁员Siefried Elsing和圣卢西亚选定的边裁Gavan Griffith提供多数意见，同意了圣卢西亚的担保费请求。关于圣卢西亚的第一个理由，仲裁庭查明RSM公司确实在此前的ICSID仲裁案（RSM公司诉格拉纳达案，案件号为ICSID Case No. ARB/05/14）中没有支付生效裁决要求其承担的费用，由此可以推断出RSM公司存在不愿或者不能履行裁决义务的可能。[②] 在关于第三方资助问题上，首席仲裁员则简单地一句带过："申请人承认第三方资助的存在进一步地让仲裁庭相信其不会遵守裁决中要求其承担的费用，因为在缺乏保证的情况下，资助方是否会履行裁决义务是值得怀疑的。"[③]

Gavan Griffith在其赞同意见中对第三方资助问题发表了更为详细的意见，他首先指出，第三方资助在投资仲裁中越发普遍，然后他直言不讳地直指第三方资助中的资助者正在拥抱"赌徒的天堂"（Gambler's Nirvana），是只赢不输的投机者，[④]如果ICSID的起草者预料到了第三方资助，他们会要求在第三方资助案件中，受资助者提供担保。[⑤] 在意见的最后，他进一步指出，只要有证据显示投资者提起仲裁是受到资助的，那么申请人就应当披露所有的相关事项

① RSM Production Corporation v. Saint Lucia (ICSID Case No. ARB/12/10) Decision on Saint Lucia's Request for Security for Cost (August 13, 2014), para. 40.

② RSM Production Corporation v. Saint Lucia (ICSID Case No. ARB/12/10) Decision on Saint Lucia's Request for Security for Cost (August 13, 2014), paras. 78-81.

③ RSM Production Corporation v. Saint Lucia (ICSID Case No. ARB/12/10) Decision on Saint Lucia's Request for Security for Cost (August 13, 2014), para. 83.

④ 原话为"Heads I win, and Tails I do not lose"。See RSM Production Corporation v. Saint Lucia (ICSID Case No. ARB/12/10) Decision on Saint Lucia's Request for Security for Cost (August 13, 2014), Assenting reasons of Gavan Griffith (August 12, 2014), para. 13.

⑤ RSM Production Corporation v. Saint Lucia (ICSID Case No. ARB/12/10) Decision on Saint Lucia's Request for Security for Cost (August 13, 2014), Assenting reasons of Gavan Griffith (August 12, 2014), para. 14.

以证明为何不需要提供保证金。[①]

对于仲裁庭意见,RSM 公司选定的仲裁员 Edward Nottingham 在少数意见中提出了质疑,他认为,本案中,资助方的身份未明,资助的方式也未查清。[②] 此外第三方资助在投资仲裁中的相关问题,应当由 ICSID 管理委员会作为规则的制定者来处理,而非通过个案的仲裁庭用一般性而且具有很大模糊性的语言来处理。

(二)RSM 案的争议及影响

RSM 案仲裁庭的多数意见在投资仲裁界引发了巨大争议,批评的声音不绝于耳。批评者认为,该案的多数意见以及赞同意见存在以下几个方面的问题。

1. 仲裁庭对于第三方资助理解片面

RSM 案仲裁庭的多数意见对于第三方资助存在一定的负面看法,这集中体现在 Griffith 仲裁员关于"赌徒天国"的论断。该论断也引起了第三方资助从业者的激烈反应,并通过列举事实进行反驳。英国第三方资助公司 Burford 发文称多数意见关于"赌徒的天国"的认识不仅是错误的,更是荒谬的。[③] 而法国 Vannin Capital 公司的高级法律顾问 Yasmin Mohammad 更从四个方面详细阐明了仲裁庭对第三方资助的误解:(1)第三方资助公司的义务并不仅限于出资,而是会对案件进行分析调查;(2)选择第三方资助的当事人并不全是因为经济困难,50%的当事人选择资助只是为了防止公司资产因为仲裁而冻结;(3)因为存在第三方资助就考虑担保费问题,会给一方当事人滥用程序拖延案

① RSM Production Corporation v. Saint Lucia (ICSID Case No. ARB/12/10) Decision on Saint Lucia's Request for Security for Cost (August 13, 2014), Assenting reasons of Gavan Griffith (August 12, 2014), para. 18.

② RSM Production Corporation v. Saint Lucia (ICSID Case No. ARB/12/10) Decision on Saint Lucia's Request for Security for Cost (August 12, 2014), Dessenting opinion of Edward Nottingham (August 14, 2014), paras. 18-20.

③ Christopher P. Bogart, "RSM v. St. Lucia: Why the Majority Got It Wrong on Security for Costs (November 9, 2014)", Accessed August 13, 2017, http://www.burfordcapital.com/blog/rsm-v-st-lucia-majority-got-wrong-security-costs/.

件审理的机会,并增加第三方资助的成本;(4)资助方并不总是“只赢不输”,因为一些比较高级(sophisticated)的资助公司会提供一种被称为“事后险”(After the Event Insurance,ATE)的服务,一旦败诉,资助方会帮助受资助的当事人支付败诉费用。[①]

这些批评,固然有第三方资助从业者自我辩护的因素,带有一定的主观色彩并具有一定的立场,故不能由此认为仲裁庭的看法完全错误。但也从另一个角度反映了第三方资助关系的复杂,在不同的案件中,因为受资助方的经济状况、资助方的资本运作模式以及资助协议约定的不同,在仲裁程序中对非受资助方的影响也有所不同。

2. 未查明第三方资助的安排

正如提供少数意见的 Nottingham 仲裁员指出的那样,仲裁庭没有查明 RSM 公司接受第三方资助的具体情况,仅仅因为 RSM 公司承认接受了第三方资助,就认定其存在不履行裁决的可能,未免失之武断。这也是 RSM 案仲裁庭被诟病最多的一点。

无论是商事仲裁还是投资仲裁,仲裁庭对于临时措施的发布都有极大的自由裁量权,然而临时措施发布会使当事人的权利在短时间内受到极大的限制,在讲究时间就是金钱的商场,其影响甚至可能不亚于终局裁决。因此仲裁庭对于临时措施的发布必须慎重。对于第三方资助案件中的担保费同样如此,在国际常设仲裁院的 South American Silver 诉玻利维亚案中,仲裁庭认为,如果仅根据存在第三方资助这一点,不考虑其他因素,就决定是否要求提供担保费,那么被申请人对担保费的请求就获得了一个系统性的基础(systematic basis),会给申请人提起申请造成潜在的阻碍。[②] 而 2012 年 8 月 3 日国际商会仲裁院(ICC)仲裁庭发布的一个决定中,仲裁庭根据申请人主动公开的第三方资助

① Yasmin Mohammad, “A partial commentary of the RSM Production Corporation v. Saint Lucia decision on Security for Costs”, Accessed August 13, 2017, http://emailing.iccwbo.org/events/Yasmin-Mohammad.pdf.

② ICC-QMUL TPF Task Force Repoet on Security for Cost and Costs Darft Report of 1 November 2015, p. 16.

方案，基于该方案中既没有要求资助方支付败诉费用，同时还约定资助方可以在任何时候基于其自由裁量权终止资助，要求申请人提供担保费。[①] 由此可见，在目前的实践中，仲裁庭普遍认为第三方资助的存在并不当然构成受资助方必须提供保证的理由，仲裁庭还应当查明第三方资助的安排，并考虑其他因素。

四、第三方资助仲裁中的担保费问题分析

由于RSM案中仲裁庭意见的巨大争议，也因为ICSID案件并不遵循先例原则，因此，该案的仲裁庭意见并没有被ICSID的后续案件采纳，在EuroGas公司诉斯洛伐克案中，仲裁庭指出该案仲裁庭决定所基于的事实是例外的（exceptional），因为RSM公司不仅接受了第三方资助，而且曾在先前的其他仲裁案件中有过不遵守仲裁庭命令的情况，并以此拒绝了该案中被申请人斯洛伐克的请求。[②] 但是RSM案所反映的问题却值得思考，这些问题包括以下几个。

（一）在发布临时措施是否可以考虑第三方资助

如前所述，担保费作为临时措施的一种，主要是为了保证裁决的有效执行。传统上，发布临时措施所要考虑的内容并不包括第三方资助的情况。例如，联合国国际贸易法委员会《仲裁示范法》第17条规定了仲裁庭发布临时措施的四个实质性要件，包括：（1）“紧迫性”（urgency）；（2）“无法弥补的损害”（irreparable harm）；（3）“不便性衡量”或“利弊权衡”（balance of inconvenience/proportionality）；（4）申请方能提供“表面良好论据”（a good arguable case）证明其在实体争议上具有胜诉的优势。其中并未提及第三方资助应成为仲裁庭发布临时措施的一个一般性条件。

但在实践中，接受第三方资助提起仲裁的行为，确实可能会造成紧急情况并给另一方当事人造成不可挽回的损失。其具体的推理路径为：当事人接受了

① ICC-QMUL TPF Task Force Repoet on Security for Cost and Costs Darft Report of 1 November 2015, p. 14.

② ICC-QMUL TPF Task Force Repoet on Security for Cost and Costs Darft Report of 1 November 2015, p. 14.

第三方资助提起仲裁给另一方当事人产生了仲裁费用,对方当事人用自己的财产支付了仲裁费用并具有胜诉的可能,由于接受资助方缺乏可执行财产且资助方不受裁决约束,非受资助方胜诉以后其要求对方承担的费用无法得到执行,因此受资助方无法期待最终裁决弥补其损失。[①] 因此,仲裁庭在发布临时措施时考虑第三方资助因素并不违反现行的任何规则,特别是考虑到仲裁庭在临时措施方面有广泛自由裁量权的情况。实际上,基于第三方资助因素而要求提供担保费的案件早已有之,早在2001年的一起仲裁案件中,仲裁庭就裁决当事人应当提供担保费并指出其如果没有接受资助就不可能支付程序费用。[②] 由此可见,将第三方资助作为发布临时措施的事实因素已经成为普遍的做法。

随着投资仲裁和商事仲裁规则的不断发展,第三方资助也上升到了规则层面。中国国际经济贸易仲裁委员会(以下简称贸仲委)香港仲裁中心在2016年5月19日发布的《第三方资助仲裁指引》征求意见稿中就明确规定,仲裁庭可以在法律或者仲裁规则允许的情况下,将当事人接受资助的情况作为考虑是否接受当事人担保费申请的因素。[③] 尽管该指引不是贸仲委规则的组成部分,但它可以作为处理第三方资助案件的重要参考。

因此,仲裁庭在发布担保费等临时措施时,可以一定程度上考虑当事人接受第三方资助的情况,并将当事人是否接受第三方资助作为是否发布临时措施的因素之一。

(二)仲裁庭是否应当查明第三方资助的情况

尽管仲裁庭在发布临时措施的时候可以考虑第三方资助因素,但并不等于

---

① Zivkovic, Patricia and Galagan, Dmytro, "If They Finance Your Claim, Will They Pay Me If I Win: Implications of Third Party Funding on Adverse Costs Awards in International Arbitration (February 17, 2015)", *European Scientific Journal, ESJ April* 2015 /Special/ Edition, Accessed August 13, 2017, https://ssrn.com/abstract=2604048.

② See Nadia Daewazeh and Adrien Leleu, "Disclosure and Security for Costs or How to Adderss Imbalances Created by Third-Party Funding", *Journal of International Arbitration* 33, 2016, p. 148.

③ China International Economic and Trade Arbitration Commission Hong Kong Arbitration Center Guidelines for Third Party Funding in Arbitration, art 3.4, Accessed August 13, 2017, http://www.cietachk.org/portal/mainPage.do?pagePath=\zh_CN\news\479fe47b9d625a7f001&siteSearch=search&searchContentTitle=%E7%AC%AC%E4%B8%89%E6%96%B9%E8%B5%84%E5%8A%A9.

只要存在第三方资助就可以要求其提供担保费。事实上,目前并没有一个仲裁庭仅仅因为存在当事人接受第三方资助的情况,就要求受资助方提供担保费。即使是争议极大的RSM仲裁庭,要求提供担保费的主要理由也是RSM公司在此前的仲裁程序中不遵守裁决的“前科”。

真正让RSM案仲裁庭处于风口浪尖的是其未查明该案中第三方资助的安排,就轻率地对第三方资助定性。因此,仲裁庭查明第三方资助的相关情况,对于案件公正处理具有重要意义,也更能使其裁决理由获得接受。与RSM案的仲裁庭做法相反,在广受关注的Essar v. Norscot案[①]中,仲裁庭认为Norscot公司要求Essar公司承担的第三方资助费用以及利润属于仲裁费用,但仍像查明案件实体争议那样详细查明了Norscot公司在提起仲裁时的经济状况以及第三方资助收益的市场行情,在此基础上支持了第三方资助款项及收益,在其后的司法审查中获得了英国法院的认可。

目前,仲裁庭查明第三方资助的主要方式有两种,一种是受资助的当事人主动公布资助协议,另一种则是要求当事人披露受资助的协议。在第三方资助领域,要求披露资助协议的主要目的是证明资助公司与仲裁庭成员之间是否存在可能让当事人怀疑其中立、公正的情况,2014年国际律师协会(IBA)利益冲突指引第7(a)条要求当事人应当将一名仲裁员与“任何与案件有直接利害关系的组织或个人”(any person or entity with a direct economic)的关系告知仲裁庭、对方当事人以及仲裁机构。在2016年2月,国际商会仲裁院(ICC)也公布了一份指引,授权仲裁庭要求当事人公布资助方与仲裁员的关系。从目前来看,披露第三方资助协议的主要目的是查明仲裁庭与资助者的利害关系。不过,ICSID仲裁庭在Muhammet Cap诉土库曼斯坦案(ICSID Case No. ARB/12/6)中的决定显示,当事人申请担保费可以成为仲裁庭要求披露第三方资助协议的理由。[②]

---

① [2016] EWHC 2361.

② ICC-QMUL TPF Task Force Repoet on Security for Cost and Costs Darft Report of 1 November 2015, p. 16.

在披露的内容方面,目前同样存在不同的看法,一种认为只需要披露资助者身份即可,另一种则认为需要披露完整的协议内容。显然,如果只是为了查明利益冲突,披露身份已经足矣。但是,在决定是否发布担保费问题上,仅要求当事人披露资助者名称是不够的,因为仲裁庭应当查明的问题不仅是仲裁庭成员与资助者的关系。一般而言,在资助协议中与担保费有关的条文主要包括:(1)资助方终止资助的条件,资助方在和受资助方的约定中,会有资助方在何时、因何种条件终止资助并停止承担责任的约定,仲裁庭应考虑期限并决定在何时作出担保费决定;[①](2)协议中是否约定资助方应承担责任,如果是 ATE 一类的资助方会采取承担败诉费用的资助方式,则不必要求支付担保费;[②](3)资助者承担的责任是否存在上限,如果存在责任限制条款,而该限额比可能的败诉费用少,则可以要求受资助方支付两者的差额作为担保费。[③] 只有综合考虑这些情况,才能起到保证资助方和非资助方在仲裁程序中的利益平衡、避免仲裁裁决成为一纸具文的作用。目前,至少在投资仲裁中已经有规则允许仲裁庭要求当事人公布除了资助者身份以外的其他内容,包括资助方通过案件可以获得的利益以及是否承诺承担败诉费用。[④]

如果受资助方拒绝披露受资助的情况,或者其披露的信息并不完全导致仲裁庭难以进行判断,按照国际商事仲裁中的通行做法,如《国际律师协会取证规则》第9条的规定,仲裁庭可以对其作出不利推定,将拒绝披露作为裁决可能无法继续履行的一个判断基础。当然,不利推定应当在双方充分表达意见的基

---

① ICC-QMUL TPF Task Force Repoet on Security for Cost and Costs Darft Report of 1 November 2015, p. 18.

② ICC-QMUL TPF Task Force Repoet on Security for Cost and Costs Darft Report of 1 November 2015, p. 18.

③ ICC-QMUL TPF Task Force Repoet on Security for Cost and Costs Darft Report of 1 November 2015, p. 18.

④ 新加坡国际仲裁中心 2017 年投资仲裁规则第 24.1 条,该条原文为"[...the Tribunal shall have the power to]...order the disclosure of the existence of a Party's third - party funding arrangement and/or the identity of the third - party funder and, where appropriate, details of the third - party funder's interest in the outcome of the proceedings, and/or whether or not the third - party funder has committed to undertake adverse costs liability"。

础上作出,如果受资助方提供了充分的理由,如是因为法律或者相关协议的保密性规定不能公布详细信息,则仲裁庭也当予以考虑,慎重作出担保费的决定。

(三)举证责任应当如何分配

在RSM案中,Griffith仲裁员认为只要证明第三方资助存在,就应当由资助方承担举证责任,证明不存在应支付保证金的必要。这种观点显然不符合一般的证据规则,商事仲裁中应遵循"谁主张,谁举证"的原则,故从原则上应当由申请担保费的一方(多为非受资助方)承担举证责任。然而在举证责任的分配中同样要考虑获取证据的难易程度以节约举证成本,由受资助方来证明自己的经济状况,以及和资助方之间的协议是最简单可行的。然而由此过分减轻非受资助方的举证责任,会促使当事人滥用程序权利而频频提起担保费申请。因此,合理的举证分配必须符合兼顾举证规则、获取证据的难易程度以及防止程序滥用这三点。

为此,Nadia Darwazeh和Adrien Leleu提出了双重测试标准,根据该标准,申请提供担保费的当事人必须证明受资助方同时符合两个条件,即不能或者不愿意承担任何败诉费用以及受资助方依赖第三方资助提起仲裁。①

关于第一个条件,当事人应当证明受资助方存在经济困难,这里的经济困难可以包括以下任何情况之一:(1)处于破产状态;(2)财产正在减少,如成为一个空壳公司;(3)支付前期的仲裁费用存在困难。②

第二个条件则是当事人是否明确表示其不愿意接受仲裁裁决的约束,对此可以考虑受资助方在其他仲裁或者诉讼程序中的行为,而Nadia Darwazeh和Adrien Leleu认为还有一种情况是只要证明受资助方如果不接受资助将无法支付仲裁费用,即可说明其存在不愿意履行裁决的情况。③

---

① See Nadia Daewazeh and Adrien Leleu, "Disclosure and Security for Costs or How to Adderss Imbalances Created by Third-Party Funding", *Journal of International Arbitration* 33, 2016, p. 143.

② See Nadia Daewazeh and Adrien Leleu, "Disclosure and Security for Costs or How to Adderss Imbalances Created by Third-Party Funding", *Journal of International Arbitration* 33, 2016, pp. 143-144.

③ See Nadia Daewazeh and Adrien Leleu, "Disclosure and Security for Costs or How to Adderss Imbalances Created by Third-Party Funding", *Journal of International Arbitration* 33, 2016, p. 144.

根据这种双重测试法，只要非受资助方证明了受资助方存在经济上的困难和不愿履行裁决义务的情况，举证责任就转移到了受资助方身上。同时，该方法也考虑了受资助方一些可能的抗辩理由，如主动向仲裁庭公开其与资助方的协议。[①] 这种做法一定程度上考虑了基本的举证规则、当事人获得证据的难易程度以及防止程序滥用等因素，有相当的参考价值。但是，这一方法仍然存在一定的模糊性，不能被认为涵盖了实践中可能遇到的大多数情况，仍然需要结合具体的案件灵活使用，并在实践中不断发展。

（四）小结

关于第三方资助是否应作为仲裁庭决定担保费问题的考量因素，曾经存在不同的立场。一种观点认为，不应作为担保费决定因素，其反对的理由包括仲裁庭在仲裁费问题上不会考虑第三方资助、担保费作为程序权利将会被滥用以及可能使受资助方处于不利地位。[②] 另一种观点认为，考虑到第三方资助仲裁中可能存在利益平衡，特别是空壳公司滥用第三方资助等因素，在担保费问题上仍应考虑第三方资助，但不应作为决定性因素。[③]

本文赞同后一种观点，第三方资助可能构成权利滥用和权利义务的不对等，然而申请担保费作为一项程序性权利，同样可能遭到滥用。因此，仲裁庭在决定担保费的时候可以考虑第三方资助因素，但仅仅是因为存在资助方就要求其提供担保费显然有失公平。应当合理分配举证责任，并充分查明相关的第三方资助情况，在此基础上才能做出合适的决定。

首先，在举证责任方面，当事人在要求受资助方提供担保费时，至少应当证明以下三点同时成立：（1）确实有第三方资助的存在，或者有理由相信对方是在第三方的资助下才能够提起或者运行仲裁程序；（2）受资助方的实际经济状况，只有在受资助方经济状况存在极为明显而且严重的困难，如处于破产状态，或者进行与其经济能力极度不相符的仲裁活动，才可能进一步地探讨担保费问

① See Nadia Daewazeh and Adrien Leleu, "Disclosure and Security for Costs or How to Adderss Imbalances Created by Third-Party Funding", *Journal of International Arbitration* 33, 2016, pp. 144–145.

② 参见丁汉韬：《第三方融资在国际商事仲裁的若干法律问题研究》，载《仲裁与法律》第131辑。

③ 参见丁汉韬：《第三方融资在国际商事仲裁的若干法律问题研究》，载《仲裁与法律》第131辑。

题;(3)受资助方是否存在可能会不履行裁决义务的情况,包括其在先前的仲裁、诉讼活动中是否有类似的不诚信行为,或者在本次仲裁程序中有无故意将财产转移到《承认及执行外国仲裁裁决公约》(《纽约公约》)成员国之外的地方的行为。不过必须考虑到,一方当事人对于对方当事人的财务情况缺乏了解,难以就对方当事人的经济状况进行充分举证,因此这一举证义务只能是初步的,只要能够让仲裁庭确信以上事实正在发生即可,至于发生的具体时间、程度则不必苛求。

其次,在申请担保费的当事人完成了初步举证的基础上,举证责任会转移到受资助方。在此情况下,受资助方一个较为合理的反驳方式就是尽量详细地公开其与资助方的资助协议。但是,并非只要披露资助协议就能避免支付担保费,这就要求当事人在寻求资助时应当谨慎行事,如尽量选择能够承担败诉费用的资助方,以及在签订资助协议时充分考虑到败诉的情况。这种做法从短期来看,可能会给当事人寻求资助造成困难,在第三方资助刚起步的阶段也会让一些规模较小、经济能力较弱的资助公司难以开展业务,但从长远来看,有助于促进诉讼融资行业的规范化,避免缺乏监管导致的混乱。

最后,如仲裁庭认为有必要,可以要求受资助一方的当事人披露资助协议,并且资助协议的内容应当尽可能详细。如果未能按照仲裁庭要求披露,仲裁庭可以对受资助方作出不利推定。

五、结语

第三方资助一定程度上改变了传统仲裁中利害关系的结构。它虽然能够让经济困难的当事人也能实现正义,但也可能给非受资助一方带来不利影响。要解决这些问题,既需要整个金融监管体系的健全,也需要仲裁规则乃至整个仲裁体系的变革。但从目前的情况来看,对于第三方资助的法律监管处于真空状态,现有的仲裁体系基于当事人意思自治,对于系争合同以外的当事人原则上没有约束力的根本要求也没有改变。因此,要在现行体系下解决第三方资助中当事人权利义务不平衡问题,要求受到资助的当事人提供担保费是一个比较合理且可行的做法。然而仅仅基于存在第三方资助就要求受资助方提供担保费,会对受资助方产生不公平的结果,同时造成第三方资助成本提高、非受资助方滥用程序等情形。因此,应当充分考量受资助方的经济能力及其履行裁决的意愿,并结合其与资助方的协议,才能获得良好的效果。

我国目前已经出现了一些诉讼融资企业,这些公司一方面为当事人的诉讼或者仲裁提供垫资服务,另一方面为律师提供案源,并从当事人的胜诉金额中分成,这与国际通行的第三方资助并无二致。由此可见,我国已有第三方资助的实践,由此产生相关问题也只是时间问题。由于对第三方资助的法律和行业规制处于空白状态,国内仲裁机构、仲裁员对于第三方资助案件的处理经验缺乏,故应当未雨绸缪,提前对第三方资助问题进行深入研究。综合国际上第三方资助仲裁中担保费的经验,并结合我国实际情况,本文认为,应当对现行的仲裁立法以及仲裁规则进行改革。一方面,担保费作为仲裁临时措施的一种,在我国目前仲裁法律体系下尚不具有可行性,改变目前法院垄断保全措施的单轨制模式,变为仲裁庭和法院并行的"双轨制"是一个迫切的任务;另一方面,应当建立起相关的证据披露和开示规则,让仲裁庭能要求当事人公开资助协议具有合法依据。仲裁机构可以根据仲裁实践经验,建立起相应的披露规则。

国际仲裁第三方资助与仲裁员利益冲突

马 丹*

摘要:第三方资助作为国际仲裁中最热门的话题之一,在仲裁实务中的运用也越来越多。有别于诉讼保险、贷款、胜诉取酬安排等资助形式,第三方资助者将仲裁案件视为一项投资,当被资助方胜诉时,资助方可按约定的比例或份额分享被资助方的胜诉利益;如果被资助方败诉,资助方则无权向被资助方索要其对案件的投资。一方面,第三方资助可以起到促进接近司法、转嫁诉讼风险的作用;另一方面,第三方资助也可能产生诱发滥诉、引起仲裁员利益冲突、侵蚀仲裁保密性等不利影响。为了研究第三方资助对仲裁员利益冲突的影响,笔者首先对第三方资助进行了概括性的介绍。之后,笔者探讨了第三方资助对仲裁员公正独立的影响,并对此提出了应对建议,即在第三方资助产业还处于新兴阶段的当下,建立强制披露制度可能起到矫枉过正的作用。因此,笔者认为,目前不必急于建立强制披露制度,而应由最了解是否存在利益冲突的资助方/被资助方决定是否披露,或者由仲裁员根据个案的具体情形决定是否要求被资助方披露资助事实、资助方甚至资助协议的具体内容。

关键词:第三方资助 仲裁员 利益冲突 披露

国际仲裁作为当事人解决争议的方式之一,越来越受到当事人的青睐,但

---

* 马丹,中国政法大学2016级硕士研究生。

高昂的仲裁费用也将许多当事人挡在正义之门外。为了跨过费用这一道高槛，当事人可以选择风险代理、诉讼保险、法律援助、出售或转让索赔权、贷款等多种途径将争议诉诸仲裁以寻得公义。[①] 同上述途径相比，近年来在国外发展迅猛的第三方资助有其不同之处，即资助方（funder）（如银行、对冲基金、其他金融机构等）将仲裁或诉讼作为一种投资对象，[②]其投资收益则取决于判决、裁决的结果。换言之，当被资助方（the funded）胜诉时，资助方有权按之前双方订立的资助协议（funding agreement）中约定的比例或份额分享被资助方的胜诉利益，而当被资助方败诉时，其也无须向资助方返还资助费用。[③]

由于国际仲裁案件的争议金额动辄数以百万美元计，[④]因此，国际仲裁成为了第三方资助机构竞相争夺、用以逐利的投资工具。[⑤] 对于被资助方而言，第三方提供的资金，能够起到转嫁诉讼风险、[⑥]降低当事方诉讼成本，以及接近司法（access to justice）的作用。[⑦] 然而，不可否认第三方资助同时也引发了一系列与仲裁程序相关的问题，如本文拟探讨的第三方资助对仲裁员公正性和独立性的影响。

---

① See Jonas von Goeler, *Third Party funding in International Arbitration and its Impact on Procedure*, Kluwer Law International, 2016, p. 9.

② See Jonas von Goeler, *Third Party funding in International Arbitration and its Impact on Procedure*, Kluwer Law International, 2016, p. 9.

③ See Victoria Shannon Sahani, "Judging Third-Party Funding", 63 *UCLA L. Rev.* 388, 2016, pp. 5-6.

④ 根据伦敦国际仲裁院（LCIA）2016年的报告，2016年受理的案件中，索赔金额在100万美元以下的案件占27.7%，100万~500万美元的案件占30.2%，500万~1000万美元的案件占7.7%，1000万~2000万美元的占6.7%，2000万~5000万美元的占9.7%，5000万美元以上的案件占总数的18%，载 http://www.lcia.org/LCIA/reports.aspx，最后访问日期：2017年8月17日。

⑤ 载 Fulbrook Capital Management LLC 官网：http://fulbrookmanagement.com/about/.（Fulbrook Capital Management is among the newest entrants to the Dispute Finance industry. It is dedicated to the creation and management of investments in high stakes, meritorious corporate litigation and arbitration claims.），最后访问日期：2017年8月17日。

⑥ 参见香港法律改革委员会第三方资助仲裁小组委员会，《咨询文件——第三方资助仲裁（2015年10月）》，载 http://www.hkreform.gov.hk，最后访问日期：2017年8月17日。

⑦ See Jonas von Goeler, *Third Party funding in International Arbitration and its Impact on Procedure*, Kluwer Law International, 2016, p. 49.

一、第三方资助概述

第三方资助作为一个域外舶来品,在国外已形成了一定程度的理论研究,但国内对其的研究仍处于空白状态。① 笔者拟从第三方资助的起源、概念、实务运用及其对国际仲裁的影响四个方面来窥视第三方资助的“庐山真面目”。

(一)第三方资助的历史背景

虽然第三方资助诉讼最早源于古罗马、古希腊,但兴盛于中世纪的英国。彼时,英国贵族为了获益而投资他人诉讼的事情时有发生,而英国为了防止贵族和官员干涉司法,专门规定了“助讼及帮讼分利罪”(maintenance and champerty),②旨在防止有权势的人纯为一己私利而倡导或资助不必要的诉讼。③ 根据《布莱克法律词典》的释义,“帮讼分利”(champerty)是指与诉讼无关的好事之徒为获取部分胜诉利益而帮助诉讼当事人参与诉讼的协议;④“助讼”(maintenance)则指对案件不享有真正利益的人向诉讼当事人提供的资助,或干预他人诉讼的行为。⑤

时移世易,针对借由助讼和帮讼分利法则所防止的潜在滥用情况,现在已有更为有力的保障,因此,诸多司法管辖区域已废除了该法则。⑥

(二)第三方资助的概念

第三方资助作为一个概括性术语(an umbrella term),其意指非争议方(资助方)向寻求法律途径解决争议的一方(被资助方)提供资助,双方就该资助事

---

① 参见程雪梅:《第三方诉讼融资制度研究》,西南政法大学 2014 年博士学位论文,第 13 页。

② See Aren Goldsmith and Lorenzo Melchionda,“Third-Party Funding in International Arbitration: Everything You Ever Wanted to Know(but Were Afraid to Ask)”,2012 *Int'l Bus. L. J.* 53,2012,p. 55.

③ See Unruh v. Seeberger [2007] 10 HKCFAR 31.

④ Bryan A. Garner, *Black's Law Dictionary* (8th ed. 2004), p. 694 (An agreement between an officious intermeddler in a lawsuit and a litigant by which the intermeddler helps pursue the litigant's claim as consideration for receiving part of any judgment proceeds).

⑤ Bryan A. Garner, *Black's Law Dictionary* (8th ed. 2004), p. 3029 (Assistance in prosecuting or defending a lawsuit given to a litigant by someone who has no bona fide interest in the case; meddling in someone else's litigation).

⑥ See Aren Goldsmith and Lorenzo Melchionda,“Third-Party Funding in International Arbitration: Everything You Ever Wanted to Know(but Were Afraid to Ask)”,2012 *Int'l Bus. L. J.* 53,2012,p. 55.

宜订立资助协议或者其他约定,[①]而资助方可以是申诉人委托的律师事务所、保险公司或银行、其他金融机构等实体。[②] 因此,胜诉取酬安排、诉讼保险、银行或其他金融机构提供的贷款等资助形式,均属于广义的第三方资助。

然而本文拟讨论的国际仲裁语境中的第三方资助是指:资助方向仲裁申请人提供资金以供后者提起仲裁的狭义第三方资助。在此种资助形式下,当被资助方胜诉以后,资助方按照双方间的资助协议约定的比例或份额分享被资助方的胜诉利益,且通常资助方能够分享被资助方 1/3~2/3[③] 的胜诉收益;但一旦被资助方败诉,其无须偿还资助方对该案件的投资。[④] 此外,被资助方也可能是案件的被申请人。在此种情形下,当被申请人胜诉时,资助方也可能按照事先约定从被资助方处获得一定利益。[⑤] 2014 年新修订的《国际律师协会国际仲裁利益冲突指引》(以下简称 IBA 指引)将第三方资助者定义为:向案件的申请人或被申请人提供资金或者其他物质帮助,并对仲裁裁决享有直接经济利益或有义务赔偿另一方的任何个人或实体。[⑥]

为了更好地了解本文拟讨论的第三方资助,本文拟将其与其他形式的第三方资助作如下对比。

1. 同胜诉取酬安排和风险代理的区别

在胜诉取酬安排下,当被资助方胜诉时,律师除收取正常费用外,还可加收

---

① See Jonas von Goeler, *Third Party funding in International Arbitration and its Impact on Procedure*, Kluwer Law International, 2016, p. 2.

② See Lisa Bench Nieuwveld and Victoria Shannon Sahani, *Third-Party Funding in International Arbitration*, Kluwer Law Int'l 2012, p. 4.

③ See Jennifer A. Trusz, "Third-party Funding in International Arbitration and Conflicts of Interest: The Case for Amending Arbitration Rules to Require Disclosure", 32 *Alternatives to High Cost Litig*, 101, p. 2.

④ See Burcu Osmanoglu, "Third-Party Funding in International Commercial Arbitration and Arbitrator Conflict of Interest", *Journal of International Arbitration*, p. 325.

⑤ See Lisa Bench Nieuwveld & Victoria Shannon Sahani, *supra* note 15, 被告(或被申请人)受资助的情形在本文中暂不讨论。

⑥ International Bar Association, IBA Guidelines on Conflicts of Interest in International Arbitration (2014) (hereinafter IBA Guidelines 2014), General Standard 1 & 3, https://www.ibanet.org/ENews_Archive/IBA_July_2008_ENews_ArbitrationMultipleLang.aspx, 最后访问日期:2017 年 8 月 18 日。

一定的胜诉费用。[①] 风险代理则指如果被代理人胜诉,那么律师可以按约收取费用;当其败诉时,律师则无费用可收取。[②] 而本文拟讨论的第三方资助与前述两种律师资助的不同在于,提供资助的主体是案件参与方以外的个人或实体,[③]且提供的资助并非法律服务而是资金或其他物质性资助。

2. 同诉讼保险的区别

首先,在争议产生之前或者之后,当事人都可以购买诉讼保险,但本文拟探讨的第三方资助则只可能发生在争议产生之后。其次,虽然在当事人败诉时,保险公司也将分担当事人败诉的不利后果,但在当事人胜诉时,保险公司并不能同第三方资助者一样分享当事人的胜诉利益。[④]

3. 同贷款的区别

本文拟讨论的第三方资助与贷款最大的区别在于无论诉讼结果如何,借款人都需要偿还贷款,[⑤]而在第三方资助语境下,即使被资助方败诉,其也无须偿还资助方的投资。

在简要分析完上述各种资助形式的不同之处后,笔者拟对本文探讨的第三方资助的特征作如下界定:(1)资助方应为案件参与方以外的实体或个人;(2)资助方向被资助方提供资金或其他物质性资助,而非法律服务;(3)资助方将分享被资助方的胜诉利益,而当被资助方败诉时,其无须偿还资助方的投资。此外,为了降低问题的复杂性,本文将在第三方资助协议是有效的前提下展开。

(三)各国第三方资助的发展概况

根据国际商事仲裁理事会和英国皇家玛丽学院联合组成的特别小组

① See Lisa Bench Nieuwveld and Victoria Shannon Sahani, *Third-Party Funding in International Arbitration*, Kluwer Law Int'l 2012, p. 6.

② See Lisa Bench Nieuwveld and Victoria Shannon Sahani, *Third-Party Funding in International Arbitration*, Kluwer Law Int'l 2012, p. 6.

③ See Maya Steinitz, “Whose Claim Is This Anyway? Third-Party Litigation Funding”, 95 *Minn. L. Rev.* 1268, 2011, pp. 1293-1294.

④ 参见王琳:《国际商事仲裁第三方资助法律问题研究》,载《法制博览》2016 年第 31 期。

⑤ See Burcu Osmanoglu, “Third-Party Funding in International Commercial Arbitration and Arbitrator Conflict of Interest”, *Journal of International Arbitration*, p. 331.

(ICCA Queen-Mary Task Force)对投资仲裁的一项研究报告表明:2010年至2014年,共有12项命令、决议或仲裁裁决涉及第三方资助。[①] 而根据Nadia Darwazeh和Adrien Leleu的研究,在2015年至少有7项命令、决议或者裁决涉及第三方资助。[②] 由于商事仲裁的保密性,目前并无有力数据表明第三方资助在商事仲裁中的运用,但有许多迹象显示出第三方资助已经并将继续参与到国际仲裁中。[③] 第三方资助的蓬勃发展主要有以下两个方面的原因。

1. 全球经济的衰退刺激了第三方资助产业的发展

在全球金融动荡的背景下,即使是大型公司也越来越在意诉讼成本,而越来越多的投资者也开始寻求一种不直接依赖于难以捉摸、变幻莫测的金融市场、股票价格或公司估值的投资产品,[④]此时,第三方资助作为一种新的投资方式开始受到投资者的追捧。[⑤]

2. 普通法系过高的司法成本以及助讼和帮讼分利法则的松绑也推进了第三方资助产业的发展

作为对第三方资助"最友好"的国家,澳大利亚在20世纪90年代首先将第三方资助用于破产案件,而后才渐渐发展至民事诉讼。[⑥] 而第三方资助在英国的迅猛发展则是在2005年以后,这是因为虽然助讼与帮讼分利罪行的刑事及侵权法律责任已由《1966年英国刑事法法令》(Criminal Law Act 1966)废除,[⑦] 但其"余威"仍让许多第三方资助者踟蹰不前。因为资助方对案件的参与程度

① See ICCA-Queen Mary Task Force on Third Party Funding Sub Group on Investment Arbitration, Draft Report for discussion summer, 2015, p. 15.

② See Nadia Darwazeh and Adrien Leleu, "Disclosure and Security for Costs or How to Address Imbalances Created by Third-Party Funding", 33 *J. Int'l Arb.* 125, 2016, p. 127.

③ See Jennifer A. Trusz, "Full Disclosure? Conflicts of Interest Arising from Third-Party Funding in International Commercial Arbitration", 101 *Geo. L. J.* 1649, 2012-2013, p. 1651.

④ See Maya Steinitz, "Whose Claim Is This Anyway? Third-Party Litigation Funding", 95 *Minn. L. Rev.* 1268, 2011, pp. 1283 - 1285; See Lisa Bench Nieuwveld and Victoria Shannon Sahani, *Third-Party Funding in International Arbitration*, Kluwer Law Int'l, 2012, p. 12.

⑤ 目前境外比较知名的诉讼融资公司主要有安联、柏福德、哈珀、万宁、茱利迪卡等诉讼融资公司。

⑥ U. S. Chamber Institute for Legal Reform, p. 9.

⑦ Criminal Law Act, 1967, c. 58, §§ 13(1), 14(1) (U. K.).

及其对胜诉利益的享有比例都会影响到资助协议是否会因为违反公共利益而归于无效。[①] 在 Arkin v. Borchard Lines, Ltd. [②]一案中,申诉人本身无力提出诉讼,后在第三方资助的情况下提起了诉讼,但最终败诉。原告与资助方约定,资助方有权收取判决金额 500 万英镑 25%的金额,以及超过 500 万英镑以外金额的 23%。英国上诉法院认为,为了确保公义渠道的畅通,该资助行为应被容许。相较于澳大利亚和英国,第三方资助在美国的发展就要落后得多了。[③] 一方面是因为美国虽然有少数州(如马萨诸塞州、新泽西州、南卡罗来纳州等)已经废除了助讼和帮讼分利法则,[④]但大多数州仍然禁止助讼和帮讼分利,[⑤]而且即使在已废除帮讼与助讼分利法则的一些州,第三方资助协议仍然可能因为无理或违背公共利益而被认定为无效;[⑥]另一方面是因为资助方的介入被认为会引发滥诉,对律师—客户的关系及律师的独立性产生影响,并可能剥夺原告的权利。[⑦] 因此,美国第三方资助的发展远不如英国和澳大利亚。

在大陆法系国家,尽管几乎没有限制第三方资助的法律法规,[⑧]但第三方资助在大陆法系的发展程度却远不如普通法系,其几乎仅出现在德国、奥地利

---

① See Michele DeStefano, "Non lawyers Influencing Lawyers: Too Many Cooks in the Kitchen or Stone Soup?", 80 *Fordham L. Rev.* 2791, 2818, 2012, p. 2821.

② Arkin v. Borchard Lines Ltd [2005] 1 WLR 3055(CA).

③ See Michele DeStefano, "Non lawyers Influencing Lawyers: Too Many Cooks in the Kitchen or Stone Soup?", 80 *Fordham L. Rev.* 2791, 2818, 2012, p. 2823.

④ See Maya Steinitz, "Whose Claim Is This Anyway? Third-Party Litigation Funding", 95 *Minn. L. Rev.*, 1268, 2011, pp. 1289-1290.

⑤ See Jason Lyon, "Revolution in Progress: Third-Party of American Litigation", 58 *UCLA L. Rev.* 571, 610, pp. 581-583.

⑥ See Michele DeStefano, "Non lawyers Influencing Lawyers: Too Many Cooks in the Kitchen or Stone Soup?", 80 *Fordham L. Rev.* 2791, 2818, 2012, p. 2823.

⑦ See Michele DeStefano, "Non lawyers Influencing Lawyers: Too Many Cooks in the Kitchen or Stone Soup?", 80 *Fordham L. Rev.* 2791, 2818, 2012, pp. 2824-2824.

⑧ Marco de Morpurgo, "A Comparative Legal and Economic Approach to Third-Party Litigation Funding", 19 *Cardozo J. Int'l & Comp. L.* 343, 2011, p. 399; Catherine A. Rogers, *Ethics in International Arbitration Ch.* 5, 199(OUP 2014).

和瑞士。[①] 究其原因,Marco de Morpurgo 认为这一现象与诉讼费用和诉讼程序、大陆法系的"厌讼"文化以及法律服务商品化程度远不如普通法系有关。[②]

(四)第三方资助:灵丹妙药,还是瘟疫?

国际仲裁不应仅为富人提供正义,[③]但高昂的仲裁费用在实质上却将资金匮乏的申诉人拒之门外。因此,第三方资助的支持者认为,第三方资助的出现使资金匮乏的当事人能与富有的被告"对簿公堂"成为可能。此外,在金融环境动荡的当下,许多企业能够利用第三方资助来降低诉讼成本,转嫁诉讼风险,[④]不至于因为巨额诉讼费用而引发资金链断裂,继而引发一系列悲剧。然而,另一个不可否认的事实是,第三方资助者的介入,也给仲裁提出了许多新的问题。

其一,第三方资助可能诱发滥诉,[⑤]并增加被申请人的抗辩成本。其二,第三方资助者在为缺乏资金的申诉人提供资助的同时,又引发了仲裁中新的不平衡,即"打了就跑"的仲裁行为(hit-and-run arbitration)。[⑥] 因为被资助方本身就需要凭借第三方的资助才得以提起仲裁,当被资助方败诉,被申请人却因被资助方缺乏资金而得到一份难以执行的仲裁裁决。其三,由于仲裁是基于双方当

---

① Marco de Morpurgo, "A Comparative Legal and Economic Approach to Third-Party Litigation Funding", 19 *Cardozo J. Int'l & Comp. L.* 343, 2011, p. 400; Catherine A. Rogers, *Ethics in International Arbitration Ch.* 5, 199 (OUP 2014).

② See Marco de Morpurgo, "A Comparative Legal and Economic Approach to Third-Party Litigation Funding", 19 *Cardozo J. Int'l & Comp. L.* 343, 2011, pp. 400 - 410; Catherine A. Rogers, *Ethics in International Arbitration ch.* 5, 199 (OUP 2014); See Jennifer A. Trusz, "Full Disclosure? Conflicts of Interest Arising From Third-Party Funding in International Commercial Arbitration", 101 *Geo. L. J.* 1649, 2012-2013, p. 1662.

③ See Jonas von Goeler, *Third Party funding in International Arbitration and its Impact on Procedure*, Kluwer Law International 2016, pp. 49-51.

④ See Susanna Khouri, Kate Hurford and Clive Bowman, IMF (Australia) Ltd., "Third Party Funding in International Commercial and Treaty Arbitration - a Panacea or a Plague? A discussion of the risks and benefits of third party funding", 载 https://www.benthamimf.com/docs/default-source/default-document-library/573330_1.pdf?sfvrsn=2, p. 4, 最后访问日期:2017年8月18日。

⑤ 据估计,自澳大利亚允许第三方资助后,其诉讼量上涨了16.5%(不一定全是无意义的诉讼),参见 U.S. Chamber Institute for Legal Reform, p. 9。

⑥ See Nadia Darwazeh and Adrien Leleu, "Disclosure and Security for Costs or How to Address Imbalances Created by Third-Party Funding", 33 *J. Int'l Arb.* 125, 2016, p. 125.

事人订立的仲裁协议,而第三方资助者往往并非该仲裁协议的参与方,因此仲裁庭对第三方资助者并无管辖权,如此一来,第三方资助者如同幽灵一般悬于仲裁之上。① 其四,第三方资助者的参与可能引发仲裁利益冲突,进而导致仲裁程序重新开始,或仲裁裁决归于无效的后果,②针对这一问题的进一步讨论将在下文展开。

二、第三方资助与仲裁员利益冲突

仲裁员的公正性和独立性作为现代国际仲裁的基石,在许多仲裁规则中均有所体现,但就第三方资助对仲裁员利益冲突的影响,国际仲裁的现有规则并未对其作出规制。不妨假设以下这种情形:当资助方F资助某一仲裁案件的申请人,而A是该案的仲裁员之一,同时A也是资助方F的董事。那么在这种情形下,仲裁案件的被申请人可否对仲裁员A的公正性、独立性提出质疑?

为了分析第三方资助对仲裁员独立性、公正性的影响,本文将首先厘清仲裁员公正性、独立性的内涵,继而分析几种可能会引发第三方资助者与仲裁员利益冲突的情形,最后拟通过分析目前国外各种应对提议的利弊而提出笔者的建议。

(一)仲裁员公正性、独立性概述

作为国际仲裁的一项基本原则,仲裁员在仲裁程序中必须保持公正、独立,并披露可能引起对其公正性和独立性产生合理怀疑的任何事实或情况,这在诸多仲裁规则中均有体现。例如,《中国国际经济贸易仲裁委员会仲裁规则》规定:仲裁员不代表任何一方当事人,应独立于各方当事人,平等地对待各方当事人;被选定或被指定的仲裁员应披露可能引起对其公正性和独立性产生合理怀疑的任何事实或情况。根据《联合国国际贸易法仲裁规则》第11条的规定,仲

① See Nadia Darwazeh and Adrien Leleu, "Disclosure and Security for Costs or How to Address Imbalances Created by Third-Party Funding", 33 *J. Int'l Arb.* 125, 2016, pp. 128-134.

② See Jennifer A. Trusz, "Full Disclosure? Conflicts of Interest Arising from Third-Party Funding in International Commercial Arbitration", 101 *Geo. L. J.* 1649, 2012-2013, p. 1668.

裁员应当披露所有可能对其独立性产生合理怀疑的情形。[①]《斯德哥尔摩商会仲裁院仲裁规则》也要求仲裁员必须公正独立,并披露可能对其公正独立性产生合理怀疑的任何情形。[②]《伦敦国际仲裁院仲裁规则》同样规定仲裁员应当自始至终保持独立公正,不得作为仲裁案件一方当事人的辩护人或代理人,并应披露对其独立性产生合理怀疑的情形。[③]《国际仲裁院仲裁规则》第11条规定每位仲裁员必须独立和中立于各当事人,仲裁员候选人应向秘书处书面披露在当事人看来可能影响仲裁员独立性的任何事实或情形,以及任何可能导致对仲裁员中立性产生合理怀疑的情形。[④] 除了仲裁规则外,IBA指引也指出仲裁员应当公正、独立于当事人,并披露在他人看来可能会对仲裁员独立性产生怀疑的情形。[⑤]

之所以各仲裁规则都强调仲裁员应当保持公正独立,原因之一是由于法院在承认和执行仲裁裁决时,可因仲裁员缺乏独立公正性而使仲裁裁决归于无效或无法执行。[⑥] 根据《承认及执行外国仲裁裁决公约》(《纽约公约》)第5条第2款第2项之规定,一国法院可以因仲裁员公正性、独立性的缺失而认定承认和执行该仲裁裁决违反该国公共政策。[⑦] 此外,一国也可依据公约第5条第1款第2项之规定,因被申请执行人没有就仲裁员指定事宜得到适当通知,而拒

---

① See UNCITRAL Arbitration Rules (2013), Article 11,载 http://www.uncitral.org/pdf/english/texts/arbitration/arb-rules-2013/UNCITRAL-Arbitration-Rules-2013-e.pdf,最后访问日期:2017年8月18日。

② 参见《斯德哥尔摩商会仲裁院仲裁规则》(2017),载 http://sccinstitute.se/media/188207/2017-scc-arbitration-rules-chinese.pdf,最后访问日期:2017年8月18日。

③ See LCIA Arbitration Rules (2014), Article 5,载 http://www.lcia.org//Dispute_Resolution_Services/lcia-arbitration-rules-2014.aspx#Article 5,最后访问日期:2017年8月18日。

④ 参见《国际仲裁院仲裁规则》(2017)第11条,载 https://cdn.iccwbo.org/content/uploads/sites/3/2017/02/ICC-2017-Arbitration-and-2014-Mediation-Rules-chinese-version.pdf,最后访问日期:2017年8月18日。

⑤ IBA Guidelines 2014, General Standard 1 & 3.

⑥ 参见《中华人民共和国民事诉讼法》第237条、第274条。

⑦ Convention on the Recognition and Enforcement of Foreign Arbitration Awards (1958), Article V (2)(b),载 http://www.newyorkconvention.org/11165/web/files/original/1/5/15432.pdf,最后访问日期:2017年8月19日。

绝承认和执行该仲裁裁决。[①] 因仲裁庭的组成或仲裁程序未依照仲裁协议或者在关于此事项的仲裁约定缺失时,仲裁庭的组成或仲裁程序没有遵照仲裁地所在国法律规定,也可能使一国拒绝承认和执行仲裁裁决。[②]

由于第三方资助者与仲裁员之间存在潜在利益冲突,[③]可能会引发当事人对仲裁员的公正性、独立性的合理怀疑,进而危及整个仲裁程序,甚至使仲裁裁决成为一纸空文而无法得到执行。所以笔者在下文通过列举并分析几种第三方资助可能影响仲裁员公正性、独立性的情形,进而提出针对第三方资助对仲裁利益冲突影响的应对建议。

(二)第三方资助对仲裁员公正性、独立性的影响

如果仲裁员的公正独立性受到影响,那么仲裁程序可能被要求重新开始、仲裁裁决可能被认定为无效或无法执行,[④]由此可见仲裁员的公正性和独立性对仲裁具有十分重要的意义。笔者在本部分拟结合 IBA 指引探讨几种不同情形下,第三方资助对仲裁员利益冲突的影响。

1. IBA 指引下第三方资助者在仲裁中的地位

考虑到自 2004 年后国际仲裁实务中新出现的问题,国际律师协会在 2014 年对 IBA 指引进行了修改。[⑤] 新修订的指引认为第三方资助者是指向案件申请人或被申请人提供资金或其他物质支持,并对仲裁裁决享有直接经济利益或有义务补偿一方当事人的任何个人或实体。[⑥] 该指引进一步指出:第三方资助者因可能对裁决享有直接经济利益,而可能被视同于当事方,[⑦]但笔者认为第

---

① Convention on the Recognition and Enforcement of Foreign Arbitration Awards (1958), Article V (1)(b).

② Convention on the Recognition and Enforcement of Foreign Arbitration Awards (1958), Article V (1)(d).

③ See Jennifer A. Trusz, "Full Disclosure? Conflicts of Interest Arising from Third-Party Funding in International Commercial Arbitration", 101 *Geo. L. J.* 1649, 2012-2013, pp. 1665-1673.

④ William Stone, "Third Party Funding in International Arbitration: A Case for Mandatory Disclosure?", *Asian Dispute Review*, p. 66.

⑤ See IBA Guidelines 2014.

⑥ See IBA Guidelines 2014, Explanation to General Standard 6(b).

⑦ See IBA Guidelines 2014.

三方资助者并非仲裁协议的当事方,[①]所以其在仲裁中的地位应为"对裁决享有直接经济利益"[②]的一方。

此外,有观点认为第三方资助者因资助协议和可能对案件产生的控制,应被视为当事人的关联方。[③] 例如,Jonas von Goeler 认为,德国将第三方资助者与被资助者之间的关系定义为隐名合伙(a silent partnership)[④]的做法也可以为将资助方纳入 IBA 指引中关联方的范围提供论据支持。[⑤] 然而,也有观点认为第三方资助者不属于任何普通法系国家现行法下的关联方,也并非 IBA 指引下的关联方。[⑥] 同样认为第三方资助者不是 IBA 指引下的关联方的还有 Laurent Lévy 和 Regis Bonnan。[⑦] 根据 IBA 指引对关联方的释义——关联方包括某一集团内的所有公司,[⑧]以及《布莱克法律词典》对关联方的释义,[⑨]IBA 指引中的"关联方"不应被扩大解释以包含第三方资助者。

2. 第三方资助对仲裁员公正性、独立性影响的几种情形

结合上文对第三方资助者在仲裁中的地位,笔者在下文列举了几种情形,并结合 IBA 指引"红橙绿"清单,[⑩]探讨第三方资助是否可能对仲裁产生利益冲突,以及冲突的程度如何。

---

① See Jonas von Goeler, *Third Party funding in International Arbitration and its Impact on Procedure*, Kluwer Law International, 2016, p. 264.

② See IBA Guidelines 2014, Explanation to General Standard 6(b).

③ See Jennifer A. Trusz, "Full Disclosure? Conflicts of Interest Arising From Third-Party Funding in International Commercial Arbitration", 101 *Geo. L. J.* 1649, 2012-2013, pp. 1665-1673.

④ Marco de Morpurgo, "A Comparative Legal and Economic Approach to Third-Party Litigation Funding", 19 *Cardozo J. Int'l & Comp. L.* 343, 2011, p. 402.

⑤ See Jonas von Goeler, *Third Party funding in International Arbitration and its Impact on Procedure*, Kluwer Law International, 2016, p. 143.

⑥ See Christopher P. Bogart, *Overview of Arbitration Finance*, International Chamber of Commerce (ICC) 2013, p. 54.

⑦ Laurent Lévy and Régis Bonnan, *Third Party Funding: Disclosure, Joinder and Impact on Arbitral Proceedings*, International Chamber of Commerce (ICC) 2013, p. 85.

⑧ IBA Guidelines 2014, Reference 4.

⑨ Bryan A. Garner, *Black's Law Dictionary* (8th ed. 2004), p. 694 (A corporation that is related to another corporation by shareholdings or other means of control; a subsidiary, parent, or sibling corporation. 2. Securities. One who controls, is controlled by, or is under common control with an issuer of a security).

⑩ See IBA Guidelines 2014.

(1)情形一:仲裁员与资助方有直接关系,[1]如仲裁员是资助方的董事。

IBA 指引不可弃权红色清单 1.2 认为,如果仲裁员对一方当事人或对裁决享有直接经济利益的一方能产生控制影响,或是其的董事、高管、监事,那么即使披露此情形,也无法消除利益冲突。[2]

(2)情形二:资助方 F 在评估是否资助申请人 C 时,仲裁员 A 所在的律师事务所 L 为 F 提供了法律服务(但 A 并未参与),在资助方完成案件评估后,L 不再为 F 提供法律服务。此种情形与可弃权红色清单 2.3.5 假设的情形相类似。[3] 按照 IBA 指引,此情形并非极端严重的情况,只要双方当事人知晓该冲突事实,且同意 A 担任仲裁员,那么 A 就可以成为该仲裁案件的仲裁员。

(3)情形三:仲裁员 A 与资助方的董事 D 私交慎笃。如果仲裁员与对裁决享有直接经济利益的实体的董事具有亲密友谊,那么此种情形则属于 IBA 指引橙色清单 3.4.3[4] 规定的可能引起对仲裁员公正性、独立性产生正当怀疑的情形,且仲裁员有义务披露此事实。[5]

(4)情形四:仲裁员对第三方资助有偏见。

在 RSM 制造公司诉 Saint Lucia 一案中,因申请人过去已有不履行费用裁决的事实,而被命令提供费用担保。在赞成意见里,被申请人指定的仲裁员对第三方资助作出了批评性评价,他将专业资助方形容为“商业冒险家”(mercantile adventurers)。[6] 在 2014 年 9 月 10 日,申请人针对该仲裁员就第三方资助的言论质疑该仲裁员对资助方和被资助的当事方存有偏见,[7]但首席仲

① See Jennifer A. Trusz,“Full Disclosure? Conflicts of Interest Arising From Third-Party Funding in International Commercial Arbitration”,101 *Geo. L. J.* 1649,2012-2013,p. 1670.

② IBA Guidelines 2014,Non-Waivable Red List 1.2.

③ See IBA Guidelines 2014 Waivable Red List 2.3.5(The arbitrator's law firm had a previous but terminated involvement in the case without the arbitrator being involved himself or herself).

④ See IBA Guidelines 2014,Orange List 3.4.3.

⑤ See IBA Guidelines 2014,p. 18.

⑥ RSM Production Corporation *v.* Saint Lucia,ICSID Case No. ARB/12/10,Assenting Reasons of Gavan Griffith of 12 August 2014,paras. 13-14.

⑦ RSM Production Corporation *v.* Saint Lucia,ICSID Case No. ARB/12/10,Assenting Reasons of Gavan Griffith of 12 August 2014,Decision on Claimant's Proposal for the Disqualification of Dr. Gavan Griffith QC of 23 October 2014,para. 41.

裁员和申请人指定的仲裁员驳回了该异议。[①] 这两位仲裁员认为质疑仲裁员的法律标准要求存在客观的偏见现象,且客观证据要明显,[②]而该案中被质疑的仲裁员的言论虽然激进,甚至有点极端,但还没到可被用于认定质疑成立的程度。[③]

除了仲裁员对第三方资助有不利"偏见"的情况,还可能出现"有利"偏见的情形。例如,仲裁员公开发表文章,认为第三方资助有助于促进实现正义。这种情形可以类比IBA指引绿色清单4.1.1——仲裁员曾就仲裁案件中出现的问题发表法律意见(但该意见并未专门针对正在仲裁的案件),[④]属于从客观角度来看,表面且实际不存在利益冲突的情形。[⑤]

(5)其他。

除了上述列举的四种情形外,还有许多其他可能对仲裁员公正独立产生影响的情形。如Lévy和Bonnan提出的一种特殊情形:争议当事人订立的仲裁条款中要求仲裁员的国籍应不同于双方当事人的国籍,但未受资助的一方在仲裁程序开始后了解对方当事人被资助的事实以及该资助方与仲裁员具有相同国籍。[⑥] 另外,仲裁员A多次在资助方F资助的仲裁案件中担任仲裁员[⑦]也可能对仲裁员公正独立产生影响。

由此可见,第三方资助者确实可能对仲裁员公正独立产生不利影响,且不同个案的冲突程度也是不一样的。为了应对此问题,下文将提出应对建议。

---

① RSM Production Corporation *v.* Saint Lucia, ICSID Case No. ARB/12/10, Assenting Reasons of Gavan Griffith of 12 August 2014, para. 91.

② RSM Production Corporation *v.* Saint Lucia, ICSID Case No. ARB/12/10, Assenting Reasons of Gavan Griffith of 12 August 2014, paras. 61-69.

③ RSM Production Corporation *v.* Saint Lucia, ICSID Case No. ARB/12/10, Assenting Reasons of Gavan Griffith of 12 August 2014, para. 86.

④ IBA Guidelines 2014, Green List 4.1.1.

⑤ See IBA Guidelines 2014, p. 19.

⑥ Laurent Lévy and Régis Bonnan, *Third Party Funding: Disclosure, Joinder and Impact on Arbitral Proceedings*, International Chamber of Commerce(ICC)2013, p. 86.

⑦ See Jonas von Goeler, *Third Party funding in International Arbitration and its Impact on Procedure*, Kluwer Law International 2016, p. 147.

三、第三方资助与仲裁员利益冲突的应对建议

虽然各仲裁规则都要求仲裁员保持公正独立，但仲裁员可能并不知道其参与的仲裁案件存在第三方资助者。如果仲裁员不知道一方当事人接受了资助，那么他/她可能并不会披露其在该资助方持有的股份或者其所在的律所为该资助方资助的案件提供了法律服务的事实。[①] 然而，从上文列举的情形可知，第三方资助的确可能对仲裁员公正性、独立性产生影响，进而可能导致仲裁程序重新开始或仲裁裁决无效、不能执行。因此，为了应对潜在的利益冲突，需要建立针对第三方资助的披露制度。

目前，国际商事仲裁或者国际投资仲裁的当事人并不负有披露其受资助这一事实的义务。[②] 资助方可能担心仲裁庭会在作出费用担保决定时考虑申请人受资助的事实，[③]或出于战略原因而不愿意披露资助事实。[④] 案件申请人则可能因受资助协议中的保密条款的约束而无法向仲裁庭披露其受资助的事实。[⑤] 而仲裁员则可能因为并不知道当事人受到第三方资助，而认为披露其与资助方的关系是不必要的，但即使仲裁员并不知晓资助方与被资助方间的资助关系，也未必可以得出第三方资助不会对仲裁员的公正性、独立性产

① See Jennifer A. Trusz, “Full Disclosure? Conflicts of Interest Arising from Third-Party Funding in International Commercial Arbitration”, 101 *Geo. L. J.* 1649, 2012-2013, p. 1625.

② See Jonas von Goeler, *Third Party funding in International Arbitration and its Impact on Procedure*, Kluwer Law International, 2016, p. 72.

③ 仲裁案件的被申请人往往在得知另一方受到第三方资助时，会请求仲裁庭判令申请人提供费用担保，以防止申请人“打了就跑”。仲裁庭是否应将受资助这一事实纳入作出费用担保决定在实务中本身就是一个极具争议的话题。See Jonas von Goeler, *Third Party funding in International Arbitration and its Impact on Procedure*, Kluwer Law International 2016, p. 9; See Nadia Darwazeh and Adrien Leleu, “Disclosure and Security for Costs or How to Address Imbalances Created by Third-Party Funding”, 33 *J. Int'l Arb.* 125, 2016, p. 127.

④ 例如，资助者担心被申请人知道资助事实后，会采取拖延战术以消耗投资人的投资。See Jennifer A. Trusz, “Full Disclosure? Conflicts of Interest Arising from Third-Party Funding in International Commercial Arbitration”, 101 *Geo. L. J.* 1649, 2012-2013, p. 1672.

⑤ See Jennifer A. Trusz, “Full Disclosure? Conflicts of Interest Arising from Third-Party Funding in International Commercial Arbitration”, 101 *Geo. L. J.* 1649, 2012-2013, p. 1675.

生影响的结论;因为没有任何机制可以证实仲裁员确实并不知晓资助方的存在。[①]

(一)强制披露制度

鉴于目前的披露规则无法解决第三方资助对仲裁员公正性、独立性产生的影响,有人提议建立强制披露制度,即在仲裁程序开始前就披露资助事实,[②]这在IBA指引一般标准7中也有所体现:一方当事人应通知仲裁员、仲裁庭、其他方以及仲裁机构或其他指定机构(如有)仲裁员与对仲裁裁决享有直接经济利益或有义务因该裁决补偿当事人的任何个人或实体间任何关系。[③]

具体而言,有人提出:案件当事人应先披露其是否得到资助,如有,则进一步披露资助方;此后,仲裁员可以审查其自身与被披露的资助方之间是否存在利益冲突,并采取相应措施。[④]

此外,也有人建议采取"反向冲突审查"(reverse conflict check),即仲裁员提交一份包含与该仲裁员或其所在律所的其他成员在过去或现在有关系的所有资助方名称的清单,如果被资助方发现其资助方出现在该清单上,那么就应披露资助方;或者要求仲裁案件双方当事人和仲裁员均列出一份他们在过去或现在有关系的资助方名单,并将这些名单交给中立的第三方,即"干净的代理人"(a clearing agent)。Goldstein认为仲裁机构可以作为中立的第三方承担起审查责任,具体而言,如果当事人提交上来的名单与仲裁员所列的名单中没有重合的资助方,那么可谓万事大吉,被资助方接受资助的事实以及资助方的名称均无须再披露给仲裁机构以外的人;而当名单中有名字发生重合且该情形会明显引发利益冲突,那么仲裁机构可以不确认该仲裁员,且无须向当事人披露

---

① See Burcu Osmanoglu, "Third-Party Funding in International Commercial Arbitration and Arbitrator Conflict of Interest", *Journal of International Arbitration*, p. 327.

② See Jonas von Goeler, *Third Party Funding in International Arbitration and its Impact on Procedure*, Kluwer Law International, 2016, p. 281.

③ See IBA Guidelines 2014, General Standard 7(a).

④ See Jonas von Goeler, *Third Party Funding in International Arbitration and its Impact on Procedure*, Kluwer Law International, 2016, p. 281.

原因。[1]

（二）强制披露制度的利弊

显而易见，强制披露制度可以在最大限度上降低第三方资助对仲裁员利益冲突的不利影响，而且在无冲突时，资助的事实以及资助方的身份均不会披露给另一方当事人和仲裁员，这样的做法可以大大减轻资助方对披露带来不利影响的顾虑，能够激励资助方或被资助方披露资助事实，从而确保第三方资助者的参与不会对仲裁员公正性、独立性产生不利影响。[2]

虽然强制披露制度有上述优点，但笔者出于以下原因仍然认为建立强制披露制度在目前阶段可能是不必要且难以操作的。[3]

第一，难以清晰界定第三方资助的概念。在第三方资助精确概念缺失的当下，仲裁员、案件当事人都无法确定到底何种关系构成需要披露给中立代理人的第三方资助。该第三方资助是本文所界定的狭义第三方资助，[4]还是包含诉讼保险、胜诉取酬安排、银行贷款或者其他类型的第三方资助？如果仅需要披露本文界定的狭义第三方资助的话，那么又该如何解释为什么同样可能引发仲裁利益冲突的保险、贷款等其他形式的第三方资助却无须披露？[5] 正如柏福德资本首席执行官 Christopher Bogart 所言，如果仅规制某一种第三方资助，显然有失公允；但若规制所有形式的第三方资助，则困难重重。[6]

---

① See Jonas von Goeler, *Third Party Funding in International Arbitration and its Impact on Procedure*, Kluwer Law International 2016, p. 9.

② See Jonas von Goeler, *Third Party Funding in International Arbitration and its Impact on Procedure*, Kluwer Law International 2016, p. 9.

③ See Jonas von Goeler, *Third Party Funding in International Arbitration and its Impact on Procedure*, Kluwer Law International 2016, pp. 150–153.

④ 参见本文一（二）第三方资助的概念。

⑤ See Maxi Scherer, "Out in the Open? Third-party Funding in Arbitration", 载 https://www.cdr-news.com/categories/expert-views/out-in-the-open-third-party-funding-in-arbitration，最后访问日期：2017年8月21日。

⑥ See International arbitration report 2016-issue 7, *Third-party funding in arbitration-the funders' perspective*, p. 6.

第二,强制披露内容具有不确定性。[①] 当仲裁员、当事人被要求提交与其有关系的资助方名单时,资助方的信息该披露到何种程度?是仅披露资助方身份即可,还是需要列出资助方的大股东、董事、高管?被资助方是否还需要披露资助协议的具体内容?

第三,要求仲裁员在费用问题上不考虑第三方资助者的影响的建议脱离实际。[②] 第三方资助者的参与到底是否应纳入仲裁员在就仲裁费用和费用担保问题作出裁决时的考虑因素本身就十分具有争议。[③] 新加坡国际仲裁中心2017年修订的国际投资仲裁规则中提到,仲裁员在考虑仲裁费用分担问题时,可以考虑任何形式的第三方资助安排的影响。[④] 因此,如果为了应对第三方资助对仲裁利益冲突的不利影响,而武断要求仲裁员在就费用问题作出裁决时不考虑第三方资助的影响,可能会引发更多的问题。毕竟,"打了就跑"也是目前仲裁实践中面临的难题之一。

第四,难觅执行强制披露的主体。LCIA 前任秘书长 James Clanchy 认为由仲裁秘书(secretariat)来扮演中立第三方的角色并非明智之举。一方面是因为仲裁秘书无法胜任该项工作,另一方面如果采取了这种措施,那么资助方和其客户就会避免选择该仲裁机构的仲裁规则,而这可能会削弱仲裁机构的竞争力,并对仲裁机构产生非常现实的问题。[⑤]

第五,建立强制披露制度缺乏必要性。[⑥] Jonas von Goeler 认为,之所以提

---

① See Dr Maxi C. Scherer, *Third-Party Funding in International Arbitration: Towards Mandatory Disclosure of Funding Agreements*? ICC Dossier No. 752E 97(2013).

② 有人建议仲裁庭保证在适用费用担保时,不考虑第三方资助的影响,以此来减轻资助方、被资助方对于披露的顾虑,参见 See Jennifer A. Trusz, "Full Disclosure? Conflicts of Interest Arising from Third-Party Funding in International Commercial Arbitration", 101 *Geo. L. J.* 1649, 2012-2013, p. 1673。

③ See Jonas von Goeler, *Third Party Funding in International Arbitration and its Impact on Procedure*, Kluwer Law International 2016, pp. 287-288.

④ Investment Arbitration Rules of the Singapore International Arbitration Centre SIAC IA Rules(1st Edition, 1 January 2017), Article 33. 1, 载 http://www.siac.org.sg/our-rules/rules/siac-ia-rules-2017, 最后访问日期:2017年8月21日。

⑤ See The Judge conference, 载 http://youtube/cwZQvgE1tvQ.

⑥ Laurent Lévy and Régis Bonnan, *Third Party Funding: Disclosure, Joinder and Impact on Arbitral Proceedings*, International Chamber of Commerce(ICC) 2013, p. 82.

出建立强制披露制度,是因为大家认为该问题无法依靠第三方资助者的善意而得到解决。[①] 因此,Jennifer A. Trusz 提出如果仲裁庭在就仲裁费用和费用担保问题作出裁决时,不考虑第三方资助的事实,那么资助方很可能因为有了这颗"定心丸",[②]而愿意披露资助行为,但这样的假想是否已经脱离了第三方资助行业的实际?逐利,乃商人天性。按照这一常识,作为最了解潜在利益冲突的资助方,其投资目的在于花最少的钱,获取最大的收益。资助方自身也了解仲裁员独立公正的重要性,因此,其是仲裁各参与方中最关注利益冲突问题的一方。因为利益冲突很可能导致资助方在仲裁程序上投入更多的资金(如因重新开始仲裁程序),承担更大的风险。此外,资助方还可能因仲裁裁决无法执行或无效而血本无归。

结合上述分析以及第三方资助行业的发展,笔者认为目前并不适宜建立强制披露制度,是否披露资助事实应由最清楚是否存在潜在利益冲突的第三方资助者和被资助方决定,或仲裁庭根据个案情况决定是否要求被资助方披露。[③] 如果存在明显利益冲突(如 IBA 指引红色清单所列情形),但被资助方或资助方未作披露,那么无论是资助方还是被资助方都应当自担未披露的后果。即使是在没有资助方存在的仲裁案件中,也无法完全排除仲裁员与当事方的潜在利益冲突,毕竟,发现利益冲突应该是律师的义务而非仲裁员的责任。

四、结语

虽然仲裁员是否知晓资助事宜对仲裁员评估利益冲突,以及决定是否作出

---

① See Jonas von Goeler, *Third Party funding in International Arbitration and its Impact on Procedure*, Kluwer Law International 2016, p. 289.

② See Jennifer A. Trusz, "Full Disclosure? Conflicts of Interest Arising from Third-Party Funding in International Commercial Arbitration", 101 *Geo. L. J.* 1649, 2012 - 2013, p. 1673. (This proverbial carrot incentivizes the third-party funder and the claimholder to disclose their relationship in the first place)

③ 被资助方应立即披露因资助可能引发的利益冲突;仲裁庭也可根据个案要求被资助方进行披露,参见贸仲香港仲裁中心《第三方资助仲裁指引(意见征求稿)》第 2.9 条、第 3.1 条、第 3.2 条、第 3.3 条,载 https://hkarbitration.files.wordpress.com/2016/05/cietac-draft-guidelines-17-may-16.pdf,最后访问日期:2017 年 8 月 23 日。

必要披露十分重要，但我们不应过高估计第三方资助对仲裁员公正性、独立性的不利影响，[①]而采取可能起到矫枉过正作用的强制性披露制度。由于第三方资助国际仲裁仍处于新兴阶段，[②]且从商业常识的角度出发，资助方冒极大风险不披露明显利益冲突的可能性极小。因此，笔者认为目前仲裁员可以应对第三方资助对仲裁员利益冲突的影响，而无须对目前的做法或仲裁规则做大范围的改动。[③]

① Laurent Lévy and Régis Bonnan, *Third Party Funding: Disclosure, Joinder and Impact on Arbitral Proceedings*, International Chamber of Commerce (ICC), 2013, p. 94.

② See Burcu Osmanoglu, "Third-Party Funding in International Commercial Arbitration and Arbitrator Conflict of Interest", *Journal of International Arbitration*, p. 327.

③ Laurent Lévy and Régis Bonnan, *Third Party Funding: Disclosure, Joinder and Impact on Arbitral Proceedings*, International Chamber of Commerce (ICC), 2013, p. 85.

“男爵之剑”的松绑:国际商事仲裁中案外人资助的不平衡性分析及其披露规则研究

——兼谈香港地区《2017 年仲裁及调解法例(第三者资助)(修订)条例》法案

孙 健*

摘要:案外人资助仲裁,又称第三方资助仲裁。作为国际商事仲裁领域的新生事物,在商事争议日益频繁的今天,其越来越受到仲裁当事人的青睐;它不仅解决了申请人的巨额经济压力,还能为案外人带来不菲的胜诉利益,成为其重要的商业投资渠道。但是,鉴于第三方资助仲裁出现时间不久,国际社会对其监管不到位,仍然存在着利益勾兑、保密义务冲突等诸多问题。我国作为世界贸易投资大国,在“一带一路”倡议背景下,商事争议纠纷定会不断涌现,而在我国内地尚未发生案外人资助仲裁的案例前提下,新加坡、香港地区对案外人资助仲裁的逐步认可,对未来我国内地是否考虑引进该制度有着深远意义。

关键词:国际商事仲裁 第三方资助 披露规则 “影子当事人”

随着国际贸易的不断深入发展,投资领域竞争逐渐呈现白炽化状态,仲裁也因其高效、便捷等优点而在商事争议领域越来越受到跨国公司、国际组织等

* 孙健,凯麦律师事务所律师。

青睐。通常来说,仲裁一般只涉及双方当事人之间的权利义务的分配,对其他案外第三人不具有约束力。但是,国际商事仲裁领域,当事人因争议标的额大,纠纷处理周期长,往往承受不起高昂的仲裁费用。为解决这个困难,在澳大利亚、美国等国家逐渐形成一种专门为解决争议而提供金钱服务的商业投资行为,即在商事仲裁当事人之外,第三人以案外人的身份为当事人一方提供资金支持,并在胜诉时收取一定的收益。本文以2016年9月15日英国高等法院审理的Essar v. Norscot案为切入点,对案外人资助仲裁引起的不平衡性进行分析,并对披露规则提出一些建议。

一、案情概要与问题提出

1. 案情简介

本案是一起发生在Essar Oilfields Services Limited(以下简称Essar公司)和Norscot Rig Management Pvt Limited(以下简称Norscot公司)之间的申请撤销仲裁裁决的案件。Norscot公司主张,Essar公司因违反了双方签订的运营管理协议而导致其遭受巨大损失,因此,根据双方签订的合同约定,该项争议被提交至伦敦的国际商会仲裁院(International Court of Commerce, ICC)依据国际商会1998年规则(1998年1月1日生效)由独任仲裁员Sir Philip Otton组成的仲裁庭进行仲裁。

2015年12月17日,仲裁员依据国际商会1998年规则,初步裁决支持了Norscot公司提出的仲裁费用申请,认为该费用属于《1996年英国仲裁法》第59条第1款所列的(c)项"当事人的法律和其他费用",裁决由败诉方承担并无不妥。为提起仲裁,Norscot公司已经与第三方诉讼融资公司Woodsford Litigation Funding签订了资助协议,并从该处获得了与Essar公司进行仲裁的相关法律费用支出,包括第三方资助公司的赔偿款项。在资助协议中,双方约定,资助费用以Norscot公司所获得的资助款总额300%和仲裁收回金额的35%标准,金额较高者为准。Norscot公司已经实际从第三方Woodsford Litigation Funding获得的资助款为64.7万英镑,而最终仲裁员裁决Norscot公司获得Essar

公司的赔偿款为400万英镑，其中，包含194.1万英镑的第三方资助款。

裁决后，Essar公司对费用部分的仲裁裁决提出质疑，并要求英国高等法院撤销裁决。Essar公司主张：(1)在英国仲裁法律体系下，第三方资助款项不包含在《英国仲裁法》第59条第1款(c)项的“其他费用”中，仲裁员无权主动进行确认；(2)在《英国仲裁法》第68条第2款(b)项下，仲裁庭裁决支付第三方的出资人费用，是超越权限的，构成严重不规范，若按仲裁裁决Essar公司强制赔偿款项给Norscot公司，会引起实体上的不公正。

然而，Norscot公司认为Essar公司提出的主张没有根据，并提出以下理由：(1)该项仲裁裁决申请是2016年3月31日向高等法院提出的，已超过申请期限，应当被驳回。(2)仲裁员行为没有构成严重不规范。根据《1996年英国仲裁法》第61条第1款，仲裁员有权对仲裁费用的分配作出裁决(仲裁费用包括仲裁员报酬、仲裁庭费用、其他费用)。(3)即使该费用被错误地认定为在《1996年英国仲裁法》第68条第2款(b)项规范下，仲裁庭只是构成严重不规范，对Essar公司也不存在任何实体上的不公正。

2. 法院裁判意见

为理清第三方资助费用是否应予承担，Waksman QC法官比较分析了《1996年英国仲裁法》和《国际商会1998年规则》中对“其他费用”的规定：(1)关于仲裁员的行为是否属于越权行为，构成严重不规范的问题。Waksman QC法官认为，根据《1996年英国仲裁法》第51条、第59条和第63条的规定，仲裁员本身有权对仲裁费用分摊进行解释，即使因仲裁员个人认识能力欠缺导致认知不足，也仅仅是行为不当，不属于“超越权限裁决”。(2)关于“其他费用”的界定。一方面，Waksman QC法官注意到《1996年英国仲裁法》第59条第1款(c)项“其他费用”并未明确肯定或否定涵盖第三方资助所支出的费用；另一方面，2015年国际商会发布的关于国际商事仲裁中费用承担的报告中，对第三方资助协议的费用可以进行赔偿。[①] 而且，Norscot公司寻求第三方资助的

---

① 参见张建、张蓓蓓：《国际商事仲裁第三方资助的费用分摊问题——基于Essar诉Norscot案的分析》，载《荆楚学刊》2016年第6期。

原因系Essar公司违约在先,并以不适当的方式使其经济上无力支撑仲裁,Norscot公司为解决资金问题,不得不选择向案外第三方资助公司进行请求。因此,Waksman QC法官认为,“其他费用”一词外延本身可以囊括第三方资助费用,而仲裁庭一般享有裁决该部分费用的自由裁量权。因此,Essar公司的申请撤销理由不适当,予以驳回。

3. 问题的提出

从Essar诉Norscot案可以看出,英国法院在对待案外人资助仲裁的态度上有着明显的变化,尤其是在费用承担方面。国际仲裁小组(Global Arbitration Group)认为该法院裁判具有重大的划时代意义,对目前国际商事仲裁中出现的案外人资助现象具有很好的指导作用。

作为仲裁领域的新事物,案外人资助仲裁真正兴起也才近几十年,澳大利亚、美国、新加坡等国家以及香港地区不断出现案外人资助案例,但国际上并没有专门的规则或指引,导致其虽然存在,却缺乏监管。我国内地,虽目前尚未出现该等现象,但是香港地区2017年已正式通过立法承认案外人资助的合法性,并修改了仲裁条例。本文拟结合英国、新加坡等最新的案外人资助仲裁的发展形势,以香港地区通过《2017年仲裁及调解法例(第三方资助)(修订)条例》(以下简称《仲裁条例》)为背景,浅谈案外人资助仲裁造成的不平衡性,并对其披露规则提出一定的构想。

二、案外人资助仲裁的基础理论

(一)“帮讼”原则的演变

案外人资助,最早来源于普通法系的诉讼领域。“帮讼”原则,又称“包揽诉讼”,即帮助、维持和教唆诉讼,通常表现为和案件无实际利害关系的案外人向当事人提供金钱或其他行为协助诉讼,以获得相应的利益。[①] 该原则最早可以追溯到英国中世纪,当时封建势力逐渐衰弱,贵族势力为提高其政治地位和

① 参见广州仲裁委员会:《第三方资助——案外人帮讼的是与非》,载http://mp.weixin.qq.com/s/ZCFcugHjK5-M7cahhHEhgQ,最后访问日期:2017年8月14日。

扩大其在社会中的影响,提起认购他人收回土地的诉讼,一旦胜诉,即可享有该部分土地的权益。因当时社会环境影响,这种行为被大为推崇,浪费了大量的社会司法资源,也在一定程度上造成了社会的不平等,以至于英国著名法学家边沁,称"帮讼"原则为"男爵之剑",被贵族使用对抗其敌人。所以,普通法系国家曾一度禁止"帮讼"。

随着社会经济的发展,禁止"帮讼"从越来越被学者质疑,直至在现代各国对此均采取了较为宽松的态度。以英国为例,作为欧洲国家的重要组成部分,在经历欧洲人权公约和风险代理制度之后,英国法院已逐渐接受了"帮讼"原则,并在案例中明确了案外人资助诉讼当事人的标准,如 2005 年 Arkin v. Borchard 案。上文提到的 2016 年 Essar v. Norscot 案更是印证了法院对案外人资助的态度。

(二)案外人资助仲裁的概念和特征

仲裁作为国际商事领域解决纠纷的重要手段,如同"帮讼"原则,案外人资助(也称"第三方资助",third-party funding)也逐渐被引入仲裁行业中来。但是,目前国际社会尚未对案外人资助仲裁有一个明确的定义,对案外人以何种方式进行资助也未提供较有价值的参考数据。

当前,国际社会对案外人资助仲裁一般仅仅是狭义理解,国际律师协会(IBA)在《利益冲突指南》中给出的定义是:任何为提起案件或抗辩提供资助或实质性帮助,并且对于仲裁结果存在直接利益关系的个人或公司。类似地,中国国际经济贸易仲裁委员会香港仲裁中心在《第三方资助仲裁指引(征求意见稿)》中定义为:专门设立的公司或个人(资助人)向仲裁一方当事人(被资助人)提供资金或其他物质支持,并且资助人对仲裁裁决享有直接经济利益。①

结合司法实践来看,上述两个定义中的案外资助人与仲裁裁决有经济利益挂钩往往针对的是胜诉情况,败诉时资助人则不享有追索权。本质上,案外人

① 中国国际经济贸易仲裁委员会香港仲裁中心, Guidelines for Third Party Funding in Arbitration, Art. 1. 2:"For the purposes of these Guidelines, third party funding('Funding') arises when a professional third person or entity('Funder') contributes funds, or other material support to a party in arbitration('Funded party') and has a direct economic interest in the award to berendered in the arbitration."

资助仲裁,仍是一种投资手段,只是投资渠道涉足国际商事仲裁程序。根据定义,案外人资助仲裁有以下特征。

1. 案外人主体的专业性

目前,案外人资助仲裁的资助主体集中于专业从事投资机构,如 Burford、Calunius、Harbour Litigation 和 Vannin Capital 等,这使案外人资助仲裁不同于一般意义上的诉讼保险等,因为投资人所投资的仅仅是资金支持,而不是保险服务内容。

2. 案外人资助直接对象是商事仲裁请求,而非当事人

案外人基于对仲裁实体结果的胜诉而进行资助。换言之,其关心的只是该仲裁请求能否得到支持,自己所投资金能否得到回报。案外人的直接投资对象不是当事人,其收益与当事人自身的经济状况无关。

3. 案外人对胜诉仲裁裁决支持的费用享有直接分配利益

通常,案外人与仲裁当事人一方签订资助协议,约定如果请求得到仲裁庭的支持,则案外人可按一定比例对仲裁庭支持的费用进行分享。实践中,为了盈利,案外人在出资前会对案件进行一定的评估,预算胜诉率在70%左右,案外人方会作出资助决定。而且在资助协议中往往约定以仲裁裁决最终得到支持的数据,或者以资助总额为基数,案外人按相应的比例(实践中以15%~50%比例居多)分成,收取利益。(第三方资助费用示意见图1)

(三)案外人资助仲裁的发展现状——以澳大利亚、英国、新加坡等为例

对于国际商事仲裁中案外人资助问题,国际商事仲裁委员会(International Council for Commercial Arbitration)和伦敦玛丽女王大学(Queen Mary University of London)联合成立了专项调查组。据调查,2010年至2014年,短短4年时间内,国际商事仲裁中就有12项公开裁定、决定、裁决涉及案外人资助,仅仅2015年,就存在至少7项涉及案外人资助的裁定、决定、裁决等。① 以下以澳大利亚、英国、新加坡等国为代表简要介绍其发展现状。

① Nadia Darwazeh and Adrien Leleu, *Disclosure and Security for Costs or How to Address Imbalances Created by Third-Party Funding*, Kluwer Law International, 2017, p. 3.

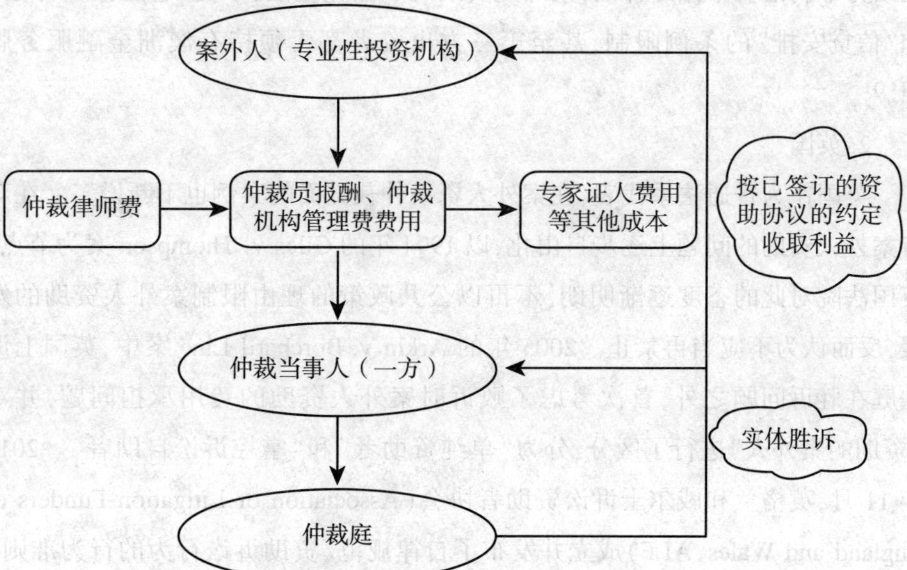

图 1　第三方资助费用示意

1. 澳大利亚

澳大利亚是案外人资助发展最早的国家。"帮讼",一度曾经被视为犯罪行为,然而法院也允许第三方资助诉讼根据普通法的例外得以存在:如果原告和投资者之间是善意(真诚)的,或者如果原告是身无分文以及投资者并没有任何附属的动机而行事的。① 随后,在破产领域案外人资助也逐步得到了允许,主要是在 2006 年澳洲高等法院在 Campbells Cash & Carry Pty Ltd. v. Fostif Pty Ltd. 案中对案外人资助的认可,并得到了澳大利亚最高法院的支持。2012 年,澳大利亚议会通过了第 6 号修正条例[Corporations and Amendment Regulation 2012(No. 6)]。2013 年澳大利亚证券投资委员会发布了第 248 号监管指南(Regulatory Guide 248),均对案外人资助有了较为明确的规定:第三方资助诉讼不受普通法系助讼及包揽诉讼法律原则禁止,诉讼的第三方出资者

① Standing Commottee of Attorneys-Genernal:Litigation funding in Australia(May 2006),p. 4.

无须为不利讼费令作出补偿,案外人资助属于豁免范围,不受“管理投资计划”和“信贷安排”的条例限制,甚至第三方出资者都无须持有澳洲金融服务牌照。[①]

2. 英国

英国作为普通法系代表,在案外人资助仲裁方面的案例也不断增多。在对待案外人资助的问题上逐步自由化,以1994年的Giles v. Thompson案为节点,英国法院对此的态度逐渐明朗,不再以公共政策的理由限制案外人资助的发展,反而认为不应当再禁止。2005年的Arkin v. Borchard Line案中,英国上诉法庭在胜诉问题之外,首次考虑了败诉时案外人资助的费用承担问题,并对“资助的案外人”进行了区分,分为“单纯资助者”和“掌控诉讼自助者”。2011年11月,英格兰和威尔士诉讼资助者协会(Association of Litigation Funders of England and Wales,ALF)成立并发布了自律规范《资助诉讼行为的行为准则》(Code of Conduct for Litigation Funders),该规则是第一个对案外人资助问题的行为规范。[②] 2016年的Essar v. Norscot案更是将案外人资助的制度推进了一大步,具有典型意义。

3. 新加坡

新加坡作为亚洲国家代表,曾一度明文禁止案外人资助在诉讼和仲裁等司法领域的应用。但随着仲裁的发展,新加坡也意识到限制该制度的局限性。2011年,新加坡律政部就《新加坡国际仲裁法令》(International Arbitration Act)进行检讨,咨询公众“关于国际仲裁中是否适宜采用第三方资助的意见”。[③] 2016年5月27日,新加坡国际仲裁中心发布投资仲裁规则草案,其中涉及案外人资助条款。2016年6月,新加坡律政部公布对《对民法有关修正的议案》和《民法有关第三方出资条例》的公开征求意见稿,旨在取消案外人资助的法

---

① 参见程雪梅:《第三方诉讼融资:效力、发展及对我国的启示》,载《学术界》2014年第4期。

② 参见郭华春:《第三方资助国际投资仲裁之滥诉风险与防治》,载《国际经济法学刊》2014年第2期。

③ See Ministry of Law, “Review of the International Arbitration Act Proposals for Public Consultation”(2011).

律障碍。2017年1月11日,新加坡国会通过关于第三方资助的第38/2016号民法修正案[Civil Law(Amendment) Bill 38/2016],明确规定允许第三方资助介入仲裁,案外人资助得到官方承认,正式合法化。

此外,美国、德国、法国等都在一定程度上放开对案外人资助的限制,市场上从事资助产业的机构也日益增多。在亚洲,除新加坡之外,虽然案外人资助是新事物,但也有国家和地区逐步同意案外人资助的合理性,例如,韩国国际律师公会在2013年的仲裁会议中,曾提及在韩国引入该制度的可能性。①

三、案外人资助仲裁的不平衡性困扰

案外人资助仲裁,已发展成为一项重要的接近司法公正(access to justice)的措施。高昂的仲裁费和烦琐的程序导致很多现实中遭受经济压力的当事人无法依靠司法途径来保障自身权益,案外人资助的出现,恰好解决了这个难题。案外人向申请人提供资金,大大解决了申请人申请仲裁的经济负担,为其获得公平公正司法仲裁裁判提供了重要路径。同时,案外人可以与当事人在资助协议中约定在败诉时由案外资助人承担一定的费用补偿,将败诉风险转移至资金实力雄厚的大公司大企业。②

然而,在国际商事仲裁的三角关系中再引入新的第三方案外人,势必会对商事仲裁的实体性平衡造成严重干扰,可能会破坏仲裁的程序公允,影响仲裁员内心的独立和公正。以下从仲裁当事人和仲裁庭两个不同的角度阐述案外人资助造成的不平衡性。

(一)仲裁当事人角度

从仲裁申请人角度来看,案外人的资助可能会加重无意义、夸大的请求,即滥诉。很多无意义的诉求,最终未获得支持,也会耗费国家许多司法资源,甚至会损害国家荣誉。从仲裁被申请人角度来看,案外人的资助可能会给被申请人

---

① See "Strategic Considerations and Recent Development in International Arbitration", 2013 IAKL Conference(2013).

② Victoria Shannon Sahani, "Judging Third-Party Funding", *UCLA Law Review*, 2014, p. 16.

增加大量的不必要的费用,因为在无意义的诉求下,被申请人相应地会跟进仲裁,并会产生无关费用。而且,如果仲裁申请人是一个相对经济压力比较大的、依靠案外人资助的当事人,且向仲裁庭发起了一个无意义的诉求,那么一旦仲裁庭裁决申请人败诉,则对被申请人来说风险性系数相对较大,其没有有效的途径进行执行裁决,执行风险也转移至案外人(如果案外人事先进行了费用保证,或在资助协议中明确了对败诉的风险进行兜底),而仲裁申请人则往往因为没有财产而得到规避。换言之,即使案外人在资助前与仲裁申请人进行了约定,仲裁庭也对案外人无管辖权,因为其不属于当事人,仲裁被申请方也无法对其进行主张执行。这也是国际上通常所说的"打了就跑的仲裁手段"。

以 S&T Oil Equipment v. Romania 案为例,申请方破产且争议存续时间长达两年,仲裁程序之所以能够进行下去,完全是因为资助方提供的资金,当案外资助方撤回出资时,申请方 S&T Oil 公司就结束了案件,而被申请方罗马尼亚被高达数百万的法律费用所困,如果没有第三方资助介入此案件,这些高昂的法律费用根本就不会产生。①

(二)仲裁庭角度

从仲裁庭角度来看,引入案外人对仲裁庭中原有的三角关系造成破坏,并对仲裁员的公正性有潜在的干扰。仲裁员能否独立公正,成为仲裁被申请人的一大疑问。

1. 影子当事人 vs 案外人的利益勾兑

国际商事仲裁员一般是由世界顶尖律师事务所律师或法学领域具有突出贡献的教授担任。这些组成人员在生活中与仲裁机构或当事人经常存在利益链,而作为仲裁员又必须保证仲裁的独立性和公正性,因此为保证裁决的公平公正,往往在任命仲裁员的同时也给其施加了义务,即及时披露规则。但在现有的商事仲裁体系下,如果又引进新案外人,势必会使仲裁背后的利益链更加

① Nadia Darwazeh and Adrien Leleu, *Disclosure and Security for Costs or How to Address Imbalances Created by Third-Party Funding*, Kluwer Law International, 2017, p. 5.

复杂化。以下就引入案外人时不同主体间的利益链进行分析。

(1)案外人(资助人)与仲裁申请人。

仲裁申请人一方存在巨大的经济压力,这导致其无法提起仲裁。而案外人(资助方)有着雄厚的经济财团,可以在事前评估的前提下对案件进行评估调查,为因经济条件原因无法提起仲裁的当事人提供资助。因涉及胜诉裁决后的利益分配,因此经常成为利益链一体化。相关利益链为利益链一(见图2)。

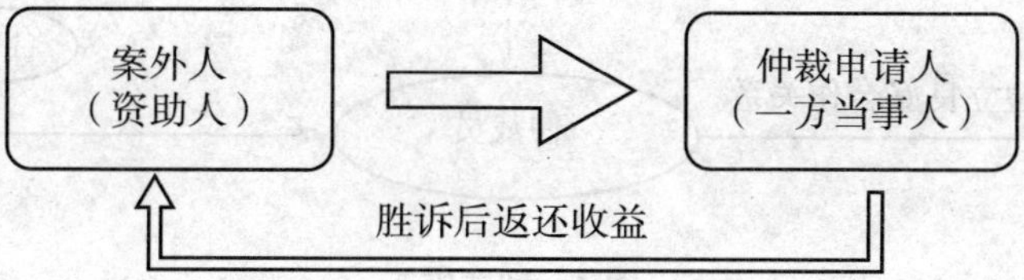

图2 利益链一

(2)委托代理人(律师事务所)与仲裁申请人。

律师事务所(咨询顾问)作为国际商事仲裁中的重要角色,在接受仲裁申请人的聘任后作为委托代理人,参加仲裁。仲裁申请人向律师事务所支付律师费。相关利益链为利益链二(见图3)。

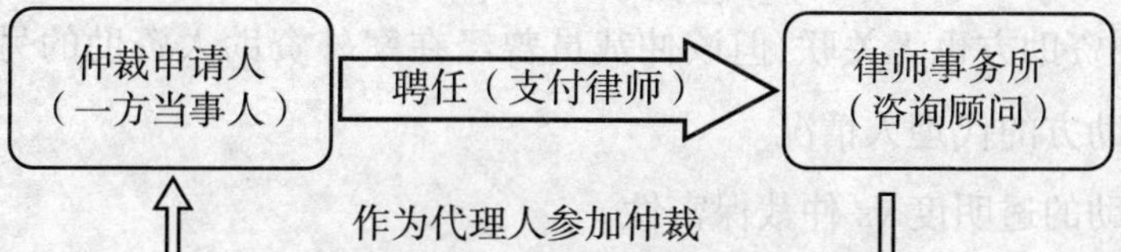

图3 利益链二

(3)案外人(资助人)与委托代理人(律师事务所)。

如果国际商事仲裁领域引入案外人,即意味着仲裁申请人无力承担巨额仲裁申请费、律师费等费用,而由第三方案外人直接注资。换言之,在上述两个模式下,某种程度上省略了仲裁当事人这一环节。相关利益链为利益链三(见图4)。

而在国际仲裁的实践中,往往是仲裁申请人选择确定好案外资助人后,再由案外资助人向其引荐相应的律师事务所作为参加仲裁程序的委托代理人。

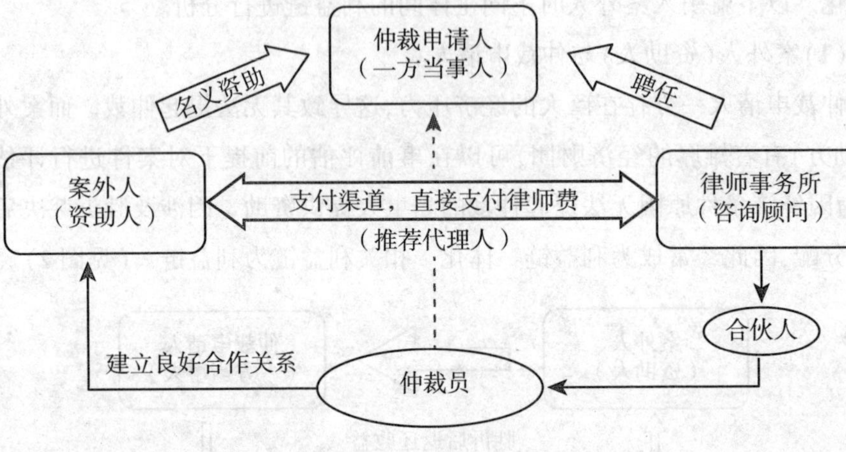

图4　利益链三

如果在这种情况下,律师事务所的某一合伙人恰巧为仲裁庭仲裁员,则可能为保护律师事务所的利益,或维护案外资助方和律师事务所之间的良好合作关系,而对该方仲裁申请人有着先入为主的情感,这对仲裁员的公正独立性有着巨大的挑战。

除此种情形外,还有可能存在仲裁员在该案中与仲裁当事人双方都没有关联,与案外资助方也无关联,但该仲裁员曾经在案外资助人资助的另一案件中担任被资助方的代理人情况。

2. 资助的透明度 vs 仲裁保密性

一般认为,仲裁源自当事人的私下协议,具有私密性(privacy),无关的第三方在不经过双方当事人同意的情况下不能旁听。① 虽然国际社会对仲裁的保密性要求没有一个统一的认识,但基于仲裁是双方当事人意思自治的体现,对于仲裁程序事项、仲裁参与人了解的庭审记录、书面陈述、证据材料及裁决等各种与仲裁有关的事项,一般要求,仲裁双方当事人及参与人均不得对外泄露。大多数国家参考联合国国际贸易法委员会《国际商事仲裁示范法》

① 参见杨良宜、莫世杰、杨大明:《仲裁法:从1996年英国仲裁法到国际商务仲裁》,法律出版社2006年版,第1074页。

(UNCITRAL Model Law on International Commercial Arbitration,以下简称 UNCITRAL 示范法)的做法,认为保密性本身在双方当事人选择仲裁时即已考虑了。再如,北京国际仲裁中心 2015 年 4 月的仲裁规则中要求:当事人及其代理人、参与人(包括证人、仲裁员、专家、鉴定人等)均不得对外界透露与案件有关的实体和程序性事项。这恰恰证明,即使仲裁员本身也不在例外情形之内。

而相反,案外人的引入,打破了仲裁当事人的平衡状态。案外人,既不是仲裁当事人,也不是仲裁参与人,更不是仲裁中的专家证人、鉴定人等,其仅仅是为仲裁申请方提供资金,便于其进行仲裁的第三方。但是,该第三方的角色,对于仲裁庭来说,就处于十分尴尬的地位。首先,仲裁申请人在要求案外人进行资助时,已经把与案件相关的事实泄露给案外人;而且,如果案外资助方本身即上市公司,则根据相关规定,其自身就需要把对外投资的情况进行一一披露,这就更加与仲裁保密性相违背。其次,因为案外人往往处于隐形当事人地位,扮演着影子当事人角色,虽与仲裁事项有关联,却非实际当事人,仲裁庭囿于种种因素而无法对其进行管辖。

3. 管辖权缺失 vs 仲裁费用承担

在国际商事仲裁中,案外人参与仲裁程序,对最终仲裁裁决的费用承担及执行也提出了挑战。一般来说,败诉方承担本案的仲裁费用,是一种常见的费用分配方法,但并不是普遍的做法。结合本文之前提到的 Essar v. Norscot 案来看,在仲裁申请人胜诉的前提下,关于仲裁被申请人是否需要对仲裁申请人因仲裁而支出的相关合理费用及案外人出资费用进行承担的问题,在 Essar v. Norscot 案中,答案是肯定的。仲裁庭考虑到,申请人之所以借助案外人进行仲裁,是因为被申请人通过不正当手段,使申请人不求助于案外人进行仲裁,则无法实现正义。因此,仲裁庭支持了申请人的请求。

另外,如果仲裁申请人的请求未得到仲裁庭支持,对于仲裁被申请人要求的仲裁合理支出费用,仲裁庭该如何作出裁决?仲裁被申请人为维护自身权益,可能会申请费用保全。但是,在案外人资助的情况下,如果仲裁申请人自身无财产,或在资助协议中未对败诉后的费用承担作出约定,则该请求又如何得到支持?即使在仲裁协议中约定了费用承担,但基于案外资助人非案件当事人,仲裁庭无权对案外人实施任何管辖,因此,遇到该类案件时往往需要仲裁申请人另行起诉或仲裁。即使仍然存在个别国家或地区,在对案外人态度上,仲裁庭可以责令其履行一定权利义务,比如,美国佛罗里达州法院的法官认为,案外人既然已资助当事人之一参与仲裁,就应默示其为诉讼主体。其中,典型案例是 Excalibur 案,法庭下令 9 个案外资助人分别承担一定额度的诉讼程序费用。但是,各界对这个案例的争议很大。

四、案外人资助仲裁的披露规则研究

通过对案外人资助仲裁的不平衡性分析可知,截至目前,能有效打破这种不平衡现实的手段之一即建立可靠的披露规则。资助关系不透明,案外人可能存在的利益分配勾兑、影子当事人角色和仲裁隐秘性的违反突破,乃至影响仲裁裁决后相关费用的承担及分配,恰恰印证了披露规则建立的必要性。

(一)披露规则的立法

在仲裁立法层面,目前无论是各国国内法还是国际规范,尚未有一个较好的典范。

1. 国内法层面上

国内法层面上,澳大利亚曾明确立法要求,接受资助的仲裁当事人必须在首次审前会议(initial case management conference)之前或会议上告知仲裁庭和对方当事人第三方资助安排的存在。[①] 这是国际做法中首次明确要求的预披露规范,如果仲裁庭不遵守该规范,则相关裁决会被法院予以撤销。此外,欧洲委员会也曾提到过:应当要求原告在程序开始时向仲裁庭披露用以支持其仲裁

---

① Art. 3.6 of the Federal Court's Practice Note CM 17, last revised on 9 Oct., 2013. "At or prior to the initial case management conference each party will be expected to disclose any agreement by which a litigation funder is to pay or contribute to the costs of the proceeding, any security for costs or any adverse costs order. Any funding agreement disclosed may be redacted to conceal information which might reasonably be expected to confer a tactical advantage on the other party."

行为的资金来源。

2. 国际规范层面上

国际规范层面上，2014 年国际律师协会修订的《利益冲突指引》为代表。该指引要求，接受资助的当事人应当进行披露。其第 7(a)条规定：当存在与裁决结果有直接经济利益的第三方时，或者将由第三方承担向对方当事人赔偿责任时，若仲裁员与第三方存在直接或间接的关系，当事人应当在其最早可以通知仲裁员、仲裁庭、对方当事人及仲裁机构时通知他们。①

（二）披露规则的实践

虽然案外人资助仲裁本身发展起步时间并不长，但实践中仲裁庭要求披露的案例却不少。例如，在 Eurogas v. Slovakia 案和 South American Silver v. Bolivia 案，两个案件中，仲裁庭均要求接受资助方当事人披露案外人的身份。比较引人注意的是，2015 年国际投资争端解决中心（ICSID）受理的 Sehil v. Turkmenistan 案中，仲裁庭还以程序令的形式要求披露资助协议的内容。因为，披露后有利于判断仲裁员是否受资助所影响，从而保障程序的公正性。

（三）披露规则的构建思路

1. 披露规则的适用主体

目前，仲裁实践已对接受资助方的当事人要求披露这一点无异议，从仲裁程序的平衡性角度来看，披露的适用主体还应当包括仲裁员、案外人资助方。

（1）接受资助方仲裁申请人（强制性要求）。

仲裁申请人，作为接受案外人资助的一方，在本来无法承受国际商事仲裁的巨大成本费用上有了新的突破，从经济角度出发，其也是获利成分相对较高的一方。因此，仲裁申请人应当主动进行披露。而实践中，接受资助一方的仲

① IBA Guidelines on Conflicts of Interest in International Arbitration (2014), General Standard 7: "(a) A party shall inform an arbitrator, the Arbitral Tribunal, the other parties and the arbitration institution or other appointing authority (if any) of any relationship, direct or indirect, between the arbitrator and the party (or another company of the same group of companies, or an individual having a controlling influence on the party in the arbitration), or between the arbitrator and any person or entity with a direct economic interest in, or a duty to indemnify a party for, the award to be rendered in the arbitration. The party shall do so on its own initiative at the earliest opportunity."

裁申请人在资助前会与案外人签订书面的资助协议，就具体资助事项和仲裁裁决的费用承担等问题进行明确约定，其中，资助协议中会涉及保密条款，要求双方当事人均不得对外泄露。但事实上，如果一方当事人仅向仲裁庭披露该等事项，在某种意义上，并不违反保密义务。

（2）仲裁庭仲裁员（强制性要求）。

仲裁员的披露义务，来源于在案件中如果仲裁员和案外资助方存在利益勾兑的情况。在目前的国际仲裁规则下，包括ICSID规则、ICC规则、LCIA规则及ICDR规则（国际争议解决中心仲裁规则），仲裁员的披露义务已经逐渐成为一种义务。为保证仲裁员本身的独立性和公正性，如果知道或了解案外人参与资助的案子中，与自身有直接利害关系的，仲裁员应当主动向所在的仲裁机构进行披露。

（3）案外资助方（任择性自我监管）。

资助人作为案外人，仲裁庭无法对其实施强制性规则，但从仲裁的平衡角度出发，应当对案外资助人赋予一定的任择性要求。国际仲裁程序中，一旦资助人与被投资人签订了资助协议，案外资助人就应当主动披露事实，因为接受资助的仲裁当事人可能并非对资助事实、资助人的信息有全面的了解，只有全方位地披露透析资助情况，才能防止案外人实际的利益勾兑发生。2011年，英格兰和威尔士诉讼投资人协会（ALF）发布的《诉讼融资中自我监管的自律守则》（Code of Conduct for Litigation Funders）就是一个很好的典范，虽然该规则只对自身会员有约束作用，但对其他案外人进行投资却起到很好的指引作用。

2. 披露的时间

无论是案外资助人，还是仲裁当事人和仲裁员，尽早披露资助情况，以及是否存在利益分配情形，对国际仲裁程序的公平公正有着至关重要的作用。本着提高仲裁效率原则，对于披露时间适宜设定一个最后期限，这里可参考澳大利亚的“首次案件审前会议”，或在仲裁程序开始前。这在ICSID仲裁规则第6条规定中也有明确的体现。如果仲裁程序已开始再进行披露，可能会涉及程序回转，甚至程序瑕疵。再如，若仲裁裁决进入了执行阶段，此时若进行披露，一则仲裁裁决结果可能是不公正的;二则即使仲裁裁决实体上没有问题,在涉及裁决的承认和执行态度上,其他国家可能会因为未及时披露而不予承认和执行。

3. 披露的对象

接受资助的一方当事人在披露时,应考虑向仲裁庭、对方当事人进行披露。因为,首先仲裁庭作为裁决争议的第三方中立者,可能影响裁决的事项都应向仲裁庭报备。其次,对方当事人有申请回避的权利,如果接受资助方的当事人披露其与某一仲裁员认识,或有较为深厚的关系背景,则对方当事人基于裁决的公允性会申请仲裁员回避。

案外资助方在披露时,应主动向仲裁庭披露。因为,其作为案外投资人,介入仲裁程序,已严重影响仲裁双方的对立平衡,只有披露其基本情况后,才能更好地保证裁决在实体上的公平公正。

仲裁员在程序开始前,应主动、坦诚地向仲裁机构管理人员或专门登记人员进行披露。在目前的仲裁规则下,仲裁员被要求向国际商会秘书长、伦敦国际仲裁院登记员、国际争议解决中心管理员等进行披露。但在此种方式下,仲裁机构的管理人员应负有及时汇报,并对外保密的义务。否则,案件未裁,事实已露,将严重影响裁决的公允性。

4. 披露的内容

结合披露规则的实践案例可以看出,当前国际社会对披露的内容主要局限于以下两个方面:案外人资助的身份和资助协议的实质性内容。对于以上两方面内容,是否同时进行披露,理论界也仁者见仁、智者见智。

(1)案外人资助的基本情况。

无论是 Eurogas v. Slovakia 案,还是 South American Silver v. Bolivia 案,仲裁庭在得知有案外第三人介入仲裁后,都要求披露该案外人的基本情况,以便了解客观事实。案外人资助的基本情况,包括案外人主体身份,案外人所从事的业务范围,案外人资助当事人的事实。

（2）资助协议的内容合法性。

除案外人资助的基本情况外，在某些案件中仲裁庭要求接受资助的仲裁当事人或案外人对资助协议的实质性内容进行披露，具体包括资助协议本身的合法性问题，资助协议的某些条款。在国际投资仲裁案件中，如果案外人协助经济困难的当事人，将“无意义”的商事争议提交至仲裁，则很可能会导致东道国的公共财政成为案外人的“自动取款机”，如果仲裁请求得到支持，案外人即可在他国法院寻求执行，分取巨额收益。[①] 例如，在 Abaclat and Others v. Argentine Republic 案中，阿根廷政府在管辖权阶段就支付了高额费用。因此，在部分案件中，仲裁员也需要对资助协议本身的合法性（是否违反公共利益等）进行审查和斟酌。此外，对资助协议中的关键性条款，如在败诉情况下，资助方是否同意负担对方仲裁费用，资助方撤回出资的条件，以及胜诉时的回报率。如在 Sehil v. Turkmenistan 案中，仲裁庭要求披露回报率事项。

但是，实践中资助协议中往往含有限制性的保密条款，禁止案外人和接受资助方对协议的具体内容外泄。这与仲裁员对协议的合法性问题进行审查，甚至对部分条款核实披露义务是相悖的。此种情况下，如何巧妙地利用双边投资协定缓和解决这种冲突就尤为重要。

5. 披露的方式及审查

无论是哪类披露主体，在作出具体的披露要求时，均应当以书面形式进行。诚然，披露的方式可以有很多种，包括纸质的书面材料，电子数据凭证等。各方在披露时应选择适当的方式将需要的信息予以披露。

在接受资助方和案外人将披露信息提交至仲裁庭后，仲裁庭管理人员须及时对披露信息的真伪和来源的合法性进行调查，以保证对仲裁员不会产生偏离公正、公允的轨道。

---

① Pia Eberhardt and Cecilia Olivet, “Profiting from Injustice: How Law Firms, Arbitrators and Financiers Are Fuelling an Investment Arbitration Boom”, Corporate Europe Observatory and the Transnational Institute, 2012, pp. 57-60.

五、我国对案外人资助仲裁的态度及其披露规定的若干反思——以我国香港地区为例

(一)我国对案外人资助仲裁的态度

1. 我国内地和香港地区立法状况差异化

综观国际社会,案外人资助仲裁在诸多国家如火如荼地展开,不仅仅是在英美法系,而且在大陆法系的德国、荷兰等也逐步得到允许。但是,我国案外人资助仲裁尚未有很大发展,尤其是内地。总体来看,我国内地对案外人资助仲裁的立法仍然是“法律空白”,而我国香港地区已明确承认案外人资助仲裁的合法性。作为普通法管辖区域,我国香港地区一直禁止帮讼和助讼(有三种例外:第三方能证明对诉讼结果有着合法权益;当事人说服法院允许第三方介入;涉及的是其他项法律程序,如无力偿债)。但是,随着商事仲裁的发展,香港法律改革委员会认识到该原则越来越阻碍贸易的发展。2015 年 10 月 19 日,香港法律改革委员会建议对原《仲裁条例》(609 章)进行修订,并发布了关于案外人第三方资助仲裁的咨询建议。2016 年 5 月 19 日,中国国际经济贸易仲裁委员会香港仲裁中心发布《第三方资助仲裁指引(征求意见稿)》,并组织专家讨论指导。2016 年 10 月 12 日,根据咨询建议书的反馈,香港法律改革委员会发布了关于案外人资助仲裁的报告书,提议允许第三方资助仲裁在香港地区施行,并建立了合理的保障程序。2017 年 1 月 11 日,香港律政司将发布的《2016 年仲裁及调解法例(第三者资助)(修订)条例草案》(以下简称《仲裁条例草案》),提交香港立法会。2017 年 6 月 14 日,香港立法会通过上述草案,同意对原《仲裁条例》(609 章)作出修订。案外人资助仲裁,在香港地区正式合法化。

2. 香港地区案外人资助仲裁合法化的意义

香港《仲裁条例草案》的正式通过,意味着国际社会上专业从事投资的机构在香港仲裁领域将大有作为,同时对香港本身的制度规范化也有深刻的现实意义:首先,可以提高香港地区作为亚太区主要的国际仲裁中心的竞争力;其次,有助于提高现有制度的效率,包括案件管理、法律费用等,让参与法律程序者可以畅通渠道;再次,引入案外人资助仲裁,可以让申索求偿人更有机会达成

和解;最后,香港地区该制度的合法化,可以为我国内地树立良好榜样,为以后是否引入该制度提供借鉴。

(二)香港地区《2017年仲裁及调解法例(第三者资助)(修订)条例》(以下简称《仲裁条例》)的规定及思考

1.明确"案外人资助仲裁"的含义

根据修订的《仲裁条例》规定,案外人资助仲裁(第三者资助仲裁),即就仲裁事项提供仲裁资助,且提供资助须符合:(1)资助是根据资助协议提供。(2)资助是向受资助方提供。(3)资助是由出资第三者提供。(4)提供资助,是借此以换取出资第三者在限定情况下收取财物利益;限定情况是假若该仲裁按该资助协议所指成功者,该出资第三者方可收取的财物利益。

另外,《仲裁条例》专门确定了资助的范围,除了仲裁之外,还包括法院程序、调解程序及紧急仲裁程序等。

2.对保密义务及披露有着特殊要求

在涉及保密义务和披露相冲突的问题上,香港《仲裁条例》直接进行了强制性的规定。《仲裁条例》第98T条要求,当事人基于第三者资助来维护自身法律权益的,而向他人披露仲裁或潜在仲裁的信息的,不适用于保密义务。该条巧妙地给予第三方资助在保密事项上的豁免权。

在披露的具体事项上,《仲裁条例》第98U条对接受资助一方的当事人提出了要求。受资助方应当就"已经订立资助协议的事实"及"出资第三方的姓名或名称"向仲裁的其他方和仲裁机构发出书面的通知,该通知至少应在仲裁开始前提出,或如资助协议是在仲裁开始后签订的,则该通知应在订立资助协议后的15日内发出。同理,如资助协议完结,接受资助方的当事人还应当就资助协议完结事实和完结日期,在协议完结后的15日内向仲裁其他方和仲裁机构发出书面通知。

《仲裁条例》对披露对象主要停留在接受资助方的当事人,对披露事项也集中于案外出资人的基本情况;在披露范围和人员上,香港地区的《仲裁条例》还有待继续拓展和延伸。

3. 对案外出资者约束的新方法——"实务守则"

香港《仲裁条例》采取"轻度"监管措施,对案外出资者明确了新方法——实务守则。获授权机构可以列出对期望出资在资助仲裁活动方面须遵守的规则,即为实务守则。获授权机构可修订或撤销该守则。在发布实务守则前,授权机构应就内容咨询公众,并予以公告。咨询公众过程中,可向具备专业知识和经验的人进行询问。

实务守则在不违背大原则的前提下,可以对案外资助者要求:(1)任何与第三者资助仲裁相关的材料,均应清楚、不具有误导性。(2)资助协议应列明主要特点、条款内容,比如,案外人对仲裁的控制权程度,案外资助者是否会因为费用担保等对接受资助方当事人承担责任,资助协议当事人何时以何种理由终止协议,以及案外资助者撤资的原因及时间等。(3)接受资助者当事人在资助前获得的独立法律意见书。(4)案外资助者向接受资助者提供咨询机构的名称及联系方式。(5)案外资助者有足额资本金。(6)案外资助者在资助过程中遵守有效程序。(7)案外资助者向咨询机构提交的周年报表等。最后,《仲裁条例》以兜底的方式,明确了实务守则可适用于一般情况或特别情况,并且就不同情况可以订立不同的条文内容。

从以上内容可看出,香港地区对案外资助仲裁的立法处于初级阶段,对案外第三方的约束与澳大利亚规定的"自我管辖"机制有些类似,都采用软化处理,但还存在很多不同。香港地区对案外资助人和接受资助的当事人采取的不同类别要求,对案外人以软化轻度为主,对接受仲裁的当事人则以强制要求为主。这也是区分案外人的规定,因其非仲裁案件当事人,而是形式上的影子当事人角色。

六、结语

随着国际商事仲裁的日益发展,高昂的仲裁费用已给众多当事人造成了巨大的压力,而案外人资助仲裁的适时出现,恰恰有效地解决了这个难题。但是,作为一种新的投资方式,国际社会上对其监管却处于一片盲区,各方说辞和做法不尽一致。案外人本身并非仲裁案件的当事人,在整个仲裁程序中充当的仅仅是“影子”形象,只是与提起仲裁的费用相关,根据合同相对性原理,仲裁庭作为居中裁判者,对案外资助人实际上并无基本的形式乃至实质管辖权。但是,案外资助人也确实在某种程度上参与仲裁程序,对各方当事人乃至仲裁庭本身都产生较大影响,如与仲裁员同属一个利益链,是否要遵守通行的保密做法等。我国大陆目前并未出现案外人资助仲裁的案例,但在我国“一带一路”倡议背景下,国际贸易迅猛发展,商事争议不断出现,香港地区的案外人第三方资助仲裁的合法化,对我国未来是否考虑引进该制度具有重要的参考价值。

“一带一路”沿线国家国际仲裁制度研究

埃 及

埃及(全称“阿拉伯埃及共和国”)位于北非东部,是亚欧大陆通过非洲的门户,也是大西洋与印度洋之间的海上捷径,自古以来就是战略重地。自2011年年初发生政治动荡以来,埃及国内经济形势恶化,经济增速一度降至2%,外汇储备急剧减少,外资大量流失,旅游业遭受重创,失业率高达13%。2014年6月塞西(AbdelFattah al Sisi)就任总统后,埃及政府推行了削减能源补贴、改进税制、修订投资相关法律法规等改革措施,力图重振疲弱的国内经济。[①] 观察来看,埃及修订的投资相关法律法规也涉及了仲裁等替代性争议解决机制的内容。

本文将就埃及的相关仲裁制度进行介绍,并将之与中国进行对比,以便为中国企业持续、深度进入埃及市场提供参考。

一、仲裁相关的立法情况

(一)埃及立法与司法概况

埃及作为非洲唯一的中东国家,由于古老的文明,历史上已经形成了被学者认为占据一席之地的“埃及法系”;[②]此外,其近代史上一度被拿破仑占领,后

① 参见《“埃及充满投资机会,但环境有待改善”——访国际金融公司首席执行官蔡金勇》,载《中国国门时报》2015年3月18日,第7版。

② 参见[美]约翰·亨利·威格摩尔:《世界法系概览》,何勤华、李秀清、郭光东等译,上海人民出版社2004年版,第406~408页。

又在长达40余年的时间里被英国控制而成为其殖民地,其法律体系的主要渊源是罗马法、拿破仑法典和伊斯兰教法。整体上讲,埃及法律制度较为完善。从其仲裁立法来看,主要以成文法为主,同时考虑了法院判例的影响。

埃及仲裁立法时间并不长,其产生和发展伴随埃及逐步融入世界经济潮流的过程。过去,法院被认为是其国内解决法律争端最主要的,甚至是排他性的机构。但自20世纪90年代以来,随着待解决争议的增加,尤其是商事争议数量的激增,埃及的法院体系已经不堪重负,无法满足快速发展的现代商事交易的需求。而近年来,埃及吸引国外投资的步伐加快,投资争议中的技术性问题使法院无法在该类案件中确保作出被认可的、及时的判决。

出于传统司法体系的上述缺陷,以及吸引投资人的需要,促使埃及立法机构迈出重大一步,即将仲裁作为与法院诉讼——特别是对于和投资以及商事相关争议的诉讼——相平行的解决争议的方式。1994年第27号《民事和商事仲裁法》(Law No. 27 of 1994 Concerning Arbitration in Civil and Commercial Matters Arbitration Law,以下简称《埃及仲裁法》)正式颁布施行。《埃及仲裁法》的颁布施行具有里程碑意义,它确立了仲裁作为主要的替代性争议解决机制的整体框架,规定了特定法律争端的可仲裁性,仲裁协议,仲裁程序仲裁庭的组成,仲裁流程,以及仲裁裁决的生效和执行等主要问题。①

《埃及仲裁法》是埃及处理仲裁的主要程序性立法依据。除此之外,对其最高宪法法院(Supreme Constitutional Court)和重审法院(Court of Cassation)的相关司法审判或裁定进行的确认,也是埃及仲裁的第二性法律渊源。

2011年"茉莉花革命"之后,埃及为了重塑外国投资者对埃及的信心,加快引入其他渠道,以尽快解决本国政府部门和投资者之间的争议,埃及总理于2012年签发了第1115号命令,要求创立一个争议解决委员会(settlement committee),以解决投资者和任何政府机构之间产生的投资争议,所谓的争议不仅局限于合同争议;此外,该委员会作出的建议,将构成一般的法律原则,各

① Egypt:Legal Framework for Arbitration,载http://www.loc.gov/law/help/arbitration/egypt.php,最后访问日期:2017年8月15日。

级政府部门在类似的案例中应当予以遵循。[1]

上述法院司法判决以及争议解决委员会创设的法律原则将作为埃及仲裁立法中的特色内容,在下文予以详细介绍。

除此之外,埃及还是《关于解决国家和其他国家国民投资争端公约》(ICSID Convention,《华盛顿公约》)、《承认及执行外国仲裁裁决公约》(New York Convention on the Recognition and Enforcement of Foreign Arbitral Awards,《纽约公约》)、1907 年《关于解决太平洋国际问题的公约》(Convention for the Pacific Settlement of International Disputes)等国际公约的签字国/成员国,上述公约也成为埃及仲裁法律制度的渊源。

相比较而言,我国的仲裁实践先于仲裁立法,1954 年我国以行政法规的形式决定,在中国国际贸易促进委员会内设立对外贸易仲裁委员会处理涉外仲裁。1982 年《中华人民共和国民事诉讼法》对涉外仲裁的相关原则进行了规定;2008 年《中华人民共和国民事诉讼法》对此进行了修订。就国内仲裁而言,1983 年颁布的《中华人民共和国经济合同仲裁条例》是关于我国国内仲裁制度的首个完整规定。1994 年正式颁布的《中华人民共和国仲裁法》(以下简称我国《仲裁法》)是我国第一部单行的仲裁法律,是中国仲裁发展史上的一个里程碑。该法也参考了《纽约公约》(中国加入了该公约)和联合国国际贸易法委员会(Arbitration Rules of the United Nations Commission on International Trade Law,UNCITRAL)的《国际商事示范法》,因而是一部和国际接轨的、先进的仲裁法。我国除了加入《纽约公约》以外,还加入了《华盛顿公约》。因此可以说,埃及和我国在仲裁法律渊源上具有较大的相似性。

(二)埃及仲裁与诉讼的关系

仲裁在埃及法体系下是一个非传统的争端解决方式,埃及的立法机构也对传统的国家司法机构——法院,向新生的仲裁庭让位保持怀疑态度。但是,从制度建设来看,《埃及仲裁法》明确了仲裁制度与法院审判制度之间的关系,基

① Egypt:Legal Framework for Arbitration,载 http://www.loc.gov/law/help/arbitration/egypt.php,最后访问日期:2017 年 8 月 15 日。

本符合国际通行惯例。仲裁与诉讼之间的关系体现为以下几个方面。

1. 在埃及,与法院审判不同,仲裁机构受理的事项有一定的范围限制

《埃及仲裁法》第 2 条和第 11 条对可仲裁事项进行了正反两方面的规定。按照规定,无论契约性或非契约性事项,只要争议产生于一项具有经济性质的法律关系,均可仲裁;无法调解的事项不可仲裁。根据该规则,对于合宪性争议、刑事犯罪、家庭关系或者与人身相关的事项都不可仲裁。

2008 年,埃及司法部颁布了第 8310 号行政条令,规定任何和不动产权利相关的法律争议均不能诉诸仲裁,包括任何和不动产的占有、所有或分割相关的争议。该行政条令限制了原根据《埃及仲裁法》可仲裁的事项范围,同时也使那些传统上可仲裁,但和不动产相关的争议是否还可仲裁变得模糊不清,比如,和酒店管理相关的争议。因此,2011 年,埃及修订了该行政条令,明确“争议是否可仲裁”这一问题的唯一依据是《埃及仲裁法》。[①]

另外一个容易产生模糊地带的问题是,政府或其授权部门作为缔约一方的合同争议是否可仲裁。根据《埃及仲裁法》,该类合同应在可仲裁争议范围内。[②] 这一点也在 1997 年 3 月 19 日开罗上诉法院第 113 法律年度的第 64 号商事案件所作出的判决中得到印证。开罗上诉法院就仲裁解决埃及行政合同中争议的合法性问题,作出了一个重要判决。该法院指出,如争议双方在协议中约定,将行政合同中的争议提交仲裁裁决,这样的协议是完全合法的,主要原因如下:《埃及仲裁法》第 1 条规定,它适用于“公法和私法管辖的法人或自然人之间的一切仲裁,无论争议产生的法律关系如何”,同时也应注意,该条款主要考虑到了双方存在关于仲裁的协议,即使一方是政府机构,也不论争议的本质为何,均可提交仲裁。因此,若提出在行政合同中约定仲裁条款是无效的,这样的说法是站不住脚的。该法院同时也指出,上述观点也可以通过查阅《埃及

---

① Egypt: Legal Framework for Arbitration,载 http://www.loc.gov/law/help/arbitration/egypt.php.,最后访问日期:2017 年 8 月 15 日。

② 《埃及仲裁法》第 1 条规定:“行政合同相关的争议,作为公法人,其仲裁协议应经适格部长或承担相应职权的官员批准,批准权不得授予他人。”即与行政合同相关的争议,只要其仲裁协议经适格主体批准,即可仲裁。

仲裁法》的解释脚注、埃及人民议会(埃及两院制议会的下议院)相关委员会的报告以及关于《埃及仲裁法》的相关讨论得到印证,所有上述材料都确认根据埃及法律,在行政合同中引入仲裁机制是合法的。[①] 但是,2013 年 12 月 1 日投票通过,并于 2014 年正式颁布的埃及新宪法规定,任何行政争议都由议会排他性管辖。另外,根据 2010 年第 67 号公私合营法(Law No. 67 of 2010 Regulating Public-Private Partnerships),尽管 PPP 协议被认为是政府协议,但上述公私合营法规定 PPP 协议中仲裁条款的效力有赖于根据该法设立的 PPP 事务最高委员会(Supreme Committee for PPP Affairs)的认定。[②] 由于该公私合营法生效时间早于新宪法,对于此类合同中产生的争议是否可仲裁,议会是否具有排他性管辖权,各方可能对此有不同看法,因为这样的合同本质上是行政性的。

相比较而言,我国《仲裁法》就仲裁事项的约定是明确的,即可仲裁事项为:平等主体的公民、法人和其他组织之间发生的合同纠纷和其他财产权益纠纷。不可仲裁事项为:(1)婚姻、收养、监护、抚养、继承纠纷,也就是说和人身关系相关的事项不可仲裁。(2)应由行政机构处理的行政争议;但是行政机构作为平等的民事主体和其他个人、法人或组织之间的争议,不属于行政争议范畴的,也属于可仲裁事项范畴。(3)非财产权益纠纷,如刑事犯罪。

关于仲裁的事项范围,埃及法和中国法对此的规定大体一致。但由于埃及新近生效的宪法和公私合营法对行政合同是否可仲裁、由何机构负责争议解决有不同的规定,导致各界对此有不同认识。在仲裁无法解决相关争议的情形下,争议方仍可将之诉诸法院,因而法院仍在埃及是争议解决的最后一个路径。

2. 埃及仲裁程序的进行离不开法院

在仲裁程序进行过程中,部分待决事项有赖于法院的裁定或命令,且适格法院自仲裁程序开始至结束,皆对案件有管辖权。所谓适格法院,是指如果不将此争议提交仲裁,则根据适用的民事程序,对所涉及争议有原始司法管辖权

---

① The Egyptian Arbitration Law,载 http://www.legal500.com/c/egypt/developments/2908,最后访问日期:2017 年 8 月 15 日。

② Egypt:Legal Framework for Arbitration,载 http://www.loc.gov/law/help/arbitration/egypt.php,最后访问日期:2017 年 8 月 15 日。

的法院。但是，在国际商事仲裁的情况下，适格法院一般指开罗上诉法院(Cairo Court of Appeal)，除非双方特别约定提交至其他的上诉法院。①

适格法院对仲裁事务的管辖权体现为下述方面。

第一，关于仲裁员的选任、撤换和离职。

按照《埃及仲裁法》规定，任一仲裁庭的仲裁员都必须是奇数。如无特别的相反约定，仲裁庭由3名仲裁员组成，申请人和被申请人各指定1名仲裁员，由这2名仲裁员再共同指定第3名仲裁庭首席仲裁员。如任何一方没有指定仲裁员，或该2名仲裁员不能就第3名首席仲裁员人选达成一致，将由适格法院指定仲裁员。法院还监督仲裁员的选择，并就仲裁员的选择作出最终裁决。

对于仲裁庭决定撤换仲裁员而仲裁员未能主动离职的，法院则有权作出最终裁定。对于仲裁员没有能力完成仲裁工作，或者由于仲裁员玩忽职守造成仲裁非正常延误，法院亦可命令其离职。②

而根据我国《仲裁法》，对于当事人没有在仲裁规则规定的期限内约定仲裁庭的组成方式或者选定仲裁员的，由仲裁委员会主任指定。对于仲裁员是否回避，也由仲裁委员会决定。③ 仲裁庭和仲裁委员会拥有更大的自主决策权。

第二，仲裁过程中的临时措施或保全措施。

《埃及仲裁法》第14条和第24条规定，应仲裁当事人一方要求，适格法院可在仲裁开始前或仲裁进行过程中，要求采取临时措施或保全措施，并就此签发"执行令"(exequatur)。但是对于适用临时措施或保全措施的情形，并没有明确规定。

第三，仲裁裁决的效力有赖于法院的认定。

仲裁实行一裁终局制度。一旦仲裁庭作出裁定，该裁定便是终局性的，所涉争议将不再由法院重审，当事人也不能重新提起诉讼，并由适格法院签发仲裁裁决的执行令。但是，在下列情况下，可有例外。

---

① 根据《埃及仲裁法》第9条的规定，对争议有初始管辖权的法院对该争议相关的仲裁事务有排他性管辖权，直至所有仲裁程序完成。

② 《埃及仲裁法》第17条、第19条、第20条。

③ 我国《仲裁法》第32条、第36条。

其一,在符合《埃及仲裁法》第53条、第54条的相关情形下,仲裁各方应在收到裁决90天内向法院提请撤销裁决。所谓相关情形,多为程序性问题,如无仲裁协议或仲裁协议失效,仲裁协议签署时当事人一方无能力,仲裁裁决未遵守仲裁各方同意适用的法律等。此外,如果仲裁裁决违背埃及公共秩序,法院应作出决定撤销裁决,而使仲裁裁定无效的公共秩序的相关规则应当是具有绝对高效力的,公共秩序即能绝对影响埃及公共秩序的相关强制性规则;从实践来看,通常较难出现此类规则。对于撤销仲裁裁决的相关情形,我国《仲裁法》亦作出类似规定,除程序性原因外,亦包含"违背社会公共利益"。[①]

其二,根据《埃及仲裁法》第50条,如仲裁裁决中出现重大文字或数字错误,则仲裁庭应予以更正。如仲裁庭滥用其更正权,作出不适当决议的,则应由适格法院对该决议进行判决。而要求执行仲裁裁定的一方,应当请求法院颁发执行令。在法院认为该仲裁裁定满足下述要求之后,会颁发该执行令:仲裁裁定并不属于无效的范畴,仲裁裁定不违反埃及法院之前就类似的争议事项作出的判决,仲裁裁定结果已对其适用的一方进行了适当的通知。尽管《埃及仲裁法》第58条规定对于法院颁布执行令的指令免于被上诉,而对于不同意颁布执行令的指令则是可以上诉的,但2001年1月,埃及最高宪法法院认定该条款违宪,因此,法院同意或不同意颁布执行令的指令皆是可上诉的事项。也就是说,在《埃及仲裁法》下,申请并获得执行令是仲裁裁决得以开始执行的基础,任何仲裁裁决均应获得执行令的支持。而在中国,仲裁裁决自然应得到执行,只有在当事人不执行的情况下,才适用执行令。

其三,根据《埃及仲裁法》,对于仲裁裁决,胜诉方应将其原件或复印件或翻译件交由适格法院书记处存档。在中国法下,对于仲裁裁决并无法院存档要求。

其四,关于仲裁期限的延长或仲裁程序的中止。根据《埃及仲裁法》第45条的相关规定,仲裁庭应在仲裁双方约定的期限内结束仲裁。如不能结束的,

① 我国《仲裁法》第58条。

仲裁一方可要求适格法院另行发布命令,决定延长仲裁期限或者中止仲裁,我国《仲裁法》对此无相关规定。

3. 埃及的仲裁和法院审判制度具有一定的排他性和转化性

(1)关于排他性。

按照《埃及仲裁法》第13条的规定,如果一方将仲裁协议中约定的争议事项提交法院,如果被告就争议事项进行申辩之前提出抗辩,则法院对此案不受理。但在这种情况下,仍可将争议提交仲裁庭,仲裁庭可开始仲裁程序并作出仲裁裁决。

(2)关于转化性。

关于仲裁转化为诉讼。根据《埃及仲裁法》第45条的规定,如果仲裁庭命令中止而未能在约定时间内完成的仲裁程序,则任何一方均可将争议提交有管辖权的法院。

(3)关于诉讼转化为仲裁。

根据《埃及仲裁法》第10条的规定,仲裁协议可以在争议发生后签订,甚至可以在争议已经提交法院后签订,只要协议中明确约定了仲裁适用的范围。也就是说,即便在争议已经提交法院诉讼的情况下,如果双方就此达成了仲裁解决的一致意见,仍可通过撤销诉讼申请仲裁解决。而我国《仲裁法》仅规定仲裁协议可在争议发生前或发生后签订,对于在争议已经提交诉讼后达成仲裁协议的如何处理没有明确规定。从一般法理推测,如果双方达成仲裁协议,则一方亦可以撤诉,从而通过仲裁解决争议。

4. 埃及的法院判决一定程度上影响着仲裁规则

埃及民法体系主要基于法典成文法体系确立,故而司法判决先例在一般情况下并不是法律的主要渊源。尽管埃及重审法院的司法判决先例具有极高的可参照性,但也并不对下级法院具有法律上承认的约束力,下级法院一般受立法机关颁布的成文法的约束。

然而,如果最高宪法法院认定某一法律违宪,自法院判决作出之日起,该法律将被认定为无效。因此,各级法院都要受最高宪法法院相关判决的约束,且以后不能再度适用该法律。

由此可见,埃及法院判决对仲裁体系的影响主要体现在两个方面:(1)最高宪法法院作出的关于《埃及仲裁法》条款合宪性的有约束力的判决;(2)重审法院就《埃及仲裁法》的适用作出的有参照性的司法判决先例。

最高宪法法院曾就《埃及仲裁法》的两个条款裁定违宪。其一,1999 年 11 月,最高宪法法院认定《埃及仲裁法》第 19 条第 1 款违宪,该条款允许仲裁庭就其组成的仲裁员的不适格性请求进行裁定。随后,该条进行了修订,将仲裁员是否适格交由适格法院裁定,相关内容已在上文中进行了详细分析。其二,2001 年 1 月,最高宪法法院又裁定《埃及仲裁法》第 58 条第 3 款违宪,即上文提到的适格法院就颁发执行令作出的决定可以免于上诉。

综上所述,可以看到,在埃及法下,埃及法院对仲裁庭和仲裁程序的影响是多方面的,对于仲裁庭的组成,仲裁员的撤换,仲裁结束的期限,仲裁裁决效力的认定,仲裁裁决的存档以及最高宪法法院判例对仲裁的影响都有决定性的作用。从某种程度上讲,仲裁庭更像置于法院的监督和管理之下,受到较大的约束。

(三)埃及国内的涉外/国际仲裁法律概况

1.《埃及仲裁法》适用于国内仲裁以及国际仲裁

根据《埃及仲裁法》第 1 条的规定,该法适用于在埃及进行的仲裁,在各方当事人同意的情况下,也适用于在国外进行的国际仲裁。也就是说,《埃及仲裁法》可以适用于在埃及国外进行的国际商事仲裁;当然前提是,仲裁双方同意将双方的商事活动置于该《埃及仲裁法》管辖之下,可能需要法院裁定该《埃及仲裁法》适用于双方的仲裁协议,以确保流程的合理运转,同时也可确保仲裁裁定得以执行。

我国《仲裁法》适用于国内和涉外仲裁,且对涉外仲裁进行了专章的规定。

2. 国际仲裁的界定

对于国际仲裁,埃及《埃及仲裁法》第 3 条也进行了详细规定:

"如仲裁标的是一项关于以下国际商事活动的争议,则依据本

法,该仲裁为国际仲裁:

1. 仲裁双方在达成仲裁协议时,其主营业地位于两个不同的国家;如仲裁一方有超过一个营业地的,按照与仲裁协议最密切联系地原则确定主营业地;如仲裁一方无营业地的,则应以习惯居住地为准。

2. 仲裁各方同意将争议提交在埃及境内或境外的常设仲裁组织或仲裁中心。

3. 仲裁协议所适用的争议事项涉及一国以上。

4. 仲裁协议签订时,双方主营业地在同一国家,但以下任一地点在该国以外:

(1)仲裁协议指定的仲裁地点或根据仲裁协议规定的方法指定的仲裁地点;

(2)各方商务关系中产生的主要义务的履行地点;

(3)与争议事项最密切联系的地点。"

《埃及仲裁法》之于国内仲裁和国际仲裁的不同处置,仅体现在有司法管辖权的法院不同:对于上文中提到的部分涉及仲裁的程序性认定或者仲裁裁决的生效认定或者仲裁裁决的撤销问题,在国内仲裁的情况下,其司法管辖权属于原本即对相关争议有司法管辖权的法院;而在国际仲裁的情况下,该司法管辖权属于开罗上诉法院,而无论该仲裁是在国内进行还是在国外进行。当然,双方当事人就此另有约定的除外。①

我国《仲裁法》对于国际仲裁设专章进行特别规定,主要集中体现在:(1)设立主体:涉外仲裁委员会可由中国国际商会组织设立;(2)委员选任:涉外仲裁委员会的主任、副主任和委员可以由中国国际商会聘任;(3)证据保全:对于证据保全相关申请应提交证据所在地的中级人民法院;(4)仲裁规则:可由中国国际商会制定;(5)仲裁裁决的执行:由当事人直接向有管辖权的外国法院申请承认和执行;(6)符合一定条件的仲裁裁决的撤销由人民法院裁定。

---

① 《埃及仲裁法》第9条。

二、代表性仲裁机构

(一)代表性仲裁机构概况

埃及的常设仲裁机构为"开罗国际商事仲裁区域中心"(Cairo Regional Centre for International Commercial Arbitration,CRCICA),该中心成立于1979年,是一个独立的、非营利的国际组织,由亚非法律咨询委员会(Asian African Legal Consultative Organization,AALCO)①根据1978年多哈回合谈判中提出的,在亚洲和非洲建立地区性的国际商事仲裁机构这一决议而赞助成立。1979年,AALCO和埃及政府就设立开罗国际商事仲裁区域中心达成协议,并试运行3年。1983年,AALCO和埃及政府再次订立协议,确立了开罗国际商事仲裁区域中心的永久性法律地位。② 目前,AALCO已在马来西亚的吉隆坡和埃及的开罗设立区域性的常设仲裁中心,由亚非国家自我管理。这些仲裁中心的目标,是促进亚非地区的国际商事仲裁,与现有的仲裁机构合作并为其提供帮助,帮助实施临时仲裁,尤其是根据UNCITRAL进行的临时仲裁,促进仲裁裁决的执行,以及提供该中心管理下的仲裁。③

中国大陆常设的、最有国际影响力的仲裁机构——中国国际经济贸易仲裁委员会(以下简称贸仲委),是根据1954年5月6日中央人民政府政务院第215次会议通过的《关于在中国国际贸易促进委员会内设立对外贸易仲裁委员会的决定》成立于1956年,其成立时间最长,国际影响力也最大。当然,随着近年来的自贸区制度试点的推进,上海、广东、深圳等地方的仲裁机构也将有所作为。

根据开罗国际商事仲裁区域中心公布的2014年年报,④其成立以来截至2013年年底,总受案量1016件;其中2013年72件,2014年74件,近年来保持

---

① 根据开罗国际商事仲裁区域中心网:http://crcica.org.eg/相关信息,该委员会有47个成员国,涵盖了亚非地区的主要国家,中国亦是其成员国之一。

② 载开罗国际商事仲裁区域中心网:http://crcica.org.eg/,最后访问日期:2017年8月15日。

③ 参见宋连斌主编:《仲裁法》,武汉大学出版社2010年版,第32页。

④ 载开罗国际商事仲裁区域中心网:http://crcica.org.eg/,最后访问日期:2017年8月15日。

了稳定的受案量;2014年受理的标的最大的案件涉及金额1.76亿美元。2014年的受案数据显示,从争议的类型来看,受案量排名从高到低依次为传媒和娱乐、建筑、租赁、不动产、酒店管理、股权交易、服务合同等。从争议方来看,非埃及国家争议方中争议案件数量排名由高到低依次为沙特阿拉伯、苏丹、叙利亚、科威特、黎巴嫩、利比亚、阿联酋和巴林,全部为阿拉伯国家;非阿拉伯国家(地区)中,从高到低依次为英国、瑞士、美国、英属维尔京、德国、希腊、意大利、巴拿马和塞舌尔。2014年受理的案件中有9件为争议双方均为非埃及人的国际仲裁,该9件案件的争议方均选择将开罗国际商事仲裁区域中心的仲裁规则作为其适用规则。9件此类国际仲裁也创下了开罗国际商事仲裁区域中心有史以来的新高。

但与贸仲委相比,开罗国际商事仲裁区域中心的影响力仍有进一步提升的空间。2014年,贸仲委当年受理仲裁案件1610件,同比增长28%;案件标的额达人民币378亿元,同比增长高达55%;案件当事人来自48个国家和地区。争议金额上亿元的案件有69件,其中包括5件争议金额超过10亿元的案件。①

(二)开罗国际商事仲裁区域中心的内部结构及权力分配

根据1978年AALCO和埃及政府订立的总部协议,开罗国际商事仲裁区域中心是一个国际组织,中心及其分部都具有各项特权和豁免,以确保其独立运行。

其内部组成机构如下。②

(1)受托人委员会(board of trustees),其成员最少10人,最多30人,从亚洲和非洲地区在国际仲裁、法律、商务、贸易、投资和国际关系领域知名人士中挑选,经与AALCO协商后指定。受托人委员会成员中可以最多有不超过20%的人员来自亚非以外的其他地区。该委员会是中心内部的权力机构。受托人委员一届任期4年,如无特殊情况,可以连任一届。其主要职能包括:与

① 载中国国际贸易促进委员会网:http://www.ccpit.org/Contents/Channel_3528/2015/0121/442389/content_442389.htm,最后访问日期:2017年8月13日。

② Egypt:Legal Framework for Arbitration,载http://www.loc.gov/law/help/arbitration/egypt.php,最后访问日期:2017年8月13日。

AALCO 协商后指定中心主任。确定为实现中心目标而制定的一般原则,审批审计报告。

(2)中心主任(director):一届任期 4 年,如无特殊情况,可以连任一届。

(3)咨询委员会(advisory committee):包括知名法律专家和受托人委员会中的部分成员。由 1 名主席、2 名副主席、12 名成员组成,成员主要由中心主任在受托人委员会中指定,也包括亚非地区在国际仲裁和贸易领域的知名专家。该委员会是中心的执行机构。一届任期 4 年,如无特殊情况,可以连任一届。其主要职能包括:执行该中心制定的仲裁规则中第 6、8(5)条、第 12、13(6)条、第 14(2)条、第 45(12)条中规定的相关事项;主要包括决定不再继续仲裁、取消仲裁员的资格、仲裁员的替换、决定仲裁庭的费用等事项。

(三)开罗国际商事仲裁区域中心的下设机构

作为阿拉伯国家有影响力的仲裁机构,1990 年以后,开罗国际商事仲裁区域中心加快了设立分部的步伐,其下设的机构包括:仲裁和投资机构、阿拉伯和非洲仲裁员协会、海事仲裁分部、阿拉伯国际仲裁联合会、特许仲裁员协会开罗分会、亚历山大国际仲裁中心、调停和非诉讼解决争议中心以及商事和海事分部等多家机构,大大加强了该中心在处理仲裁事务方面的能力。

开罗国际商事仲裁区域中心内有国际仲裁员和专家库(tank of international arbitrators and experts),这些仲裁员和专家并不局限于亚非地区,而是来自全球各国的知名人士,可为争议双方提供一个较为广泛的仲裁员选择范围。但值得注意的是,按照仲裁规则,争议双方并不被强制要求从该仲裁员和专家库中选择争议案件的仲裁员,而只有当根据其仲裁规则,中心作为仲裁员指定权力机构时,才会从中选择合适的仲裁员。[①]

三、代表性机构的仲裁规则

目前开罗国际商事仲裁区域中心采用的仲裁规则,为 2011 年 3 月生效的

① 开罗国际商事仲裁区域中心仲裁规则,载开罗国际商事仲裁区域中心网:http://crcica.org.eg/,最后访问日期:2017 年 8 月 15 日。

《开罗国际商事仲裁区域中心仲裁规则》(以下简称《开罗仲裁规则》)。开罗国际商事仲裁区域中心的仲裁规则最早制定于其成立之初,在内容上主要采纳了UNCITRAL 仲裁规则,并做了小范围调整,该规则与国际通行规则基本保持了一致。随后在 1998 年、2000 年、2002 年和 2007 年进行了修订,吸收了国际上对相关问题的新做法。现行版本的规则基于 2010 年修订的 UNCITRAL 仲裁规则而制定,仅对开罗国际商事仲裁区域中心作为仲裁机构和任命机构的双重身份的相关内容做了调整。

其主要内容包括以下几个方面。

(一)适用范围和适用规则

《开罗仲裁规则》适用于契约性或非契约性争议,除非仲裁规则相关内容与仲裁所适用法律的强制性规定相抵触,否则提交至 CRCICA 的争议应适用《开罗仲裁规则》,但各方可书面同意对规则有关内容进行调整。

我国贸仲委的规则对此问题的规定基本与《开罗仲裁规则》一致,但贸仲委规则同时也允许当事人约定适用其他仲裁规则;此外,贸仲委规则允许当事人约定适用仲裁委员会专业仲裁规则。

(二)仲裁程序的开始及仲裁申请书

《开罗仲裁规则》规定仲裁程序自被申请人收到仲裁申请书之日开始。而我国贸仲委规则规定,仲裁程序自仲裁委员会仲裁院收到仲裁申请书之日起开始。两者计算开始时间的差异主要影响对仲裁申请书要件的认定。

《开罗仲裁规则》对申请人提交仲裁申请书的内容要件包括"应包含"内容和"可包含"内容两部分,而关于仲裁申请书内容充分与否的争议并不构成仲裁庭无法组成的原因,仲裁申请书内容的充分性应由仲裁庭最终裁定,但仲裁申请书是仲裁开始的必要条件,如无仲裁申请书的,仲裁庭可作出仲裁终止的裁决。也就是说,在《开罗仲裁规则》项下,只要满足形式要件即可开始仲裁。

而我国贸仲委规则下仲裁申请应包含的内容是强制性内容,仲裁委员会仲裁院经审查认为申请仲裁的手续不完备并要求申请人在一定的期限内予以完备,而申请人未能在规定期限内完备申请仲裁手续的,视同申请人未提出仲裁申请,即仲裁程序不开始。仲裁委员会仲裁院收到申请人的仲裁申请书及其附件后,经审查,认为申请仲裁的手续完备的,应向各方发出仲裁通知。

(三)仲裁答辩书的要件

《开罗仲裁规则》下,仲裁答辩书的内涵更为广泛,包括传统意义上的答辩,也包括反请求和抵销请求。同仲裁申请书一样,在开罗仲裁规则下,仲裁答辩书内容也包括“应包含”内容和“可包含”内容两部分,并有提交期限的要求。逾期等并不影响仲裁程序的正常进行,逾期也应由仲裁庭作出最终裁定,即对仲裁答辩书的要求也为形式要求。

我国贸仲委规则下,仲裁答辩书仅指狭义的答辩,逾期答辩并不影响仲裁程序的正常进行。但是,仲裁庭拥有更多的权力,答辩书的时效性以及反请求或者变更请求的时效性都可以构成仲裁不继续进行的事由。

(四)仲裁员及仲裁庭组成

1. 关于仲裁庭的组成时间

《开罗仲裁规则》下,仲裁员人选是申请人和被申请人分别在申请书和答辩书中“可包含”的内容,当然各方也可就此另行约定程序。如在此阶段仲裁双方没有任命仲裁员且在之后的规定期限内也未完成任命,则应由 CRCICA 进行任命。

在我国贸仲委规则下,仲裁员并不在提交仲裁申请或仲裁答辩环节指定,而在仲裁委员会发出仲裁通知后一定期限内指定,即仲裁程序确认开始后才指定仲裁员。

2. 关于仲裁员披露、回避义务人员变动等

(1)贸仲委规则下,仲裁员在法律上或事实上不能履行职责时,除了仲裁委员会主任有权决定将其更换外,该仲裁员也可以主动申请不再担任仲裁员。而《开罗仲裁规则》则无明确规定仲裁员的主动退出机制。

(2)在更换仲裁员后,《开罗仲裁规则》规定在有替换的仲裁员在场的情形下,至少应当举行一次口头审理;而贸仲委规则则无相关要求。

(五)仲裁程序的推进与最终裁决

1. 关于审理的形式

《开罗仲裁规则》和贸仲委规则皆以不公开审理为原则,但贸仲委规则同时规定以开庭审理为原则,除非双方另有约定或仲裁庭认为可不开庭审理并得到双方同意的;而《开罗仲裁规则》对于审理形式的规定更为灵活,并不规定以开庭审理为原则。

2. 关于当事人缺席的后果

《开罗仲裁规则》下,当事人没有充分理由未能出庭,仲裁庭可继续仲裁;而在贸仲委规则下,申请人无正当理由缺席的,视为撤回申请,被申请人无正当理由缺席的,可进行缺席裁决。

3. 关于举证和仲裁庭调查取证

《开罗仲裁规则》下,仲裁庭扮演了一个较为超脱的"中立者"的角色,其审理仲裁案件的证据来源主要由当事人提供,必要时,可以请专家证人提供相关证据;但在贸仲委规则下,仲裁庭的角色更为积极,在仲裁庭认为必要时,可以调查事实,收集证据。

4. 保全和临时措施

《开罗仲裁规则》和贸仲委规则都规定了在必要情形下可采取保全和临时措施。但在《开罗仲裁规则》下,保全和临时措施应是审慎使用的措施。首先,在使用前,申请临时措施人需使仲裁庭确信采取该措施的必要性;其次,在使用后,如仲裁庭后来作出决定,根据当时的情况本来不应采取临时措施,那么申请人对由此给其他方造成的损失和损害负有责任。

5. 追加当事人

我国贸仲委规则和《开罗仲裁规则》中,均有追加当事人的相关规定,被追加的当事人应是仲裁协议的一方。允许追加当事人,是适应多方交易的需要,也能提高仲裁效率,节省仲裁成本。

6. 仲裁裁决

《开罗仲裁规则》和贸仲委规则在仲裁裁决的多个方面具有类似的规定。

如裁决按照多数仲裁员意见作出,无法形成多数意见的,按照首席仲裁员意见作出;允许部分裁决和补充裁决,对裁决的错误内容进行更正;裁决作出后一裁终局,各方应执行裁决内容等。

四、重点或有特色的相关制度

尽管常规的由仲裁庭进行仲裁是埃及司法体系之外的或者选择性争议解决方法(alternative dispute resolution,ADR)的主要方式,《埃及仲裁法》也是埃及仲裁的主要法律渊源,但近年来为了应对市场的需要,埃及也引入了其他争议解决渠道,以加快本国政府部门和投资者之间争议的解决。

产生这些渠道的主要动力在于提升对埃及经济发展的信心,特别是2011年内乱之后日益恶化严峻的经济形势。

2012年10月,埃及总理签发了2012年第1067号命令,要求创立一个争议解决委员会,主要负责为解决投资者和任何政府机构之间签署的合同中产生的投资争议提供建议。该职责并不影响法院原有的司法管辖权,也不影响仲裁庭解决争议的职能,因此,一般不将该争议解决委员会作为和其他投资争议解决机制相平行的一种方式。随后,埃及总理又于同年签发了第1115号命令,要求创立一个和第1067号命令相似的争议解决委员会,但另有两个特殊之处:第一,和第1067号不同的是,该第1115号委员会并不限于解决投资者和政府机构之间的合同争议,其管辖权涵盖投资者与政府之间的任何争议,而无论引发此争议的原因或依据为何。第二,第1115号委员会作出的建议构成一般的法律原则,并应由各级政府部门在类似的案例中进行遵循。

上述规则的出发点在于更为快捷、有效地解决外国投资者和埃及本国各级政府部门之间的各项争议,并实质上将其作出的建议确立为具有与司法判例等同的效力,以便在未来类似事务中得到高效遵循。但该委员会与原有的仲裁机构之间的关系为何,具体如何执行尚不清晰,需要继续关注与研究。①

---

① Egypt:Legal Framework for Arbitration,载 http://www.loc.gov/law/help/arbitration/egypt.php,最后访问日期:2017年8月15日。

五、司法协助与监督

（一）国内法院对仲裁的支持和监督

根据《埃及仲裁法》第七部分“仲裁裁决的承认与执行”中的相关规定，根据《埃及仲裁法》作出的仲裁裁决为最终裁决，具有法律效力。对该仲裁案件有原始管辖权的法院的审判长或其授权人有权签发仲裁裁决的执行令。如果有一方申请撤销裁决，法院可根据当事人的要求并且判定其理由是否正当，决定是否中止执行仲裁裁决。在法院决定中止执行仲裁裁决的情形下，可要求申请人提交财物担保或现金担保。法院在考虑中止执行仲裁裁决时，应充分考虑该仲裁裁决与同类事项的仲裁裁决是否矛盾，是否违背埃及公共秩序以及是否已经有效通知了仲裁败诉方。另外，根据上文提到的最高宪法法院作出的判决，对于要求执行仲裁裁决的执行令，当事人可以在该决定作出之日起30日内向适格法院提出异议。

（二）外国仲裁裁决的承认与执行

埃及于1972年2月11日签署了《华盛顿公约》，1972年正式生效。埃及亦于1959年3月9日被接纳为《纽约公约》的成员国，6月7日《纽约公约》正式对埃及生效。因而《纽约公约》第5条规定的拒绝承认和执行外国仲裁裁决的条件亦对埃及适用。

《埃及仲裁法》更是基于1985年UNCITRAL的国际商事仲裁标准法制定，因此被视为UNCITRAL标准法国家。

埃及没有加入1899年太平洋国际争端解决协定（Convention for the Pacific Settlement of International Disputes），但其是1907年《关于解决太平洋国际问题的公约》的成员国，相关协定于1968年11月4日生效。

中国和埃及于1994年4月21日签署了《中国埃及双边投资保护协定》（Agreement Between the Government of the People's Republic of China and the Government of the Arab Republic of Egypt Concerning the Encouragement and Reciprocal Protection of Investment），该协定于1996年4月1日正式生效。该

协定以促进和保护缔约一方的投资者在其领土内投资,并始终受到公正和公平的待遇,以及得到持久的保护和保障为宗旨,并约定对于投资产生的争议"应尽量由当事方友好协商解决",如在6个月内不能协商解决争议的,"应将争议提交接受投资的缔约一方有管辖权的法院";对于涉及征收补偿数额的争议可提交专设仲裁庭解决,如一方已将相关争议提交法院诉讼,则不再适用仲裁解决程序。

但《埃及仲裁法》并未对国际仲裁的承认和执行进行规定,因而对于国际仲裁裁决结果能否在埃及承认和执行存有一定疑虑。

六、整体评价与提示建议

埃及作为北非地区大国,以及重要的阿拉伯国家,在区域经贸关系中发挥着重要的作用,设立于埃及的开罗国际商事仲裁区域中心更是一个成立时间长、涵盖仲裁和调解的重要区域性替代争议解决机构,其制定的相关仲裁规则具有国际化的视野,本身是一套较为符合国际主流的规则。值得关注的方面如下。

(一)开罗国际商事仲裁区域中心及其规则健全

开罗国际商事仲裁区域中心作为由包括中国在内的亚非法律咨询委员会创设的国际组织,具有客观、中立的特点;其仲裁规则采纳了UNCITRAL仲裁规则,与国际通行规则保持了一致,在国际上接受度高,易为相关仲裁员、律师以及当事人所理解和接受,可以作为争议解决的一种途径。但从受案量来看,尽管成立时间长,开罗国际商事仲裁区域中心相关仲裁经验较为有限,对于需要该中心协调处理事项可能会有一定障碍。2014年公布的数据显示,无一则涉及中国投资者或出口方的争议在该中心仲裁解决。

(二)争议解决方式选择的多样性

埃及为吸引外国投资,在传统的法院诉讼、仲裁之外,又创设了争议解决委员会,专门用于解决投资者和政府机构之间的争议或为其提供建议,目的在于快速、有效地解决相关争议,以促进对埃及投资增长。但目前关于此类争议解决委员会的相关内容外界了解甚少,具体执行情况尚不清晰。因此,一般情况下,建议仍选择仲裁方式作为解决争议的途径,但同时,由于该委员会作出的决定具有判例法的效力,应对其保持一定的敏感度。

此外,对于行政合同中产生的争议,尤其是PPP相关争议,2010年制定的PPP专门法与2014年颁布的新宪法有不同的规定,对于该类争议由哪个机构管辖,各方有不同看法,还需时间检验。

(三)外国仲裁裁决的承认和执行

埃及较早地签署了仲裁相关国际公约并正式生效,同时埃及亦与中国签署有双边投资协定,整体上,相关法律制度较为完备。但埃及的民事和商务程序法律制定于1968年,并未在签署相关国际公约或协定后进行适应性修改。此外,《埃及仲裁法》中也无专门章节规定承认和执行外国仲裁裁决,因而外国仲裁裁决在埃及境内能否得到承认与执行存有疑问。

(四)注意埃及法院与仲裁的关系

埃及法院对仲裁庭和仲裁程序的影响较大。从积极方面来看,埃及最高宪法法院的判例应为仲裁庭在类似案件中得以遵循,也是通过实务解决法律制度滞后的手段之一,有助于提升法的灵活性和适应性;从消极面来看,埃及法院对仲裁庭的"管理"有束缚之嫌。当事人之所以通过仲裁形式解决争议,意在利用仲裁的灵活性和便捷性,但关于程序性的要求过多地倚重法院的认定,而不是直接由裁定案件的仲裁庭进行认定。例如,仲裁裁决的执行需要适格法院签发"执行令",且对该"执行令"尚有可以向法院提出异议的空间,则在很大程度上制约了仲裁庭自由裁量的权力,也造成了程序的冗长,不利于当事人快速、有效地解决争议。

附件:埃及民事和商务仲裁法

开罗国际商事仲裁区域中心仲裁规则

埃及民事和商务仲裁法

(埃及 1994 年第 27 号,1997 年第 9 号法修订)

第一条

本法适用于正在进行或即将进行的一切仲裁活动,即使仲裁协议签订时间早于本法生效时间。

第二条

司法部长负责签发施行本法的必要法令,确定仲裁员名单,以便根据本法第二十一条从中选择。

第三条

1968 年第 13 号《民事和商务程序法》第 501 条至第 513 条废止,所有与本法相违背的其他条款同时废止。

第四条

本法应刊登在官方报纸上,自颁布之日起一个月后生效。

本法应作为国家法律之一。

1994 年 4 月 18 日总统签发。

第一部分 总 则

第五条

根据埃及适用的国际公约相关条款,本法适用于公法和私法管辖的法人或自然人之间的一切仲裁,无论争议产生的法律关系如何。本法适用于在埃及进行的仲裁,在各方当事人同意的情况下,也适用于在国外进行的国际仲裁。

行政合同相关的争议,作为公法人,其仲裁协议应经适格部长或承担相应职权的官员批准,批准权不得授予他人。

第六条

如争议产生于一项具有经济性质的法律关系，则无论是否具有契约性，仲裁均属本法界定范围内的商事仲裁。可包括如下领域：提供商品或服务、商事代理、建筑工程施工、工程设计或技术咨询合同、授予工业、旅游及其他许可、技术转让、投资和开发协议、银行、保险、运输、自然资源开发、能源供应、铺设天然气或石油管道、修路、挖掘隧道、开垦农田、保护环境以及建立原子能反应堆。

第七条

如仲裁标的是一项关于以下国际商事活动的争议，则依据本法，该仲裁为国际仲裁：

1. 仲裁双方在达成仲裁协议时，其主营业地位于两个不同的国家；如仲裁一方有超过一个营业地的，按照与仲裁协议最密切联系地原则确定主营业地；如仲裁一方无营业地的，则应以习惯居住地为准。

2. 仲裁各方同意将争议提交在埃及境内或境外的常设仲裁组织或仲裁中心。

3. 仲裁协议所适用的争议事项涉及一国以上。

4. 仲裁协议签订时，双方主营业地在同一国家，但以下任一地点在该国以外：

(1)仲裁协议指定的仲裁地点或根据仲裁协议规定的方法指定的仲裁地点；

(2)各方商务关系中产生的主要义务的履行地点；

(3)与争议事项最密切联系的地点。

第八条

1. 本法中"仲裁"指争议双方自愿协商一致同意进行的仲裁，无论根据仲裁协议确定的仲裁机构是否是常设仲裁组织或中心。

2. "仲裁庭"一词指由一名或多名仲裁员组成的对所涉争议进行裁定的仲裁庭。"法院"一词指埃及司法系统内的法院。

3. 本法所称"仲裁双方"一词适用于仲裁各方，包括有两个以上仲裁当事人。

第九条

如本法中相关条款允许仲裁双方选择具体案件适用的仲裁程序,则同时也允许他们授权第三方选择仲裁程序。埃及境内或境外的仲裁组织或中心都视为第三方。

第十条

如仲裁双方同意他们之间的法律关系受某种标准合同、国际公约或任何其他文件管辖,则应适用该文件包括仲裁在内的所有条款。

第十一条

1. 除非仲裁双方签有特别协议,任何信件或者书面交流文件都应直接交与受信人,或发至其营业地、惯常居住地或双方知道的通信地址,或仲裁协议中指定的通信地址,或和仲裁事宜相关的文件中规定的通信地址。

2. 如经过必要调查后上述地址仍难以确定,则将通知以挂号信方式发至受信任最后营业地、惯常居住地或邮寄地址,视为已送达至受信人。

3. 本条款不适用于法院传讯通知。

第十二条

如争议任何一方已知仲裁协议任一条款已被违反,或者本法的任一非强制性条款并未得到遵循,但仍未在约定期限内提出异议而继续仲裁,或在无相关协议的情况下毫不迟延地提出异议,则将被视为放弃其提出异议的权利。

第十三条

1. 埃及司法部门对仲裁事务的管辖权应属于对争议有初始管辖权的法院。如果是国际商事仲裁,无论在埃及境内或境外进行,则开罗上诉法院享有管辖权,除非双方同意提交埃及境内其他上诉法院。

2. 前款所述法院享有排他性管辖权,直到完成所有仲裁程序。

第二部分 仲裁协议

第十四条

1. 仲裁协议是双方为解决契约性或非契约性的法律关系中产生的全部或

特定争议而同意将其提交仲裁的协议。

2. 仲裁协议可在争议发生前签订,可单独达成,也可作为解决双方全部或部分争议的特定合同的一个组成部分。在后者情形下,应按照本法第三十四条第一款的规定裁定争议事项。仲裁协议也可在争议发生后签订,甚至在已提交法院后签订。在这种情况下,协议应确定仲裁适用的范围,否则协议无效。

3. 合同中关于仲裁的相关条款都应视为仲裁协议,只要该条款使其成为合同不可分的一部分。

第十五条

仲裁协议仅能由具有民事行为能力的自然人或法人签订。如争议事项无法进行调解,则不得进行仲裁。

第十六条

仲裁协议须为书面文件,否则无效。如双方书面达成并签字,或双方以往来信函、电报或其他书面形式达成,则仲裁协议视为书面达成。

第十七条

1. 签有仲裁协议的争议提交法院后,如果被告在进行申辩之前提出抗辩,则法院对此案不受理。

2. 本条第一款所述情况不影响将争议提交仲裁或继续仲裁程序或作出仲裁裁定。

第十八条

应仲裁一方要求,第十三条所述法院可在仲裁开始前或仲裁进行过程中,要求采取临时措施或保全措施。

第三部分　仲　裁　庭

第十九条

1. 仲裁庭应经仲裁双方同意,由一人或一人以上仲裁员组成。如双方未能就仲裁员人数达成一致,则应由三名仲裁员组成。

2. 如仲裁员人数为一人以上,则应为奇数,否则仲裁决议无效。

第二十条

1. 仲裁员不得是未成年人,受监禁,或因有悖于诚信的犯罪、行为不轨或破产而被剥夺民事权利的人,但其已恢复相关民事权利的除外。

2. 对仲裁员不得限制性别或国籍,除非当事人双方同意或本法另有规定。

3. 仲裁员接受任命需采取书面形式,在书面接受中,仲裁员需说明可能对其独立性或公正性产生疑问的各种情况。

第二十一条

1. 仲裁各方可就仲裁员的选择、选择方法和时间达成一致。如未能达成一致,则应采取以下步骤:

(1)如仲裁庭由一名仲裁员组成,则由第十三条所述法院根据任一方的请求,任命仲裁员。

(2)如果仲裁庭由三名仲裁员组成,则双方各指定一名仲裁员,这两名仲裁员共同指定第三名仲裁员。如果任何一方在接到另一方请求三十日内未能指定仲裁员,或已指定的两名仲裁员未能在后一名仲裁员指定日期后三十日内选定第三名仲裁,则第十三条所述法院根据任一方的请求,任命仲裁员。第三名仲裁员为首席仲裁员。本条款适用于三人以上组成的仲裁庭。

2. 如果任何一方反对双方达成一致的仲裁员的选择程序,或已指定的两名仲裁员未能达成一致,或第三名仲裁员未能完成工作,则第十三条所述法院应根据任一方的请求采取必要措施,除非仲裁协议有相反规定。

3. 法院监督仲裁员的选择,对仲裁员的选择作出最终裁决。根据本法第二十二条和第二十三条,对该裁定不得提出上诉。

第二十二条

1. 存在对其公正性和独立性产生严重怀疑的情形时,仲裁员可能被申请撤换。

2. 一方只能以其在任命仲裁员后知晓的理由,申请撤换由其任命或参与任命的仲裁员。

第二十三条

1. 撤换仲裁员的申请需在申请人得知仲裁庭成立或获得正当撤换理由后

十五日内以书面形式向仲裁庭提出,并说明撤换的理由。如被申请撤换的仲裁员未能在申请人提交撤换申请后十五日内主动离职,则相关申请应提交至第十三条所述法院,并由法院作出最终裁定,该裁定不得上诉,并不再收取相关费用。

2. 同一当事人在同一仲裁案件中对同一仲裁员提出第二次撤换申请将不被受理。

3. 撤换仲裁员的申请并不当然中止仲裁程序。如该申请最终被裁定同意,则已经进行的仲裁程序,包括已经作出的仲裁裁定,都自始无效。

第二十四条

如仲裁员没有能力完成工作,或由于仲裁员玩忽职守造成仲裁非正常延误,而该仲裁员拒绝离职且当事人双方未能就该仲裁员离职达成一致,第十三条所述法院可根据任何一方的要求命令其离职。

第二十五条

如仲裁员由于撤换、取消任命、辞职或其他原因而终止履职,则应按其选出程序选择替换仲裁员。

第二十六条

1. 仲裁庭应对与其缺乏管辖权相关异议作出最终裁决:仲裁协议不存在、失效或不适用于争议事项。

2. 上述异议应在被告方根据本法第三十四条第二款提出抗辩之前有效。指定其他仲裁员或参与指定仲裁员不影响相关方提出上述异议的权利。但关于仲裁协议不适用于争议事项的异议应立即提出,否则将视为放弃异议权。在任何情况下,仲裁庭可接受其认为有正当理由的延迟提出的异议。

3. 仲裁庭应就本条第一款所述异议作出裁定,或作为在作出最终裁决之前的先决问题,或将其作为作出最终裁决的相关问题一并作出。如仲裁庭裁定异议无效,则不得就此再次提出动议,除非根据本法第五十七条采取措施使结束整个争议的仲裁裁决无效。

第二十七条

合同的仲裁条款独立于合同而存在。只要仲裁条款本身有效,合同的失效、撤销或终止不影响仲裁条款的效力。

第二十八条

1. 仲裁双方可同意仲裁机构有权根据任何一方的请求，采取必要的临时性措施或保全措施，并要求任一方提供必要的担保以涵盖采取上述措施的费用。

2. 如被要求方未能提交担保，仲裁庭可根据另一方的请求，授权另一方采取执行上述指令的必要措施，且不妨碍该被授权方行使权利，向第十三条所述法院院长申请执行令。

第四部分　仲裁程序

第二十九条

仲裁双方可就仲裁程序达成一致，包括适用埃及境内外的仲裁组织或中心规定的仲裁程序。如未能达成一致，仲裁庭可根据本法选择适当的仲裁程序。

第三十条

仲裁双方应平等对待，享有同等、充分的申辩权。

第三十一条

仲裁程序自被申请方接到申请方的仲裁申请之日起开始，双方另有协议规定的情况除外。

第三十二条

仲裁双方可就埃及境内外的仲裁地点达成一致。如未能达成一致，仲裁庭可根据包括双方便利性在内的情形确定适当地点。该决定不应影响仲裁庭在其认为适当的地点进行仲裁程序，如听取双方辩论，听取证人或专家陈述，审查文件，检查货物或其他财产，进行内部商议等。

第三十三条

1. 除非双方达成一致，或仲裁庭决定使用其他语言，则仲裁语言应为阿拉伯语。双方就此达成的一致意见或者法院决定应适用于所有书面声明和备忘录、口头辩论、仲裁庭决议、裁定或仲裁庭作出的任何其他通知。

2. 仲裁庭有权要求本案中提交的全部或部分相关书面证据后附仲裁中使用的一种或多种语言译文。如对相关语言表述有不同理解的,则仲裁庭有权对译文按某一特定语言理解,并排除其他语言译文。

第三十四条

1. 仲裁申请人应在双方同意或仲裁庭决定的期限内,向被申请人和各仲裁员提交案件书面申请书,包括其名称、地址,被申请人的名称、地址,案件事实,争议事项,其救济或补偿的诉求,以及双方协议同意应陈述的其他内容。

2. 被申请人应在双方同意或仲裁庭决定的期限内,向申请人和各仲裁员提交书面答辩书,答复申请人说明的内容,也可附带提出与争议标的相关的请求或通过提出抵销异议的方式提出主张。如仲裁庭认为被申请人延迟提出有合理依据,被申请人亦可以在仲裁程序的下一阶段提出上述主张。

3. 各方可在申请书或答辩书后附加其所依据的文件复印件以及补充提交其原定提交的文件或证据。此项权利不影响仲裁庭在仲裁程序的任何阶段要求其出具文件或单据原件。

第三十五条

一方应将其提交仲裁庭的备忘录、申请、文件或其他材料告知另一方。提交仲裁庭的专家报告、证明文件或其他证据的复印件应同时送达争议各方。

第三十六条

任何一方可在仲裁过程中修改或完善其要求或申诉,除非仲裁庭认为这些增改可能延误仲裁裁决的作出。

第三十七条

1. 仲裁庭有权采取口头审理方式以便各方解释其法律依据和出示证据,仲裁庭亦可仅依据提交的备忘录和书面文件进行裁定,除非争议双方另有约定。

2. 仲裁庭应在开庭前适当时间将开庭时间通知仲裁各方。

3. 除非双方另有约定,每次开庭记录都应在庭审笔录中记录,并应将复印件送达仲裁各方。

4. 应听取证人和专家的陈述,无须宣誓。

第三十八条

1. 如申请人无正当理由，未能根据本法第三十四条第一款提交书面申请，除非双方另有约定，仲裁庭将终止仲裁程序。

2. 如被申请人未能根据本法第三十四条第二款提交答辩书，仲裁庭将继续仲裁程序，除非双方另有约定，并不将此视为被申请人对申请人主张的承认。

第三十九条

如一方未能出庭，或未能提交要求提交的文件，仲裁庭可继续仲裁程序，根据现有证据作出裁决。

第四十条

1. 仲裁庭可指定一名或多名专家就特定问题提交书面或口头报告，记入开庭笔录。仲裁庭指派专家完成报告的决定复印件应送达仲裁各方。

2. 各方应向专家提交与争议或产品有关的全部相关信息资料，在其要求检查文件、货物或其他财产时为其提供便利。仲裁庭应对专家与任何一方产生的争议作出裁决。

3. 专家报告一经提交，仲裁庭应立即将专家报告复印件送达各方，以便为各方提供表达观点的机会。各方均有权审核、检查专家报告所依据的文件。

4. 专家报告一经提交，仲裁庭应自主决定或应仲裁一方的请求举行座谈会听取专家说明，使仲裁各方有机会听取专家说明并与其讨论报告内容。除非双方另有约定，各方可带一名或多名专家证人出席，以阐明其观点。

第四十一条

第十三条所述法院院长应仲裁庭的请求，有权作出下述行为：

1. 应对未能执行根据《民事商务证据法》第七十八条和第八十条作出的制裁的证人作出判决。

2. 应责令组成调查委员会。

第四十二条

如争议一方已向法院起诉，在仲裁庭受理争议后，应根据《民事和商务程序法》停止诉讼程序。

第五部分 仲裁裁决和仲裁终止

第四十三条

1. 仲裁庭就争议事项应适用双方同意的原则。如双方同意适用某国法律，除非双方另有约定，则仅应适用该国实体法，而不是该国国际私法。

2. 如双方未能就适用的法律规定达成一致，仲裁庭应裁定适用与争议最密切联系的法律。

3. 仲裁庭应依照合同有关条款和贸易惯例解决争议。

4. 如仲裁各方明确协商同意进行调解，仲裁庭可不受法律条款的限制，根据公平、平等的原则解决争议。

第四十四条

除非双方另有约定，由一名以上仲裁员组成的仲裁庭应在根据其制定的方式充分商议后，采取多数原则进行仲裁裁定。

第四十五条

在仲裁过程中，如双方协商解决争议，各方可要求仲裁庭以仲裁裁决的形式记录争议解决的主要条件。该仲裁裁决应和其他仲裁裁决具有相同效力。

第四十六条

仲裁庭在作出解决整个争议的最终裁决之前，可作出临时决议或部分裁决。

第四十七条

1. 仲裁庭的裁决应采取书面形式，由各仲裁员签字。如仲裁庭由一名以上仲裁员组成，有多数仲裁员签字即可，但应说明少数仲裁员未签字的原因。

2. 仲裁裁决应说明作出仲裁裁决的理由，除非双方另有约定，或仲裁程序所适用的法律并不要求说明原因。

3. 仲裁裁决应包括争议各方的姓名、地址，仲裁员的姓名、地址、国籍和职位，仲裁协议复印件，争议各方的要求、申诉、说明和文件，裁决内容、日期、地点以及作出此裁定的理由。

第四十八条

1. 仲裁庭应在裁决作出后三十日内将有仲裁员签字的裁决送达各方。

2. 未经仲裁双方许可,全部或部分仲裁裁决内容都不得公布。

第四十九条

1. 仲裁庭应在争议双方同意的期限内作出全面结束争议的裁决。如无类似协议,应在仲裁程序开始的十二个月内作出裁决。仲裁庭可延长期限,除非双方另有约定,延长的期限不应超过六个月。

2. 如仲裁庭未能在第一款规定的期限内作出裁决,仲裁一方可要求第十三条所述法院审判长另行发布命令,决定延长期限或中止仲裁程序。如命令中止仲裁程序的,任何一方均可将争议提交有管辖权的法院。

第五十条

仲裁过程中出现仲裁庭权限之外的事件,或仲裁庭收到伪造单据,或由于伪造单据而被采取刑事犯罪程序出现其他犯罪行为,如仲裁庭认为无须为此作出决议,则可继续仲裁程序;否则,应延缓仲裁程序,直到为此作出最终裁决。上述措施并不必然导致暂停计算仲裁裁定作出的期限。

第五十一条

仲裁胜诉方应将仲裁裁决原件或与其原件一致语言的复印件或由适格机构所做的阿拉伯语翻译件交由第十三条所述法院书记处存档。法院书记处应在其笔录中进行存档,仲裁任何一方均可要求获得一份上述笔录的复印件。

第五十二条

1. 仲裁程序应以作出全面结束争议的裁决为终止,或按照第四十九条第二款的规定由法院决定终止。在以下情况下,仲裁庭也可决定终止仲裁程序:

(1) 双方同意终止仲裁。

(2) 申请人撤回仲裁请求;除非被申请人在作出最终的仲裁裁定之前都在仲裁程序中有合法利益,被申请人请求法院继续。

(3) 仲裁庭认为继续仲裁不可行或不可能。

2. 根据本法第五十一条、第五十三条、第五十四条,仲裁程序终止,仲裁庭完成使命。

第五十三条

1. 各方可在收到裁决三十日内,要求仲裁庭对裁定核心内容中有歧义的文字进行澄清,提出要求方应在向仲裁庭提交要求之前,通知另一方。

2. 仲裁庭应在收到澄清请求后三十日内作出书面澄清,如有必要可再延长三十日。

3. 仲裁庭对裁决所作澄清应视为仲裁裁决的组成部分,并具有同等效力。

第五十四条

1. 仲裁庭应以决议方式对裁决中的重大文字或数字错误进行更正。仲裁庭可以自行发起更正或应仲裁任一方请求发起更正。仲裁庭在作出裁决后或收到更正请求后三十日内不举行庭审,即作出更正;如仲裁庭认为必要,可以将此期限展延三十日。

2. 仲裁庭所作更正决议应采取书面形式,在决议作出三十日内通知争议双方。如仲裁庭滥用其更正权,则其所作决议可根据本法第五十七条和第五十八条规定由法院判决。

第五十五条

1. 即使在仲裁期结束后,争议各方也可在收到仲裁裁决三十日内,请求仲裁庭对仲裁过程中提交的但在裁决中遗漏的事项另行作出裁决。该请求应在提交至仲裁庭前通知到仲裁另一方。

2. 仲裁庭应在上述请求提交后的六十日内作出裁决。如仲裁庭认为必要,可以将此期限展延三十日。

第六部分　仲裁裁决的无效

第五十六条

1. 不得按《民事和商务程序法》规定的异议方法对根据本法作出的仲裁裁决提出异议。

2. 以下两条规定仲裁裁决无效的相关诉讼事项。

第五十七条

1. 除以下情况外,仲裁裁决不得撤销:

(1)无仲裁协议或仲裁协议无效,可撤销或已到期。

(2)仲裁协议签署时,仲裁一方完全无行为能力或部分无行为能力。

(3)仲裁一方未收到指定仲裁员的有效通知,或未收到有关仲裁程序的通知,或由于其他其不可控制的原因导致无法将其案件提交到仲裁庭。

(4)仲裁裁决未遵守仲裁各方同意适用的解决争议的法律。

(5)仲裁庭的组成或仲裁员的指定方法与本法或仲裁协议相悖。

(6)仲裁裁决事项不属于仲裁协议范围或超出了仲裁协议范围。但如果与仲裁协议范围内事项有关的裁决可同与仲裁协议范围外事项有关的裁决相分割,则仅后者失效。

(7)仲裁裁决本身或者影响仲裁裁决的程序违法以致仲裁裁决无效。

2. 如仲裁裁决违背埃及公共秩序,法院应作出决定依法宣布裁决无效。

第五十八条

1. 仲裁各方应在收到裁决九十日内向法院提请撤销裁决。申请人在仲裁裁决作出前放弃撤销裁决的权利,不影响其接受撤销裁决。

2. 国际商事仲裁中撤销仲裁裁决的司法管辖权属于本法第十三条所述法院。如案件非国际商事仲裁,则司法管辖权属于对仲裁庭有管理权限的上诉法院,该法院对争议有初始管辖权。

第七部分　仲裁裁决的承认与执行

第五十九条

根据本法作出的仲裁裁决为最终裁决,应根据本法相关条款执行。

第六十条

本法第十三条所述法院审判长或由该审判长委托授权的法院成员有权签发仲裁裁决的执行令。签发仲裁裁决执行令的申请应包含下述内容:

1. 仲裁裁决原件或复印件。

2. 仲裁协议复印件。

3. 如仲裁裁决非以阿拉伯语作出,则由适格机构认证的阿拉伯语翻译件。

4. 根据本法第五十一条已经将仲裁裁决归档的笔录的复印件。

第六十一条

申请撤销裁决并不中止仲裁裁决的执行。但如仲裁申请人要求且有正当理由,法院可命令中止执行仲裁裁决。法院应在第一次庭审时间确定后的六十日内就中止执行的请求作出裁定。如法院命令中止执行仲裁裁决,可要求提交财物担保或现金担保。如法院作出中止执行令,则法院应在中止执行令作出后六个月内就撤销仲裁裁决作出裁定。

第六十二条

1. 在申请撤销仲裁裁决的诉讼在法院登记期限内,要求执行裁决的请求不被接受。

2. 在确定下列事项前,法院不得作出执行仲裁裁决的书面命令:

(1) 仲裁裁决与埃及法院先前就同类争议事项所作裁决不矛盾;

(2) 仲裁裁决不违背埃及公共秩序;

(3) 仲裁裁决已有效通知仲裁败诉方。

3. 不得对要求执行仲裁裁决的命令提出申诉。但对中止执行仲裁裁决的命令可在作出之日起三十日内向第十三条所述法院提起上诉。

开罗国际商事仲裁区域中心仲裁规则

(2011 年 3 月 1 日生效)

第一部分 引 言

第一条 适用范围

1. 如各方书面同意一项基于确定的法定关系产生的争议,包括契约性或非契约性争议,应适用开罗国际商事仲裁区域中心(以下简称中心)制定的仲裁规则(以下简称仲裁规则)仲裁,则所述争议应根据仲裁规则裁定,除非各方书面同意对规则有关内容进行调整。

2. 如各方已同意将所涉争议根据仲裁规则提交仲裁,各方将被视为在仲裁程序开始之日即受规则约束;另有约定的除外。

3. 除非仲裁规则相关内容与仲裁所适用法律的强制性规定相抵触,否则应适用仲裁规则。

第二条 送达及期限的计算

1. 仲裁通知,包括通告、通信或者建议等可采取任何形式送达,只要能有效记录其传递轨迹即可。

2. 任何通知应发送当事人指定的地址或者仲裁庭授权同意的地址,如以传真或电子邮件形式进行送达的,则也应该送达至当事人指定的地址或者仲裁庭授权同意的地址。

3. 如无上述指定地址或者授权地址的,下述情况即视为有效送达:

(1)当面递交收件人;

(2)投递给收件人营业地、惯常居住地或通信地址。

4. 如经过合理努力,仍不能采用上述第 2 款或第 3 款的方式送达,投递给收件人最后一个为人所知的营业地、惯常居住地或通信地址,即视为送达。

5. 采用上述第2款、第3款或第4款方式的,在发出通知的当日即视为送达。通过电子方式进行送达的,则该通知到达收件人的电子地址之日即视为送达。

6. 本仲裁规则所规定的期限,应自当事人收到相关文书、通知、材料等之日的次日起计算。如果该期限的最后一日是收件人住所地或营业地的公众假日或非工作日,则该期限可以延长至其后的第一个工作日。如果公众假日或非工作日在该期限之内,则该期限不作延长。

第三条 仲裁通知

1. 发起仲裁的一方(几方)(以下简称仲裁申请人)应向中心提交仲裁通知,中心应将其送达至另一方(几方)(以下简称被申请人)。

2. 除非各方另有约定,仲裁程序自被申请人收到仲裁通知之日开始。

3. 仲裁通知应包含下述内容:

(1)将争议提交仲裁的请求;

(2)各方名称和合同细节;

(3)申请仲裁所依据的仲裁协议;

(4)产生争议或与争议相关的合同或其他法律文件,或者在无上述合同或文件的情况下,对相应关系的简要描述;

(5)仲裁请求的简要描述以及如有争议金额时,具体的争议金额;

(6)申请人寻求的救济或补偿;

(7)如各方事先没有约定的,对仲裁员人数、仲裁语言和仲裁地的建议;

(8)仲裁协议的副本以及争议涉及的合同或者其他法律文件的副本。

4. 仲裁通知亦可包括下述内容:

(1)根据第8条第2款,建议任命独任仲裁员;

(2)根据第9条或第10条,通知任命1名仲裁员。

5. 如申请人的仲裁通知不满足本条第3款的要求,中心可以要求申请人遵从上述要求。

6. 关于仲裁通知内容充分与否的争议并不构成仲裁庭无法组成的原因,仲裁通知内容的充分性应由仲裁庭最终裁定。

第四条　对仲裁通知的答辩

1. 被申请人应在收到仲裁通知后 30 日内，向中心提交对仲裁通知的答辩，以便中心向其他方（几方）转达，答辩内容应包括：

(1) 被申请人的名称和合同细节；以及

(2) 根据第 3 条第 3 款第(3)~(7)项，对仲裁通知的相关信息进行答辩。

2. 对仲裁通知的答辩亦可包括下述内容：

(1) 根据本仲裁规则组成的仲裁庭缺乏管辖权的异议；

(2) 根据第 8 条第 2 款，建议任命独任仲裁员；

(3) 根据第 9 条或第 10 条，通知任命 1 名仲裁员；

(4) 反请求或者，如有，抵销请求的简要描述，内容包括涉及争议的金额以及其他的救济或者损害赔偿；以及

(5) 依据第 3 条，被申请人对除申请人之外的其他仲裁协议相关方所提起的仲裁通知。

3. 如被申请人没有遵守本条第 1 款的相关要求，中心可要求被申请人遵从相关要求。

4. 如被申请人没有对仲裁通知进行答辩，或者被申请人对仲裁通知的答辩不完整或不及时，相关争议并不构成仲裁庭无法组成的原因，上述事项应由仲裁庭最终裁定。

第五条　代理和协助

每一方当事人可以选定一人或多人代理或者协助其仲裁。代理人或协助人的名称应被告知至中心。告知时应明确此种任命是为代理的目的或者为协助的目的。如一人作为一方的代理人行事，则仲裁庭可以在任何时间，自主裁定或者应任何一方的要求，以仲裁庭决定的形式，要求其出示获得代理权的相关证明。

第六条　仲裁不再进行的决定

中心可以应咨询委员会的要求，在其明显缺乏对争议事项管辖权时，决定不再进行仲裁程序。

第二部分　仲裁庭的组成

第七条　仲裁员人数

1. 如各方事先未就仲裁员人数达成一致,且在被申请人收到仲裁通知之后30日内各方未一致同意适用独任仲裁,则应任命3名仲裁员。

2. 如果在第1款规定的时间内,其他方未对一方要求适用独任仲裁的建议做出回应,且相关方(几方)未能根据第9条或第10条的规定任命第2名仲裁员,则中心可以应一方的要求,且在中心根据案件认为合理的情况下,根据第8条第3款规定的程序任命独任仲裁员。

第八条　仲裁员的任命

1. 各方可在本仲裁规则之外就仲裁员的任命事宜另行约定程序。但是,如果在各方一致同意的期限内并未任命仲裁员,或者,在各方未就期限协商一致的情况下,在中心收到一方提出的任命仲裁员的请求之后30日内,各方未任命仲裁员,则应根据本仲裁规则第8条至第10条的相关规定任命仲裁员。

2. 如各方同意适用独任仲裁,且在所有各方收到任命独任仲裁员建议之后30日内,各方并未就独任仲裁员人选达成一致,则中心应在一方的请求下,任命一名独任仲裁员。

3. 中心应尽快任命独任仲裁员。在进行任命时,除非双方不同意适用如下程序或者中心自由裁定认为如下程序对本案件并不适用,则中心应采用如下程序:

(1)中心应将同样的至少包含3名仲裁员姓名的清单分别告知每一方;

(2)在收到清单后15日内,每一方在将其不同意的仲裁员姓名删去,并将剩余仲裁员按优先顺序排列后,将此清单返还中心;

(3)在上述期限届满后,中心应在返还的清单内尚存的仲裁员中,且以各方确定的优先顺序任命一名独任仲裁员;

(4)如由于任何原因,根据本程序不能任命仲裁员的,则中心应行使自由裁量权任命独任仲裁员。

4. 在任命独任仲裁员时,中心应注意确保任命独立且公正的仲裁员,并应充分考虑在各方为不同国籍时,任命1名第三国仲裁员是适当的。

5. 在任何情况下,在获得咨询委员会批准后,中心可以因为仲裁员不满足法律上或者合同上的要求,或者由于过去未能遵循本仲裁规则的要求而拒绝任命该仲裁员。在该决定作出之前,相关仲裁员以及各方有权表达各自的观点。

第九条

1. 在任命3人仲裁庭的情况下,每一方均应任命1名仲裁员。该2名仲裁员随后任命第三名仲裁员,第三名仲裁员将作为仲裁庭的首席仲裁员。

2. 如在收到一方任命1名仲裁员的通知后30日内,另一方没有就其任命仲裁员通知第一方,则中心应在第一方请求下,任命第二名仲裁员。

3. 如在任命2名仲裁员之后30日内,该2名仲裁员未能就首席仲裁员达成一致意见,则中心应根据第8条关于任命独任仲裁员的相关规定,任命首席仲裁员。

第十条

1. 如根据第9条第1款,在组成3人仲裁庭的情况下,申请人或被申请人各有多方,则除非各方同意适用其他任命仲裁员的方式,申请人或被申请人应连带地任命1名仲裁员。

2. 如各方同意仲裁庭由独任或3人仲裁员以外的多人组成,则应根据各方同意的方式任命仲裁员。

3. 如根据本条未能组成仲裁庭,则在一方请求下,中心应组成仲裁庭;且在此过程中,中心可以取消已经做出的任何任命,任命或者重新任命每一仲裁员,并在其中确定1名首席仲裁员。

第十一条　仲裁员的披露、免除和回避

1. 如一人获知可能被任命为仲裁员,则应当披露可能对其公正性和独立性产生合理怀疑的任何情况。从任命之时起并贯穿仲裁程序始终,被任命为仲裁员之人应当及时披露上述情况。任何对事实、情况或关系有关的披露义务的不确定性都应当按照有利于披露的方式解释。

2. 仲裁员的任命一经接受才完成。被任命的仲裁员应当在接到任命通知后1周之内提交一份确认其公正性和独立性的书面声明。

3. 仲裁员应当避免与仲裁的任何一方进行和仲裁事项有关的事前沟通。如果进行了任何事前沟通,仲裁员应当将沟通的内容告知其他方和其他仲裁员。

4. 仲裁员应当避免任何可能妨害仲裁或延迟争议解决的行为。

(笔者注:与中国国际经济贸易仲裁委员会仲裁规则相比较:第十一条未明确规定事前沟通以及相关的披露义务。)

第十二条

如果仲裁员未履行职责,或者在法律上或者事实上不能履行职责,或者故意延迟仲裁程序的启动或继续,那么根据一方的申请,且在给予该仲裁员和其他方(几方)表达各自观点的机会之后,该仲裁员应当被免除。免除决定由公正独立的三方特设委员会作出,该委员会由中心从咨询委员会的成员中组建。

第十三条

1. 存在对其公正性和独立性产生合理怀疑的情形时,仲裁员可能被申请回避。

2. 一方只能以其在任命仲裁员后知晓的理由,申请由其任命的仲裁员回避。

3. 申请仲裁员回避的一方,应当在接到该仲裁员任命通知后的15日内,或者在知晓回避情形后的15日内,向中心发送一份申请回避的书面通知。申请回避的通知应当写明回避理由。

4. 中心应当将申请回避的通知转交其他各方、被申请回避的仲裁员以及其他仲裁员。

5. 一方申请仲裁员回避后,各方可一致同意免除该仲裁员,该仲裁员也可以主动离开。其中任何一种情形都不意味着承认回避理由成立。

6. 如果在收到申请回避的通知后15日内,各方不同意更换被申请回避的仲裁员,或后者未主动离开,那么提出申请的一方可选择继续申请回避。在此情况下,最终应当由公正独立的三方特设委员会作出是否回避的决定,该委员会由中心从咨询委员会的成员中组建。

第十四条　仲裁员的更换

1. 根据本条第2款,如果必须在仲裁过程中更换仲裁员,那么应当根据第8条至第11条的相关程序任命替换的仲裁员。即使在任命被更换仲裁员的过程中,一方未能行使任命权或未能参与该任命,这一程序也应当适用。

2. 如果应一方的要求,中心根据案件的特殊情况认为,剥夺一方任命替换的仲裁员的权利是合理的,那么中心可在给予各方和其余仲裁员表达各自观点的机会之后,根据咨询委员会的批准,或者任命替换的仲裁员,或者在庭审结束后,授权其余仲裁员继续仲裁并作出决定或裁定。

第十五条　更换仲裁员时的重复审理

如果更换了仲裁员,那么在有替换的仲裁员在场的情形下,至少应当举行一次口头审理。

第十六条　责任排除

除了故意的违规行为,仲裁员、中心及其工作人员、理事会和咨询委员会的成员以及任何由仲裁庭任命的人员,都不因与仲裁相关的任何作为或不作为而向任何人承担责任。

第三部分　仲裁程序

第十七条　总则

1. 在遵循本仲裁规则的情况下,仲裁庭可按照其认为适当的任何方式审理案件,但仲裁庭应当公平行事,并且在仲裁程序中的合适阶段,给予各方公平且充分的陈述与辩论的机会。

2. 仲裁庭组成并邀请各方表达各自的观点之后,应当尽快在可行的时间内确定暂定的仲裁时间安排。邀请各方表达各自的观点之后,仲裁庭可随时延长或缩短本仲裁规则规定或各方约定的期限。

3. 在仲裁过程中的适当阶段,如果任何一方提出请求,那么仲裁庭应当为证人包括专家证人出示证据或口头辩论举行开庭审理。无请求时,仲裁庭应当依职权决定是否进行此类开庭审理以及基于相关文件和其他材料,是否继续仲裁程序。

4. 一方发送或者提交的任何通知、请求、其他材料及其所有附件,应当一式多份,仲裁员每人一份,其余各方每方一份,中心两份。

5. 除非仲裁庭另行允许,一方交与仲裁庭的所有材料都应当报中心备案,以便中心通知仲裁庭和其他方(几方)。仲裁庭交与一方的所有材料也应当报中心备案,以便中心通知其他方(几方)。

6. 应任何一方的要求,仲裁庭可以允许追加一名或多名第三人参加仲裁,但被追加人必须是仲裁协议的一方。如果给予各方包括被追加人以参审机会,会造成对任何一方的不公,仲裁庭就不应允许追加第三人。针对仲裁所涉各方,仲裁庭可以作出单独的裁定,也可以作出数个裁定。

7. 仲裁庭行使自由裁量权时,应当及时推进仲裁程序,以避免不必要的迟延和可能不合理增加仲裁成本的费用。

第十八条　仲裁地点

1. 各方未约定仲裁地点的,仲裁地应当由仲裁庭根据案件情况确定。仲裁裁定视为在仲裁地作出。

2. 仲裁庭可在其认为适合商议的任何地点会面。仲裁庭亦可在其认为适当的任何地点进行审理等事宜,各方另有约定的除外。

第十九条　仲裁语言

1. 各方未约定仲裁语言的,仲裁庭应当在得到任命之后及时决定仲裁使用的语言(一种或多种)。

2. 各方在仲裁过程中以其母语提交仲裁申请书与答辩书的附件、其他补充文件和证明材料的,仲裁庭可要求其提供各方约定或仲裁庭确定的语言译本。

第二十条　仲裁申请书

1. 仲裁申请人应当在仲裁庭任命的期限内提交书面形式的仲裁申请书。申请人可选择将其根据第3条所做的仲裁通知作为仲裁申请书,仲裁通知也须符合本条第 2 款、第 3 款的要求。

2. 仲裁申请书应当包含下列内容：

(1) 各方的名称和联系方式；

(2) 仲裁请求所依据的事实；

(3) 案件争议要点；

(4) 寻求的救济方式或损害赔偿；

(5) 仲裁请求所依据的法律依据或论点。

3. 提交仲裁申请书时，应当尽量附具申请人所依据的所有文件以及其他证据，或者在仲裁申请书中包含对上述材料的引用。

第二十一条　仲裁答辩书

1. 被申请人应当在仲裁庭任命的期限内提交书面形式的答辩书。被申请人可选择将其依据第 4 条所做的对仲裁通知的答辩作为答辩书，对仲裁通知的答辩也须符合本条第 2 款的规定。

2. 答辩书应当对仲裁申请书第(2)项至第(5)项(第 20 条第 2 款)的内容作出回应。提交答辩书时，应当尽量附具被申请人所依据的所有文件以及其他证据，或者在答辩书中包含对上述材料的引用。

3. 提交答辩书时，或在仲裁庭根据情况认为合理的其后时间，被申请人可提出仲裁庭认为合理的反请求或抵销请求。

4. 第 20 条第 2 款、第 3 款的规定同样适用于反请求、第 4 条第 2 款第(5)项的请求以及抵销请求。

第二十二条　请求或答辩的变更

仲裁过程中，一方可变更其请求、答辩、反请求或抵销请求，除非仲裁庭以迟延提出或对其他方不公等为由认为该变更不当。但如果变更后的请求或答辩不在仲裁庭管辖范围之内，那么不得变更请求、答辩、反请求或抵销请求。

第二十三条　对仲裁庭管辖的异议

1. 仲裁庭有权就其管辖权问题，包括对仲裁协议存在或效力的异议，作出裁决。作为合同组成部分的仲裁条款应当被视为独立于合同其他条款的约定。

仲裁庭有关合同无效的决定不会自动导致仲裁条款的无效。

2. 认为仲裁庭无管辖权的异议应当在答辩之时或之前提出,存在反请求或抵销请求的情况下,应当在回应反请求或抵销请求之时或之前提出。一方任命了仲裁员或者参与了仲裁员任命这一事实,并不排除其提出管辖异议的权利。认为仲裁庭超出其职权范围的异议,应当在超出职权的事项提交仲裁后尽快提出。在任何情况下,仲裁庭认为有正当理由的,可接受迟延的异议。

3. 仲裁庭可在案情裁定作出前或在案情裁定书中对第2款的异议作出裁决。在法院提起管辖异议之诉的,不影响仲裁庭继续仲裁和作出裁定。

第二十四条　其他书面陈述

除了仲裁申请书和答辩书,仲裁庭应当决定各方还应或还能提交的其他书面陈述,并确定提交该书面陈述的期限。

第二十五条　期限

仲裁庭确定的提交书面陈述(包括仲裁申请书和答辩书)的期限,不应超过45日。但仲裁庭认为有正当理由的,可以延长该期限。

第二十六条　临时措施

1. 仲裁庭可应一方申请采取临时措施。

2. 临时措施指,仲裁庭对争议作出最终裁定之前的任何时间所采取的暂时性措施。仲裁庭要求一方,不限于如:

(1)维持或恢复有待争议确定的现状;

(2)采取措施,以防发生可能导致:(i)当前或即时危害;(ii)对仲裁程序有所妨害的行为;

(3)提供保全资产的方法以执行随后的裁定;

(4)保全可能对争议解决有重要作用的相关证据。

3. 申请采取第2款第(1)项至第(3)项临时措施的一方,应当使仲裁庭相信:

(1)如果不采取临时措施,可能会导致损害赔偿裁定无法充分赔偿的损害,而该损害大大超过了被采取临时措施一方会因临时措施而受到的损害;且

(2)申请临时措施一方有合理的可能性赢得仲裁。但有关该可能性的决定不得影响仲裁庭在随后决定中的自由裁量权。

4. 针对本条第2款第(4)项中规定的临时措施,第3款第(1)项和第(2)项仅在仲裁庭认为适当的范围内适用。

5. 根据任何一方的申请,仲裁庭可变更、中止或终止已经采取的临时措施;以及在特殊情况下,仲裁庭可在事前通知各方以后,主动变更、中止或终止已经采取的临时措施。

6. 仲裁庭可要求申请临时措施的一方提供与临时措施相适应的保证。

7. 据以申请或据以采取临时措施的情势发生重大变更的,仲裁庭可要求任何一方进行及时的披露。

8. 如果仲裁庭后来作出决定,根据当时的情况本来不应采取临时措施,那么申请临时措施的一方对由此给其他方造成的损失和损害负有责任。仲裁庭可以应任何一方的请求,在仲裁过程中的任何时点作出进行上述损失和损害赔偿的裁定。

9. 任何一方向司法机关申请临时措施的,该申请不视为与仲裁协议矛盾或放弃仲裁协议。

第二十七条 证据

1. 每方都负有证明其据以请求或答辩之事实的举证责任。

2. 由各方提出、就事实问题或专业问题向仲裁庭作证的证人,包括专家证人,在争议所适用的相关法律允许的范围内,可以是任何自然人,而无论其是否为仲裁一方或与仲裁一方有任何关系。除非仲裁庭另有要求,证人包括专家证人的证言,应为书面形式并由其署名。

3. 仲裁过程中,仲裁庭可随时要求各方在其规定的期限内提交文件、物证或其他证据。

4. 仲裁庭应当决定所提交证据的可采性、关联性、客观性和重要性。

第二十八条 审理

1. 口头审理时,仲裁庭应当至少提前15日通知各方开庭审理的日期、时间和地点。

2. 证人,包括专家证人,可根据仲裁庭规定的条件或方式参加庭审、接受质证。

3. 除非各方另有约定,审理不公开进行。证人作证时,仲裁庭可要求其他证人包括专家证人退庭,但原则上,该证人,包括专家证人,是仲裁一方的除外。

4. 仲裁庭可要求证人,包括专家证人,通过电子通信的方式接受质证,电子通信(如视频会议)不需要证人亲自出庭。

第二十九条　仲裁庭任命的专家

1. 听取各方的意见之后,仲裁庭可任命一名或多名独立专家就仲裁庭要决定的专门问题向仲裁庭做书面报告。仲裁庭应当将其签发的独立专家的授权书副本交与各方。

2. 独立专家应当在接受任命之前,向仲裁庭和各方提交资格说明以及公正性与独立性声明。各方对独立专家的资格、公正性或独立性有异议的,应当在仲裁庭规定的期限内告知仲裁庭。仲裁庭应当及时决定是否接受异议。各方仅能以其在独立专家任命之后知晓的理由,针对独立专家的资格、公正性或独立性提出异议。如果有应对措施,仲裁庭应当及时决定采取何种措施。

3. 各方应当向独立专家、仲裁庭和其他方提供任何相关信息,或提交独立专家审查所要求的任何相关文件和物品。一方与独立专家之间有关所需信息、文件和物品关联性的争议,均应当提交仲裁庭决定。

4. 收到独立专家的报告时,仲裁庭应当将报告副本交与各方,各方应当有机会以书面形式表达其对于报告的意见。一方有权检验独立专家据以作出报告的任何文件。

5. 应任何一方的要求,独立专家可在递交报告之后出庭,以便各方有机会进行当面质询。在庭审中,各方均可提供专家证人对争议要点进行作证。相关程序应当适用第28条的规定。

第三十条　缺席

1. 在本仲裁规则或仲裁庭规定的期限内,在没有给出充足理由的情况下:

(1)如果申请人未能提交仲裁申请书,那么仲裁庭应当发出仲裁终止令,除非有仲裁庭认为适当的其余待决事项;

(2)如果被申请人未能提交对仲裁通知的答辩或答辩书,那么仲裁庭应当命令继续仲裁,但其不构成对申请人主张的承认;申请人未能提交针对反请求或抵销请求的答辩的,也适用本项规定。

2. 根据本仲裁规则得到及时通知的一方,如果没有充分理由未能出庭,仲裁庭可继续仲裁。

3. 如果得到仲裁庭提交文件、物证或其他证据的及时邀请,一方没有充分理由未能在规定期限内提交,那么仲裁庭可根据现有证据作出裁定。

4. 收到提交特定文件的命令后,一方没有充分理由未能提交的,仲裁庭应当进行必要的推定。

第三十一条　审理结束

1. 仲裁庭可询问各方是否还有其他证据、证人或意见,如果没有,仲裁庭可宣布审理结束。

2. 由于特殊情况,仲裁庭认为必要时,可在裁定作出之前任何时候,主动或根据一方的申请重新开庭。

第三十二条　放弃异议权

一方对不遵守本仲裁规则或仲裁协议之要求的行为没有及时提出异议的,应当视为放弃异议权,除非其可以证明,在当时情形下,未提出异议有正当理由。

第四部分　裁　　定

第三十三条　决定

1. 仲裁员多于一人时,仲裁庭的裁定或其他决定应当按照多数意见作出。

2. 关于程序问题,无法形成多数意见或在仲裁庭授权的情况下,首席仲裁员可单独作出决定。仲裁庭修改该决定的,以仲裁庭修改后的决定为准。

第三十四条　裁定的形式和效力

1. 仲裁庭可在不同时间就不同问题分别作出裁定。

2. 所有裁定均应当以书面形式作出，且对于各方具有终局的约束力。各方应当不予迟延地执行所有裁定。

3. 仲裁庭应当写明其据以作出裁定的理由，除非各方约定不写明理由。

4. 裁定应当由仲裁员署名，并写明裁定作出的日期和仲裁地点。仲裁员多于一人且有仲裁员未署名时，裁定应当列明未予署名的理由。

5. 仲裁员署名的裁定原件应当交予每一方。

第三十五条　适用法和友好调解人

1. 针对争议的实体部分，仲裁庭应当适用各方指定的法律规则。各方未指定适用法的，仲裁庭应当适用与争议联系最密切的法律。

2. 只有在各方明示授权的情况下，仲裁庭才应当作为友好调解人或依公平善良原则作出裁决。

3. 在所有案件中，仲裁庭均应根据合同条款作出裁决，存在贸易惯例时，还应当考虑交易适用的贸易惯例。

第三十六条　和解和仲裁终止的其他原因

1. 裁定作出之前各方和解的，仲裁庭应当发出仲裁终止令或应各方要求且同意该要求时，根据和解协议的内容制作裁定书。仲裁庭无义务在该裁定书中写明理由。根据和解协议制作裁定书时，适用第34条第2款和第4款的规定。

2. 裁定作出之前，仲裁程序没必要继续或由于第1项以外的原因不可能继续的，仲裁庭应当将其发出仲裁终止令的意图告知各方和中心。除非仲裁庭认为存在适合其裁定的其余待决事项，否则仲裁庭有权发出仲裁终止令。

3. 仲裁员署名的仲裁终止令原件或根据和解协议作出的裁定原件，应当交予每一方。

第三十七条　裁定的解释

1. 收到裁定后30日内，在通知了其他方（几方）和中心的情况下，一方可请求仲裁庭对裁定作出解释。仲裁庭可邀请其他方（几方）在15日内对该请求作出评议。

2. 如果认为请求合理，仲裁庭应当在评议期结束后的45日内，以书面形式作出解释。该解释构成裁定的一部分,适用第34条第2款至第5款的规定。

第三十八条　裁定的更正

1. 收到裁定后的30日内,在通知了其他方(几方)和中心的情况下,一方可请求仲裁庭对裁定中的计算、书写、打印和类似错误进行更正。如果认为请求合理,仲裁庭应当在收到请求后的45日内作出更正。

2. 发出裁定后的30日内,仲裁庭可主动对裁定进行如上更正。

3. 更正应当以书面形式作出并且构成裁定的一部分,适用第34条第2款、第4款和第5款的规定。

第三十九条　补充裁定

1. 收到仲裁终止令或裁定后的30日内,在通知了其他方(几方)和中心的情况下,一方可请求仲裁庭作出补充裁定,补充裁定的对象是已在仲裁过程中提出但仲裁庭未对其作出决定的请求。仲裁庭可邀请其他方(几方)在15日内对该请求作出评议。

2. 如果认为补充裁定的请求合理,仲裁庭应当在评议期结束后的60日内,作出或者完善其裁定。必要时,仲裁庭可延长其作出补充裁定的期限。

3. 作出上述裁定或者补充裁定时,应当适用第34条第2款至第5款的规定。

第四十条　保密

1. 除非各方以书面形式明示地作出相反约定,否则各方保证对所有裁定、决定和仲裁过程中各方提交的本不为公众所知的所有材料进行保密。为保护或寻求一项法律权利或为执行或反对一项裁定,一方因负有法律义务而需要在司法机关的司法程序中披露上述材料的除外。该保密义务同样适用于仲裁员、仲裁庭任命的专家、仲裁庭秘书和中心。

2. 仲裁庭的评议内容同样需要保密,但法院判决所要求披露的除外。

3. 未经各方事先书面同意,中心保证不出版任何决定、裁定或其中揭示任何一方身份的部分内容。

第四十一条　文件的取回和销毁

1. 向中心提交原件的一方,应当在收到裁定副本后的9个月内以书面形式请求取回该文件。9个月后,中心不对任何该原件负责。

2. 各方或仲裁员提交给中心的所有文件副本以及中心交予各方或仲裁员的所有文件副本,在各方收到裁定副本后的9个月之后,可被销毁。

第五部分 仲裁费用

第四十二条 费用定义

1. 仲裁庭应当在最终裁定中确定仲裁费用。仲裁庭认为适当时,也可在其他决定中确定仲裁费用。

2. "费用"仅包含:

(1)根据本仲裁规则第43条确定的登记费用;

(2)根据本仲裁规则第44条确定的行政费用;

(3)根据本仲裁规则第45条确定的仲裁庭费用;

(4)仲裁员产生的合理交通费用和其他费用;

(5)应仲裁庭要求产生的专家建议和其他协助(翻译、案件报告等)的合理费用;

(6)证人的经仲裁庭同意的合理交通费用和其他费用;

(7)仲裁庭认为合理的由各方所产生的与仲裁相关的法律费用和其他费用;

(8)中心未被任命为任命机构的情况下,其他任命机构的费用和开支。

3. 根据第37条至第39条解释、更正或补充裁定的情况下,仲裁庭可收取上一款中提及的费用,但不能收取其他费用。

4. 临时仲裁的各方同意中心对该仲裁提供行政协助的,应当适用本部分的规定,但各方就仲裁庭费用的其他决定方式达成一致或同意适用其他相关规则的除外。

5. 最终裁定作出之前,仲裁庭根据本仲裁规则第36条发出仲裁终止令的,中心应当最终决定仲裁费用,决定时考虑仲裁终止的时间、仲裁庭完成的工作以及其他相关情况。

6. 费用应当由各方以现金支付给中心,或以中心名义开立保付支票并递送至中心的地址。除登记费用外,其他费用均可通过电汇的方式支付,电汇时表明案号且中心不承担任何费用。

第四十三条　登记费用

1. 仲裁通知一经登记,仲裁申请人应当支付500美元的登记费用。被申请人登记反请求时,也应当支付相同的费用。

2. 如果登记仲裁通知或反请求时未支付登记费用,那么中心不应登记该案件或该反请求。

3. 登记费用不可退还。

第四十四条　行政费用

1. 行政费用应当根据本仲裁规则所附表1(笔者注:本文后未附),基于争议金额来确定。

2. 争议金额应为所有请求、反请求和抵销请求的总额。

3. 争议金额不能确定时,中心应当考虑所有相关情况以确定行政费用。

4. 行政费用最多为5万美元。

5. 在特殊情况下,中心可不按本仲裁规则所附表1中设定的金额来收取行政费用。

第四十五条　仲裁庭的费用

1. 仲裁员的费用应当根据本仲裁规则所附表2和表3(笔者注:本文后未附),基于争议金额来确定。

2. 争议金额应为所有请求、反请求和抵销请求的总额。

3. 争议金额不能确定时,中心应当考虑所有相关情况以确定仲裁庭的费用。

4. 争议金额不超过300万美元时,仲裁员的费用应当根据本仲裁规则所附表2确定为固定数额。

5. 争议金额超过300万美元时,仲裁员的费用应当根据本仲裁规则所附表3设定的比例来确定。

6. 仲裁员费用的总额应当如下分配:除非仲裁庭成员另有约定,仲裁庭主席40%,其他仲裁员每人30%。

7. 仲裁员仅有权获得根据本仲裁规则所附表2和表3确定的费用。仲裁员一经接受任命,便视为其同意本款规定。中心根据本仲裁规则所附表3设定的比例,针对仲裁员费用所作的决定是终局的且不做任何改变。

8. 最终裁定一经作出并经仲裁员署名后,各方应当向仲裁庭支付费用。预付款金额如不超过预存仲裁员费用的一半,可以应仲裁庭的要求在最终裁定作出前支付,但不可在本仲裁规则第28条所述口头审理前支付。

9. 中心听取其余仲裁员的意见并考虑已故仲裁员完成的工作和其他相关情况之后,应当确定接受任命后、作出裁定前去世的仲裁员的费用。

10. 根据第12条被免除或根据第13条被申请回避的仲裁员,不应获得任何费用。

11. 仲裁员不得就其费用或其他仲裁费用,直接或间接地与各方或其代理人签订协议。仲裁员亦不应在仲裁开始时、仲裁过程中或仲裁结束后直接或间接接受各方或其代理人的礼物或好处。

12. 在特殊情况下,经咨询委员会批准,中心可决定仲裁庭的费用,该费用可高于或低于根据本仲裁规则所附表2或表3所得的费用,但上下浮动不得超过25%。

第四十六条　费用分摊

1. 仲裁费用原则上由败诉方承担。但是,仲裁庭在考虑了案件情况后认为合理的,可在各方之间分摊每项费用。

2. 仲裁庭应当在最终裁定中,或其认为合理时,在其他裁定中,就费用分摊的决定,确定一方可能应向其他方(几方)支付的费用金额。

第四十七条　费用预存

1. 仲裁开始前,各方应当将确定了的行政费用和仲裁员费用预存至中心。除非各方另有约定或仲裁庭另行决定,除登记费用以外的费用和开支,均可由申请人和被申请人对半支付。

2. 收到预存要求后的15日内未全额支付预存费用的，中心应当将此情况告知各方，以便其中的一方或多方完成支付。未支付预存费用时，如果仲裁庭还未组成或者仲裁程序还未开始，那么中心可中止或终止仲裁程序；如果仲裁庭已经组成或者仲裁程序已经开始，那么中心可要求仲裁庭中止或终止仲裁程序。

第四十八条　其他费用

除了行政费用和仲裁员费用，中心应当确定一个金额以覆盖第42条第2款第（4）项、第（5）项、第（6）项和第（8）项所提及的任何合理的交通费用和其他费用。

阿 联 酋

一、阿联酋简介

阿拉伯联合酋长国(The United Arab Emirates,以下简称阿联酋),位于阿拉伯半岛东部,北濒波斯湾,西北与卡塔尔为邻,西和南与沙特阿拉伯交界,东和东北与阿曼毗连,海岸线长734千米,总面积83,600平方千米,首都阿布扎比。阿联酋包括以下7个酋长国:阿布扎比、迪拜、沙迦、阿治曼、乌姆盖万、拉斯海马酋长国和富吉拉酋长国。

(一)阿联酋法律传统

中东是一个政教合一、宗教色彩浓厚的地区,伊斯兰文化深刻影响着中东各国的法律体系。并且,通常情况下习惯法的效力在阿拉伯仅次于伊斯兰法。[①] 为加强法律与国际社会适应性,中东国家引入了西方法律体系,这使中东各国在立法和法律执行过程中不可避免地产生宗教传统与西方法律体系和习惯的冲突和矛盾,从而导致了该地区各国法律具有明显的不完善性和不稳定性。[②]

伊斯兰法并不排斥仲裁,在早期的中东,仲裁就已经在《古兰经》中出现,如用以解决夫妻间的争议。[③] 在当时,仲裁程序更像是调解或和解而非今日所称的仲裁,随着伊斯兰法学的发展,伊斯兰法学者逐渐认识到了仲裁作为解决争议的另一方式的重要性与必要性。

---

① S. R. Luttrell, "The Changing Lex Arbitri of the UAE", *Arab Law Quarterly*, Vol. 23, No. 2, 2009, p. 142.

② 参见黄晓松:《从一宗案件看阿联酋法律体系》,载《中国经贸》2012年第5期。

③ Verse 4. 35, Quran.

(二)阿联酋法律体系现况

阿联酋实体性法律由联邦政府制定,包括劳动法、商业代理法、海事法、商业公司法、民事交易法、商标法、商业交易法等。除此之外,其他非实体性法律则由各酋长国在授权下以法令方式颁布,以规范当地事务。

在阿联酋的7个酋长国中,迪拜与拉斯阿尔卡麦保留了自身独立的司法系统,其他5个酋长国则加入联邦司法体系。阿联酋联邦司法体系与中东其他国家相似,法院内部分为民事和刑事两个主要部门。诉讼程序一般分为三个阶段,即初审、上诉审及联邦最高法院上诉审。

阿联酋仲裁制度的发展并不成熟,该国将伊斯兰法作为基本法,[①]民商事法律体系的基石是效仿1949年《埃及民法典》的1985年《阿联酋民法典》。[②]在民事诉讼法方面,尽管近年阿联酋仲裁法草案正在讨论之中,但专门的仲裁法尚未面世,目前的准据法仅为1992年《阿联酋民事诉讼法典》[③]中有关仲裁、外国判决的执行和执行程序的规定,且其内容与为国际各国所接受的《联合国国际贸易法委员会国际商事仲裁示范法》并不相同。[④]

另外,由于阿拉伯语是阿联酋的法定官方语言,对当事人而言,在阿联酋各地法院诉讼解决纠纷只能聘请讲阿拉伯语的当地持牌律师。许多阿联酋法院法官并不是案件所涉行业的专业行家,因此在许多情况下依赖法院指定的专家证人出具的报告断案。另外,伊斯兰教《古兰经》是阿联酋所有世俗法的根本渊源和皈依。在这种情况下,非阿拉伯国家当事人普遍很难选择或接受阿联酋本地司法诉讼方式解决纠纷。[⑤]

阿联酋是历史悠久的发展中大陆法系国家,现有三级法律制度。其一,阿联酋本身为大陆法系国家,对不同法律部门已出台相关法典。阿联酋法典不仅

---

① Article 7, UAE Constitution.

② Federal Law No. 5 of 1985.

③ UAE Civil Procedure Code.

④ UNCITRAL Model Law on International Commercial Arbitration.

⑤ 参见驻迪拜经商室:《迪拜国际金融中心:正在迅速崛起的中东金融中心》,载 http://dubai.mofcom.gov.cn/aarticle/ztdy/200709/20070905122287.html,最后访问日期:2017年9月2日。

适用于联邦层面,对其各个酋长国也同样适用。其二,迪拜境内设有若干自由贸易区,其中迪拜国际金融中心(Dubai International Financial Centre,DIFC)为最大的自由贸易区。按照阿联酋宪法,DIFC享有独立的司法管辖权。另外,该中心有自己独立的法院和民商法体系,被形象描述为"大陆法海洋中的一座普通法岛屿"。

二、迪拜国际金融中心的法律概况

阿联酋对外经贸、金融交往主要以迪拜为中心,因此笔者着重介绍分析DIFC区域内的仲裁法律制度。

(一)迪拜概况

迪拜是阿拉伯联合酋长国最大和人口最多的城市,也是一座国际化大都市,同时也是继阿布扎比之后的第二大酋长国。作为中东地区的经济和金融中心,迪拜是中东最富裕的城市,在全球最富裕城市中也位居前列。

(二)迪拜国际金融中心(DIFC)概况

2004年,迪拜政府决定建立DIFC,推出允许外资100%所有权、50年免税、资本账户完全可兑换以及区内独立的法律体系和金融监管体系等措施。尽管自由区内公司也受到包括最低投资额度、不得进行本币交易等限制,但总体来看,上述措施不仅较好地促进了DIFC自身的发展,也带动了迪拜整体金融业的发展。

DIFC主要业务包括:银行服务(投资银行、合作银行业、私人银行业)、资本市场(证券化、债务工具)、资产管理、基金管理、保险和再保险、伊斯兰金融以及专业金融服务。DIFC完全按照国际的标准来运行,其特点是:完整、透明、高效。

更为重要的是,DIFC的地理位置和时区得天独厚,它位于亚洲和西方国家中间,与伦敦有4个小时的时差,与北京也是4个小时的时差,一天之内可以覆盖东、西两个市场,刚好填补中国和西方交易市场上的"金融真空"。[①]

① 参见驻迪拜经商室:《迪拜国际金融中心:正在迅速崛起的中东金融中心》,载 http://dubai.mofcom.gov.cn/aarticle/ztdy/200709/20070905122287.html,最后访问日期:2017年9月21日。

但需明确的是,投资者若有意于 DIFC 投资,其公司的运营必须位于 DIFC 内部,即必须存在一个实体公司。

(三)迪拜国际金融中心立法及司法概况

DIFC 内部实行独立的法律体系,其制定有独立的民事和商事法律法规以及完整的金融监管法律法规,DIFC 法院全权负责 DIFC 内相关案件的审理和执行。阿联酋宪法第 121 条修正案允许联邦政府制定并执行《金融自由区法》。①《金融自由区法》于 2004 年 3 月 27 日公布,该法允许酋长国政府在本地建立金融自由区,并规定金融自由区可不受阿联酋民法和商法管制,但刑法仍然适用。因此,DIFC 内独立的金融监管法律体系,并不包括反洗钱、反恐融资等相关法律。

DIFC 法律体系以普通法原则为基础,效仿英格兰及威尔士法律的模式,采用英语为官方语言。DIFC 法院对金融中心内的所有民事和商业纠纷和/或与中心内注册机构和公司有关的纠纷具有专属管辖权,并允许在该法院,(或如果双方愿意)在其他认可司法管辖区内的法院旁听案件的审理。

三、迪拜国际金融中心仲裁制度

(一)DIFC 伦敦国际仲裁院仲裁中心设立背景

21 世纪后,为将迪拜打造成中东首要的国际金融、贸易与商事争议解决中心城市,迪拜引进伦敦的先进经验。DIFC 内全部使用英文并独立以英式普通法处理民商事争议的迪拜国际金融中心法院(DIFC Court)也随之开始运作。随着这一拥有彻底司法独立和终审权的小小自贸区司法当局任命来自英国、新加坡、新西兰和马来西亚的资深法律界人士担任该院上诉庭大法官,以及在司法审判中采纳并肩伦敦的全球最高执业标准,迪拜国际金融中心法院很快吸引了来自全球各地工商界人士和专业服务界人士的目光。②

① United Arab Emirates Constitutional Amendments, No(1) of 2009.

② 参见王俊:《浅析迪拜与中方当事人涉中东/东非经贸项目的争议解决场所选择》,载 http://www.cnarb.com/Item/7481.aspx,最后访问日期:2017 年 9 月 10 日。

与此同时,伦敦国际仲裁院(London Court of International Arbitration, LCIA)也正在将目标着眼于扩大总部以外的管辖区域。对于LCIA而言,其向国外扩展的主要原因在于两方面:“实用性”(practicality)和“地方知识”(local knowledge)。实用性是指尽量接近终端客户,配备具有当地语言和文化能力的员工,并与终端客户位于同一时区;地方知识是指对当地产业与需求、当地仲裁员,以及当地法律特性的了解。①

在上述目标的指导下,LCIA本着将地区性与全球性相结合的原则,于2008年2月在迪拜的DIFC设立了独立的仲裁中心,即DIFC伦敦国际仲裁院仲裁中心(DIFC LCIA Arbitration Centre,以下简称DIFC LCIA仲裁中心)。

(二)DIFC LCIA仲裁中心概况

1.法律与规则

在DIFC辖区的数个仲裁机构中,DIFC LCIA仲裁中心最受国际认可,且在近年来得到广泛接受。该仲裁中心的成立旨在通过仲裁和调解的方式促进国际商业纠纷的有效解决。

在仲裁法律与仲裁规则方面,该中心采用的仲裁法律以《联合国国际贸易法委员会示范法》为基础。根据这一现代化、国际化的仲裁立法,除了很有限的劳资和消费者保护法律关系外,在迪拜国际金融中心自贸区仲裁再也没有关于争议事项或者当事人来源以及地域范围方面的任何限制。换言之,DIFC在仲裁立法层面实现了与中国香港地区、新加坡、澳大利亚、加拿大、美国佛罗里达州等示范法司法区接轨,从而为DIFC实现连接东西方而为全世界提供最高水平商事仲裁服务的目标铺平了道路。②

中心的仲裁和调解规则几乎与全球最先进的国际仲裁程序规则之一的《伦敦国际仲裁院仲裁规则》(LCIA Rules)实现了彻底的无缝对接,力求使在迪拜国际金融中心自贸区仲裁的当事人享受与在伦敦依据《伦敦国际仲裁院

---

① DIFC LCIA & LCIA India: Between Universalism and Regionalism, Remy Gerbay, p. 1, July 19, 2012.

② 参见王俊:《浅析迪拜与中方当事人涉中东/东非经贸项目的争议解决场所选择》,载http://www.cnarb.com/Item/7481.aspx,最后访问日期:2017年9月10日。

仲裁规则》①仲裁的当事人毫无差别的体验。

由于 DIFC 在迪拜享有独立的司法管辖权，并制定有自己的仲裁法，②故当仲裁地为 DIFC 时，应当适用 DIFC 仲裁法，③而非《阿联酋民事诉讼法典》。④对该中心现行有效的有管辖权的仲裁法为 2008 年的《迪拜国际金融中心仲裁法》(以下简称 DIFC 仲裁法)；⑤该中心现行有效的仲裁规则为 2008 年颁布的《DIFC LCIA 仲裁中心仲裁规则》。⑥

2. DIFC LCIA 仲裁中心组成机构

DIFC LCIA 仲裁中心内含以下三个组成机构。

(1)理事会(board of directors)由优秀的国际仲裁从业者组成，监督仲裁中心的运作，主要负责中心的运营和业务的发展。

(2)秘书处(secretariat)负责管理每日向仲裁中心提请的纠纷。

(3)LCIA 仲裁院(LCIA arbitration court)是确定 DIFC LCIA 仲裁中心适用规则和程序是否正确的最终权威机构。由于 DIFC LCIA 仲裁中心由 LCIA 设立，故该内部机构名为 LCIA 仲裁院。需要说明的是，该仲裁院仅为内部机构，而非 DIFC 内的适格法院。

该中心理事会独立于 LCIA，能够自己领导员工，但仲裁中心员工均由位于伦敦的 LCIA 进行选任与培训。另外，该仲裁中心秘书处与 LCIA 秘书处一样，都下属于 LCIA 仲裁院。⑦

3. 对比迪拜国际金融中心(Dubai International Arbitration Centre)

迪拜国际金融中心(Dubai International Arbitration Centre，DIAC)位于迪拜，是一个体系完善的国内外仲裁中心。该中心由迪拜工商会(Dubai Chamber

---

① LCIA Rules of 1998.

② DIFC Arbitration Law 2008.

③ Article 7, DIFC Arbitration Law 2008.

④ The UAE Civil Procedure Code, Federal Law No. 11 of 1992.

⑤ DIFC Arbitration Law 2008.

⑥ The DIFC LCIA Arbitration Rules.

⑦ DIFC LCIA & LCIA India: Between Universalism and Regionalism, Remy Gerbay, p. 3, July 19, 2012.

of Commerce and Industry)于 1994 年发起设立,原名为商业调解和仲裁中心(Centre for Commercial Conciliation and Arbitration)。DIAC 仲裁中心的内部机构分为理事会(board of trustees),内有许多著名的国际从业者;执行委员会(executive committee)及主管(director)。仲裁地为迪拜时,管辖法院为迪拜法院,使用迪拜法律,但在 DIFC 辖区内除外。若双方另有约定,则 DIFC 法院对在 DIFC 内进行的 DIAC 仲裁不享有管辖权。2007 年至 2011 年,DIAC 所收案件数量呈显著上升趋势。2007 年 DIAC 所收案件数量为 77 宗,至 2011 年,DIAC 所收案件数量为 440 宗。但 2012 年至 2013 年案件数量呈下降趋势:2012 年为 379 宗,2013 年为 310 宗。①

DIFC LCIA 仲裁中心与 DIAC 的目标皆为吸引当事人到迪拜参与国际仲裁并解决纠纷。两大仲裁中心均以国际标准运行,其最关键的不同点在于管辖法院。在双方当事人可能受管辖法院影响的情况下,根据不同的情况与需求会导致当事人选择不同的仲裁中心。故与其说二者间存在竞争关系,不如说 DIFC LCIA 仲裁中心与 DIAC 存在管辖法院选择的差别。

4. DIFC LCIA 仲裁中心重组

2015 年 11 月 18 日,伦敦国际仲裁中心和 DIFC 争端解决局正式宣布 DIFC LCIA 仲裁中心重组完成。

DIFC LCIA 仲裁中心,由 DIFC 根据 2004 年迪拜第九号法律(后由 2014 年迪拜第七号法律修正)设立。依照 DIFC LCIA 仲裁中心章程,DIFC LCIA 仲裁中心由 DIFC 仲裁协会(DIFC Arbitration Institute)经管。DIFC LCIA 仲裁中心本次重建的目的在于解决之前存在的各种问题,尤其是 DIFC LCIA 仲裁中心的仲裁管辖权能延伸多广的问题。

本次重组新设立了 DIFC 争端解决局(DIFC Dispute Resolution Authority)。根据新的立法体系,DIFC 争端解决局的设立是为给重组后的仲裁中心建立一个法定基准,其运作将平行且完全独立于 DIFC 法院。

① 载 http://www.diac.ae/idias/archiveevents/CASESTATIC/,最后访问日期:2017 年 9 月 10 日。

DIFC 仲裁协会由 5 位受托人管理：Essam Al Tamimi（主席）、Alec Emmerson（首席执行官）、Reza Mohtashami、William Rowley QC（LCIA 理事会主席）和 Jackie van Haersolte-van Hof（LCIA 总监）。经改进的结构不仅为 DIFC LCIA 仲裁中心提供了更加坚实的法定基准，而且保证了其相对于 DIFC 法院的独立性。在现行制度下，根据 DIFC LCIA 仲裁中心规则，对仲裁程序的监督仍由 LCIA 仲裁院负责。

DIFC LCIA 仲裁中心目前有 28 个公开仲裁或其他替代性解决争议的方法。随着根本规章制度的完成，招募新书记员以强化迪拜办公室的案件处理工作（本工作目前由伦敦办公室负责），成了最优先考虑的项目。为反映 2014 年 LCIA 仲裁规则的变化和改进，DIFC LCIA 仲裁中心仲裁规则也将会在短时间内升级。根据 DIFC LCIA 仲裁中心仲裁规则第 16 条的规定，双方当事人可以自行选择仲裁地点，否则，则在 DIFC 仲裁法为管辖法律的情况下，仲裁地点应为 DIFC。

在迪拜政府的支持下，重组后的 DIFC LCIA 仲裁中心将巩固和提升迪拜作为海湾国家商事纠纷解决中心的地位。

（三）仲裁制度

1. 仲裁范围

DIFC LCIA 仲裁中心提供全球性的仲裁服务。

2004 年 DIFC 仲裁法曾明确限制 DIFC LCIA 仲裁中心的仲裁范围，规定仲裁中心只能仲裁与 DIFC 相关的案件。随着 2008 年 DIFC 仲裁法的出台，2004 年 DIFC 仲裁法对仲裁范围的限制已不复存在。根据 2008 年 DIFC 仲裁法，无论仲裁协议于何地作出，只要仲裁协议为书面形式，且该协议不涉及劳动关系或消费者合同，无论争议双方当事人是否与 DIFC 有关联，DIFC LCIA 仲裁中心均可仲裁。① 更为重要的是，该仲裁中心对于仲裁标的、当事人身份和地理位置均不做要求。

---

① Article 12(2), DIFC Arbitration Law 2008.

2. 仲裁程序

按照DIFC仲裁法,各方当事人可以自由地就仲裁庭进行仲裁所应遵循的程序达成协议。如未达成这种协议,仲裁庭可以在DIFC仲裁法规定的限制下,按照它认为适当的方式进行仲裁。[①]

在DIFC LCIA仲裁中心,现行有效的规则是2008年2月17日起施行的《DIFC LCIA仲裁中心仲裁规则》,以下将按照该仲裁规则对仲裁程序进行梳理,并与贸仲委仲裁程序进行比对,简要总结贸仲委与DIFC LCIA仲裁中心仲裁程序的不同之处。

(1)仲裁申请。

申请仲裁时,申请人应向DIFC LCIA仲裁中心书记员提交书面仲裁申请书,申请书应包括或附载以下内容:仲裁当事人及其法定代表人的姓名、地址、电话、传真、电传和电子邮箱号码(如知晓的话);申请人援引的书面仲裁条款或单独的书面仲裁协议的副本,以及包含有仲裁条款或就此而产生仲裁的合同文件的副本;阐述争议性质和案情、阐明申请人向被申请人所提出的请求的简要陈述;当事人已经书面约定或申请人拟建议的任何与仲裁有关事项的陈述;仲裁协议规定当事人提名仲裁员的,申请人提名的人的姓名、地址、电话、传真、电传和电子邮箱号码(如知晓的话);仲裁收费表规定的费用;及向书记员确认申请书(包括所有附件)的副本已经或者正在以确认书中说明的一种或多种方式同时送达所有的其他仲裁当事人。申请仲裁之后,申请人仍可以对其仲裁请求提出修改,但仲裁庭有权决定是否允许该类修改。

在仲裁申请方面,DIFC LCIA仲裁中心与贸仲委的不同规定在于,贸仲委要求申请人在仲裁申请书中写明仲裁请求所依据的事实和证据,但DIFC LCIA仅要求在申请书中阐清案情。

(2)答辩与反请求。

被申请人应在申请书送达被申请人的30日之内向书记员提交一份对申请

① Article 26, DIFC Arbitration Law of 2008.

书的答辩书,包括或附具下列事项:确认或否定申请人在申请书中提出的全部或部分请求;阐明被申请人向申请人提出的任何反请求的性质和案情的简要陈述;针对在申请书中载列的关于进行仲裁事项的任何陈述提出的意见;仲裁协议规定当事人提名仲裁员的,被申请人提名的人的姓名、地址、电话、传真、电传和电子邮箱号码(如知晓的话);及向书记员确认答辩书(包括所有附件)的副本已经或正在以确认书中说明的一种或多种方式同时送达所有的其他仲裁当事人。

任何反请求均应与答辩书一起提交,其方式应与案情陈述中提出请求的方式相同。

申请人应在收到答辩书后 30 日之内向书记员提交答复书一份;如有反请求,应提交一份针对反请求的答辩书,其方式应与答辩书中提出答辩的方式相同。

在答辩与反请求方面,DIFC LCIA 仲裁中心与贸仲委的主要不同之处在于两点。其一,贸仲委明确要求答辩书所包含附件应包括答辩所依据的证明材料及文件,而 DIFC LCIA 仲裁中心规则则未作出相关规定。其二,贸仲委规定被申请人如有反请求,应自收到仲裁通知后 45 日内以书面形式提交。而 DIFC LCIA 仲裁中心则规定反请求均应与答辩书一并提交。

(3)仲裁庭的组成。

“仲裁庭”一词包括一名独任仲裁员,或多于一名仲裁员时包括全体仲裁员。

仲裁法院应于书记员收到答辩书之后,或于申请书送达被申请人后 30 日(或于仲裁法院规定的更短的期限)届满之后,书记员未收到被申请人的响应时,尽快组成仲裁庭。即使申请书不完备或者没有收到答辩书或答辩书延误到达或者不完备,仲裁法院仍可以进行组庭。除非当事人另有书面约定,或者仲裁法院根据案情确定组成三人仲裁庭,否则应指定一名独任仲裁员。

只有仲裁法院有权指派仲裁员。由三人组成仲裁庭的,仲裁庭的主席(不是当事人提名的仲裁员)应由仲裁法院指定。

与贸仲委不同的是,DIFC LCIA 仲裁中心规则中并不要求仲裁中心向当事人提供《仲裁员名册》。

(4)案件审理。

任何当事人如表示拟以口头形式陈述案情,则他有权在仲裁庭上得到口头的审理,但各方当事人以书面协议约定只进行书面仲裁的除外。

仲裁庭应确定仲裁中的任何会议和开庭审理的日期、时间和具体地点,并应于合理的时间提前通知各方当事人。

仲裁庭可以在任何开庭审理之前向各方当事人提出一份希望当事人特别注意回答的问题清单。

所有的会议和开庭审理均应不公开进行,除非各方当事人另有书面约定或仲裁庭另有指令。

仲裁庭拥有全权规定会议和开庭审理的期限或其中任何部分的期限。

贸仲委与 DIFC LCIA 仲裁中心最大的不同在于,贸仲委对申请人和被申请人不出席的后果做了明确规定,而 DIFC LCIA 仲裁中心规则并没有涉及这一问题。

(5)裁决。

所有仲裁裁决均应以书面形式作出并由独任仲裁员或多位仲裁员签名。仲裁员不止一名的,仲裁员的多数签名要足够,前提是已经指明未签名原因。

仲裁裁决应当注明日期和根据第 27 条第 1 款确定的仲裁地。仲裁裁决应视为在仲裁地作出。

仲裁裁决作出后,经仲裁员签字的仲裁裁决副本应送达至各方当事人。

仲裁庭应在裁决书中确定仲裁费用。

相比之下,DIFC LCIA 仲裁中心规则中没有贸仲委的这一规定:仲裁庭应当在前述裁决前将裁决草案提交给贸仲委委员会,贸仲委可以在不影响仲裁庭独立性的前提下,就裁决书的有关问题提请仲裁员的注意。

3. 上诉与追诉

DIFC 仲裁法明确规定,仲裁裁决不得向 DIFC 法院提出上诉。

申请撤销是对仲裁裁决唯一的追诉方式。在DIFC仲裁法规定的几项情形中,当事人可请求法院撤销仲裁裁决。DIFC仲裁法第41条规定,只有按照以下规定申请撤销,才可以对在DIFC仲裁的仲裁裁决向法院追诉。①

撤销申请只能向迪拜国际金融中心法院作出。仲裁裁决只有在下列情况下才可以被迪拜国际金融中心法院撤销:

(1)提出申请的当事一方提出证据证明:

①仲裁协议的当事一方欠缺行为能力;或根据当事各方所同意遵守的法律,或未认明有任何这种法律,则根据DIFC法律,上述协议是无效的;

②未将有关指定仲裁员或仲裁程序的事情适当地通知提出申请的当事一方,或该方因其他理由未能陈述其案情;

③裁决处理了不是提交仲裁的条款所考虑的或不是其范围以内的争议,或裁决包括有对提交仲裁以外的事项作出的决定,但如果对提交仲裁的事项所作的决定与对未提交仲裁的事项所作出的决定能分开的话,只可以撤销包括有对未提交仲裁的事项作出决定的那一部分裁决;或

④仲裁庭的组成或仲裁程序与当事各方的协议不一致,除非这种协议与当事各方不能背离的本法的规定相抵触,或当事各方并无此种协议,则与本法不符;或

(2)DIFC法院认为:

①根据DIFC法律,争议的标的不能通过仲裁解决;

②争议的解决明显指向另一主体或仲裁庭,或指向DIFC法律的任何强制性条款;或

③该裁决与阿联酋的公共政策相抵触。

---

① Article 41, DIFC Arbitration Law 2008.

(四)仲裁与法院的衔接

1. 法院

与 DIFC LCIA 仲裁中心联系最为密切的法院是 DIFC 法院。

DIFC 法院是 DIFC 内独立的普通法系法院,其规则是专门为解决复杂的金融交易而制定的,DIFC 法院对于在 DIFC 内注册的公司或分支机构产生的民商事纠纷享有排他性管辖权。① 官方语言为英语,为 DIFC 内的国际性民商事纠纷的解决提供了便捷的语言环境。作为 DIFC 的管辖法院,DIFC LCIA 仲裁中心作出的仲裁裁决由 DIFC 法院执行。

2. 仲裁程序的排他性

根据 DIFC 仲裁法,就仲裁协议的标的向法院提起诉讼时,一方当事人在不迟于其就争议实体提出第一次申述时要求仲裁的,法院应当驳回或中止诉讼(除非法院认定仲裁协议无效、不能实行或不能履行)。另外,提起诉讼后,在法院对该问题未决期间,当事人仍然可以开始或继续进行仲裁程序,且仲裁庭可作出仲裁裁决。②

3. 法院指定仲裁员

争议双方无法就仲裁员达成一致意见时,应由法院指定。

根据 DIFC 仲裁法,(1)在没有或相当于没有对指定仲裁员达成合意的情况下,在应有三位仲裁员的案件中,双方当事人应各自提名一名仲裁员,再由这两名仲裁员提名第三名仲裁员。如果其中一方当事人在收到另一方当事人通知后的 30 日内没有作出提名,或如果两位仲裁员在被指定后 30 日内无法就第三位仲裁员的提名达成一致,则 DIFC 一审法院应在其中一方当事人的请求下指定仲裁员。与前述处理相类似,在应为独任仲裁员的案件中,如果各方当事人在其中一方当事人对另一方当事人发出请求后的 30 日内未对仲裁员的指定达成合意,则该独任仲裁员应由迪拜国际金融中心一审法庭指定。(2)在各方当事人就仲裁员指定程序达成合意的情况下,如果一方当事人没能按照约定指

① UAE Federal Law No. 8 of 2004.

② Article 13, DIFC Arbitration Law 2008.

定仲裁员,或各方当事人/两名仲裁员没能达成合意,或第三方(包括仲裁中心)没能履行其所受委托的作用,则任意一方当事人都可以请求 DIFC 一审法院采取必要措施,除非其先前约定的程序规定了其他救济方式。①

四、仲裁裁决的承认与执行

(一)DIFC LCIA 仲裁中心仲裁裁决的执行

1. DIFC LCIA 仲裁中心仲裁裁决在 DIFC 内的执行

援用裁决或申请予以执行的当事一方,应提供裁决书正本或经正式认证的裁决书副本,以及仲裁协议正本或经正式认证的仲裁协议副本。另外,DIFC 仲裁法明确规定,DIFC 法院应当遵守任何可适用的关于法院判决、法院命令或仲裁裁决的相互执行的国际条约,如《纽约公约》(The New York Convention on the Recognition and Enforcement of Foreign Arbitral Awards)。②

2. DIFC LCIA 仲裁中心仲裁裁决在迪拜的执行

DIFC 法院和迪拜法院于 2010 年签署了一项协定(Protocol of Enforcement),该协议规定,DIFC 法院作出的裁判可交由迪拜法院执行。根据这一规定,当事人应当先请求 DIFC 法院将仲裁裁决转化为法院裁判,而后将翻译为阿拉伯文的法院裁判和 DIFC 法院书记员所制作的信函交由迪拜法院负责执行的部门,使 DIFC LCIA 仲裁中心仲裁裁决得到执行。由于迪拜法院无权重审 DIFC 法院所作裁判,迪拜法院执行部门在收到执行请求后,即应将 DIFC 法院所作裁判转化为迪拜法院的裁判。通过这一程序,DIFC LCIA 仲裁中心的仲裁裁决除了可以在迪拜得到执行外,还可以在整个阿联酋得到执行。③

(二)外国仲裁裁决在迪拜的执行

根据 DIFC 仲裁法,仲裁裁决无论在何国境内或何管辖区内作出,均应承

---

① Article 17(2)(4),DIFC Arbitration Law 2008.

② Article 42,DIFC Arbitration Law 2008.

③ DIFC Courts and DIFC Arbitration-A Brief History and Overview,November,2014.

认具有约束力,而且经向迪拜国际金融中心法院提出书面申请,即应予以执行。[①] 毫无疑问,当外国仲裁庭作出的仲裁裁决所涉财产在DIFC这一独立的自由贸易区内时,DIFC法院应当协助执行仲裁裁决。但问题在于,如果外国仲裁协议的执行涉及DIFC以外的迪拜区域,当事人应当如何申请执行仲裁裁决?在DIFC法院承认的前提下,能否通过DIFC法院将执行交由其他迪拜法院完成?

在DNB Bank ASA v. Gulf Eyadah Corporation and Gulf Navigation Holdings PJSC一案中,[②]DIFC法院在判决书中将对外国仲裁裁决的承认与执行和对外国法院裁判的承认与执行做了明确区分,按照《司法权法》,DIFC法院有权将其批准的仲裁判决转交迪拜法院进行批准(而对于外国法院审判,DIFC法院无权转交迪拜法院进行批准)。[③]

如前文所述,由于根据《司法权法》,迪拜法院和DIFC法院应当相互执行对方作出的裁判,且迪拜法院无权对DIFC法院所做决定作出重审,[④]这一案件对仲裁实务操作具有重要意义。对比而言,申请迪拜法院批准国外法院裁判或国外仲裁裁决的程序比DIFC法院要冗长得多,因此,当事人可以选择先将其国外仲裁裁决交由DIFC法院,得到DIFC法院承认后,再向财产所在地的迪拜法院申请执行。这种做法类似于将DIFC法院作为仲裁裁决执行的管道,于目前的实践而言是便捷可行的。

五、重点或特色制度与安排

在阿联酋境内,仲裁的程序及执行由1992年颁布的《阿联酋民事诉讼法典》(以下简称《阿联酋民诉法典》)在其第3、4、5章中作出了相应规定,[⑤]这些

① DIFC Courts and DIFC Arbitration-A Brief History and Overview, November, 2014.

② Claim No: CFI-043-2014, Judgments, Court of First Instance, July 2, 2015.

③ Article 7(2), Dubai Law No(12), 2004.

④ Article 7(3), Dubai Law No(12), 2004.

⑤ Civil Procedure Code Chapter(III), (IV)&(V).

规定并非以《联合国贸易法委员会示范法》[①]为蓝本,且时至今日并没有得到修订。在DIFC内,有管辖权的法律为DIFC仲裁法。两部法律适用的管辖区域不同,相关规定也有差异,以下将就其最突出的三个方面阐述在除DIFC外的阿联酋境内和DIFC内的相关法律规定的异同之处,以便当事人选择更加适合自身情况的仲裁地点。

(一)法院监督与仲裁裁决执行

根据《阿联酋民诉法典》和DIFC仲裁法的规定,阿联酋一审法院和DIFC一审法院均可就仲裁的先决问题作出决定,在必要情形下有权指定仲裁员,在当事人请求下解任仲裁员。[②] 然而,在《阿联酋民诉法典》下,仲裁裁决需经法院重审批准后方可执行,且法院有权根据当事人的请求更正仲裁裁决中的实质性错误;[③]相比之下,根据DIFC仲裁法的规定,仲裁裁决无论在何国境内或何管辖区内作出,均应承认具有约束力,而且经向迪拜国际金融中心法院提出书面申请,即应予以执行。[④] 另外,阿联酋法院可在仲裁协议过期、仲裁员瑕疵、仲裁裁决或仲裁程序无效的情况下根据当事人的申请,废除仲裁裁决,[⑤]这一规定在DIFC仲裁法中是不存在的,在DIFC仲裁法中,DIFC一审法院仅可在特定情况下依申请撤销某项仲裁裁决。[⑥]

(二)当事人未能参与仲裁程序

根据《阿联酋民诉法典》,任意一方当事人在得到充分通知的情况下仍未能提供相关文件,则仲裁庭可以继续进行仲裁。[⑦] 根据DIFC仲裁法,申请人未按照规定递交仲裁申请书,不表明充分理由的,仲裁庭应下令终止仲裁程序;被申请人未按照规定递交对仲裁通知的答复或答辩书,不表明充分理由的,仲裁

---

① The UNCITRAL Model Law.

② Article 209, Article 204, Article 207, Civil Procedure Code Chapter (III); Article 23, Article 17, Article 20, DIFC Arbitration Law 2008.

③ Article 214, Article 215, Civil Procedure Code Chapter (III).

④ Article 42, DIFC Arbitration Law 2008.

⑤ Article 216, Civil Procedure Code Chapter (III).

⑥ Article 41, DIFC Arbitration Law 2008.

⑦ Article 208, Civil Procedure Code Chapter (III).

庭应下令继续进行仲裁程序;一方当事人未出庭或未能提供证明性文件,仲裁庭可继续进行仲裁程序,并依据已提交给仲裁庭的证据作出裁决。① 因此,相比较而言DIFC仲裁法细化了不同情况,区分了申请人和被申请人的不同处理。

(三)当事人对仲裁员提出异议

根据《阿联酋民诉法典》,若有证据证明仲裁员未能遵守仲裁协议规定事项,任何一方当事人均可向有管辖权的法院对该仲裁员提出异议。另外,在任何一方当事人收到仲裁员指定通知的5日内,可向有管辖权的法院提出请求,要求该仲裁员根据法院法官被认定不适格或适合作出裁判的理由被辞退。② 根据DIFC仲裁法,仲裁员被询有关他可能被指定为仲裁员的事情时,应该将可能对他公正性或独立性引起正当的怀疑的任何情况说清楚。仲裁员从被指定之时起以及在整个仲裁程序进行期间,应不迟延地向当事各方及管理该仲裁的仲裁机构阐清任何这类情况,除非他已将这类情况告知当事各方。另外,只有存在对仲裁员的公正性或独立性引起正当的怀疑的情况或他不具备当事各方商定的资格时,才可以对仲裁员提出异议。当事一方只有根据作出指定之后得知的理由才可以对他所指定的或他参加指定的仲裁员提出异议。③ 由此可见,按照《阿联酋民诉法典》,双方当事人均可对仲裁员提出异议,而在DIFC仲裁法下,只有提名该名仲裁员的当事人才可以就该仲裁员提出异议。

六、整体评价与提示建议

(一)迪拜仲裁的优势

在迪拜,和DIFC LCIA仲裁中心构成竞争关系的另一大国际仲裁的仲裁机构是迪拜国际仲裁中心(DIAC)。比较而言,DIFC LCIA仲裁中心具有以下两点优势。

---

① Article 32, DIFC Arbitration Law 2008.

② Article 207(3)&(4), Civil Procedure Code Chapter(III).

③ Article 18, DIFC Arbitration Law 2008.

1. 仲裁法律

DIAC 和 DIFC LCIA 仲裁中心均位于迪拜,但 DIAC 适用的法律为阿联酋法律,目前阿联酋出台的与仲裁相关的法律仅可见于民事诉讼法典中。《阿联酋民诉法典》于 1992 年制定,自 2006 年阿联酋签署《纽约公约》至今,尚未进行更新,导致阿联酋的仲裁法律规定与其所签署的国际条约无法衔接。由于欠缺官方的明文规定,使在实际操作中出现一系列不确定的问题。另外,由于阿联酋法律发展欠佳且更新较慢,DIAC 所需遵循的阿联酋法律仍有许多有待完善的地方,对于国际客户来说,选择 DIAC 作为仲裁机构意味着需要一名对阿联酋本土法律十分了解的律师,这无疑会增加客户仲裁的时间与成本。

相比之下,DIFC LCIA 仲裁中心所适用的仲裁法律更加与国际接轨。DIFC LCIA 仲裁中心位于 DIFC 这一普通法管辖区域内,所遵照的为 DIFC 仲裁法,该法律很大程度上借鉴了《联合国国际贸易法委员会国际商事仲裁示范法》,更具有国际性,易于处理国际民商事纠纷的国际律师熟悉与运用。

2. 外国仲裁裁决的承认与执行

如上所述,由于阿联酋至今尚未制定新的仲裁法,导致外国仲裁裁决在阿联酋境内的承认与执行欠缺最为基本的当地法律支持,虽然部分酋长国法院依照阿联酋所签署的《纽约公约》承认与执行了外国仲裁裁决,但因阿联酋为大陆法系国家,故法院判例仍不能为外国仲裁裁决的承认与执行提供最为稳定的保证。

相比之下,DIFC 仲裁法明文规定无论仲裁裁决于何国何管辖权内作出,均有权得到承认与执行,同时,DIFC 法律还要求 DIFC 法院遵循个案中所涉及的国际条约,更为全面地保证了外国仲裁裁决在 DIFC 的承认与执行。对于来自阿联酋之外的当事人来说,为确保其仲裁裁决发挥最终效力,DIFC LCIA 仲裁中心是最为保险的选择。

(二)受众

DIFC LCIA 仲裁中心由久负盛名的 LCIA 设立,权威性毋庸置疑。官方语言为英语,且对于当事人是否在DIFC内经营业务或在DIFC有相关财产均不作要求,该中心对于希望在迪拜解决国际商事纠纷的国际投资者而言,是十分便捷可靠的选择。

(三)尽量避免触及当地公共政策

阿联酋当地的公共政策(public policy)与通常概念上的公共政策有所不同,例如,将酗酒定罪的法律和施行斋戒的法律与众多非中东国家律师理念中的公共政策相差较大。① 这些带有宗教特色的当地情况会对外国法院裁判或仲裁裁决交由当地法院执行造成不利影响。然而,若选择将外国法院裁判或仲裁裁决交由DIFC LCIA仲裁中心则可以避免触及阿联酋当地公共政策,给当事人及其外国律师减少了不必要的麻烦。

(四)语言

虽然《阿联酋民诉法典》现有英译版,但其对个别法学专业词汇的表达与《联合国国际贸易法委员会国际商事仲裁示范法》不同(如前者将"仲裁裁决"表述为arbitration decision),需要结合语境方可理解词义。而DIFC仲裁法以《联合国国际贸易法委员会国际商事仲裁示范法》为范本,用词标准化、国际化,更加适合来自全球各地的当事人。

(五)其他

由于迪拜法律明确规定,迪拜法院不得重审DIFC法院作出的裁判,故从当事人的角度出发,选择在DIFC进行仲裁,可以避免许多程序上的潜在风险。

附件:迪拜国际金融中心仲裁法

迪拜国际金融中心—伦敦国际仲裁院仲裁中心仲裁规则

① S. R. Luttrell, "The Changing Lex Arbitri of the UAE", *Arab Law Quarterly*, Vol. 23, No. 2, 2009, p. 146.

迪拜国际金融中心仲裁法

总　　则

一、标题

本法可以被引用称作"2008 仲裁法"。

二、立法机构

本法由迪拜统治者制定。

三、法律适用

本法适用于迪拜国际金融中心管辖区域。

四、颁布和生效日期

本法颁布以及生效日期分别见于本法的实施通知。

五、立法废除

自本法实施之日起,2004 年第八号迪拜国际金融中心法废除,并由本法取代。

六、解释

附则包括以下内容:

1. 适用于本法的解释性条款;

2. 本法涉及术语的定义清单。

适用范围

七、本法适用范围

1. 本法第一至四部分及附录应在仲裁地点为迪拜国际金融中心区域内时被适用。

2. 第十四条、第十五条、第四部分及附录应在仲裁地点为迪拜国际金融中心区域外时被适用。

仲 裁

总则

八、收到书面信件

除非当事各方另有协议,否则:

1. 任何书面信件,如经当面递交收件人,或投递到收件的营业地点、惯常住所或通信地址,或经合理查询仍不能找一上述任一地点而以挂号信或能提供作过投递企图的记录的其他任何方式投递到收件人最后一个为人所知的营业地点、惯常住所或通信地址,即应视为已经收到;

2. 信件应被视为已于以上述方式投递之日收到。

九、放弃提出异议的权利

当事一方如知道本法中当事各方可以背离的任何规定或仲裁协议规定的任何要求未得到遵守,但仍继续进行仲裁而没有不过分迟延地或在为此定有时限的情况下没有在此时限以内对此种不遵守情事提出异议,则应视为已放弃其提出异议的权利。

十、法院介入程度

迪拜国际金融中心法院不得介入仲裁,法律另有规定除外。

十一、法院履行协助与监督职责的权限

本法第十九条第三款、第二十四条第二款、第三十四条、第四十一条、第四十二条及第四十四条规定内容应当由法院履行。如果各方当事人协议达成一致,本法第十四条、第十七条第三款、第十七条第四款、第十七条第五款、第二十条第一款、第二十一条第二款及第三十九条第五款应当由法院履行。

仲裁协议

十二、仲裁协议的定义和形式

1. “仲裁协议”是指各方当事人同意将所有或个别争议提交仲裁解决,该协议是否已在合同中规定不影响仲裁协议的成立。仲裁协议可以是合同中的一则仲裁条款,也可以是另行达成的合意。

2. 满足以下情况的仲裁协议,无论涉案标的为私有或公有,发生纠纷均不得对雇员或消费者强制执行:

(1)符合 2005 年劳动法相关规定的雇佣合同;

(2)涉及自然人或法人作为提供方的除住宅地产外的货物或服务的合同,且该合同与提供方的贸易、商业或职业有关联。

但在以下情况中,仲裁协议可以对雇员或消费者强制执行:

(1)雇员或消费者在争议发生后对强制执行表示同意;或

(2)雇员或消费者在仲裁程序启动后主动出席仲裁;

(3)迪拜国际金融中心法院命令不适用该条款,因为其认为将该争议交由仲裁解决不会损害雇员或消费者利益。就本条款而言,"消费者"指"任何以其贸易、商业或职业以外事项为目的的自然人或法人"。

3. 仲裁协议应当为书面形式,并符合本条款规定。

4. 只要仲裁协议已被记录下来,无论该协议或合同是否由实际行为作出或通过其他方式成立,皆不影响仲裁协议的书面性。

5. 能提供后续参考的电子通信形式满足对仲裁协议的书面要求。"电子通信"指各方当事人通过数据报文发送的通信;"数据报文"指通过电子、磁性、光学或其他相近方式产生、发送、接收或储存的信息,包括但不限于:电子数据交换、电子邮件、电传或传真。

6. 此外,如果仲裁协议包含请求和抗辩的交换,且在一方当事人提出存在该协议的情况下另一方当事人没有提出异议,则其为书面协议。

7. 如果合同中提及的包含仲裁条款的文件能明确构成合同的一部分,则该仲裁条款构成书面形式的仲裁协议。

十三、仲裁协议和庭前实质性请求

1. 就仲裁协议的标的向法院提起诉讼时,一方当事人在不迟于其就争议实体提出第一次申述时要求仲裁的,法院应当驳回或中止诉讼,除非法院认定仲裁协议无效、不能实行或不能履行。

2. 当一个涉及本条第一款的案件被提起诉讼,在争议处于待决状态时,仲裁程序仍然可以被启动或继续,也可以作出仲裁裁决。

十四、保密

除迪拜国际金融中心法院下令要求公开的信息以外,所有与仲裁程序有关的信息都应保密,但各方当事人另有约定的除外。

十五、仲裁协议和法院临时措施

一方当事人在仲裁程序启动之前或进行过程当中请求法院采取临时措施,以及法院批准采取措施的行为,都不会被认定为与仲裁协议相矛盾。

仲裁庭的组成

十六、仲裁员数量

1. 各方当事人有权自由决定仲裁员数量,条件是该数量为奇数。

2. 如果各方当事人没有决定仲裁员数量,则仲裁员应为一名。

十七、仲裁员指定

1. 指定仲裁员时,不得以国籍为由将任何人排除在外,但各方当事人另有约定的除外。

2. 各方当事人有权在符合本条第四款、第五款规定的前提下,对指定仲裁员的程序自行达成一致。

3. 如果没有或相当于没有对指定仲裁员达成合意,则:

(1)在有三位仲裁员的仲裁中,各方当事人应指定一名仲裁员,再由这两名仲裁员指定第三名仲裁员;如果其中一方当事人在收到另一方当事人通知后的三十日内没有作出指定,或如果两位仲裁员在被指定后三十日内无法就第三位仲裁员的指定达成一致,则迪拜国际金融中心一审法院应在其中一方当事人的请求下委任仲裁员。

(2)在独任仲裁员的仲裁中,如果各方当事人在其中一方当事人对另一方当事人发出请求后的三十日内未对仲裁员的指定达成合意,则该独任仲裁员应由迪拜国际金融中心一审法院指定。

(3)如果在仲裁协议赋予各方当事人分别提名仲裁员的权利的情况下,争议双方当事人提名了两名及以上仲裁员,然而争议双方无法就提名两名不同的代表己方的仲裁员达成书面协议,则迪拜国际金融中心一审法庭应当另行指定仲裁员组成仲裁庭。

(4)在本条第三款情形下,仲裁协议就所有目的而言,应被视为当事人书面同意由仲裁法院组成仲裁庭。

4. 在各方当事人就仲裁员指定程序达成合意的情况下,如果:

(1)一方当事人没能按照约定指定仲裁员,或

(2)各方当事人,或两名仲裁员没能在约定的程序下达成合意,或

(3)第三方(包括仲裁机构)没能履行其所受委托的作用;任意一方当事人都可以请求迪拜国际金融中心一审法院采取必要措施,除非其先前约定的程序约定了其他救济方式。

5. 迪拜国际金融中心一审法院关于本条第三款、第四款的决定不得被提起上诉。在指定仲裁员的过程中,迪拜国际金融中心一审法院应当对仲裁协议所要求的仲裁员资格作出适当注意,这样的考虑是出于保证指定独立公正的仲裁员的目的。另外,在为独立仲裁员或有三位仲裁员的情况下,法院也同意应当考虑指定某一国仲裁员的适当性。

十八、申请仲裁员回避

1. 可能被指定为仲裁员的人,应在与此指定有关的洽谈中披露可能对其公正性和独立性产生有正当理由怀疑的任何情况。仲裁员应自其被指定之时起,并在整个仲裁程序期间,毫无延迟地向各方当事人以及其他仲裁员披露任何此种情况,除非此种情况已由其告知各方当事人。

2. 如果存在可能对任何仲裁员的公正性或独立性产生有正当理由怀疑的情况,或者仲裁员或该仲裁员不具有各方当事人要求的资格,均可要求该仲裁员回避。只有是任命作出之后才意识到的原因,一方当事人才可以申请其指定的,或其参与指定的仲裁员回避。

十九、申请回避程序

1. 在本条第三款规定下，各方当事人有权就申请仲裁员回避的程序达成合意。

2. 在没有程序合意的情况下，一方当事人意图对一名仲裁员提出回避，应在意识到仲裁庭的组成，或意识到第十八条第二款规定的情况后的十五日内，发出其回避通知。除非被申请回避的仲裁员辞职或对方当事人同意回避申请，则仲裁庭应对其申请作出决定。

3. 如果某一回避申请在合意的程序规定下或在本条第二款的程序规定下不成功，申请回避的一方当事人可以在收到拒绝回避通知的三十日内请求迪拜国际金融中心一审法院作出决定，且该决定不得上诉。当该请求待决时，仲裁庭（包括被申请回避的仲裁员）可继续进行仲裁并作出裁决。

二十、不作为或履行不能

1. 如果仲裁员无法履行职责或由于其他原因不能在规定时间内履行职责，如果该仲裁员辞职或各方当事人同意对其终结委托，则他的委托应当终结。如果没有此合意或各方当事人对相关理由产生争论，任意一方当事人均可要求迪拜国际金融中心一审法院对委托的终结作出决定，且该决定不得上诉。

2. 如果在本条或第十九条第二款规定下，仲裁员辞职或一方当事人同意对该仲裁员的终结委托，这不意味着对本条或第十八条第二款正当性的接受。

二十一、指定替换仲裁员

当按照第十九条或第二十条规定，或由于仲裁员辞职或由于依照各方协议撤回委任，或由于其他事由导致了仲裁员委托的终结时：

1. 在不违反各方当事人约定的情况下，各方当事人可以与仲裁员就其责任和权利（若有的话）的收费和开支方面达成合意；

2. 替换仲裁员。

仲裁庭管辖权

二十二、仲裁庭管辖权限

1. 仲裁庭有权力对其自身管辖权作出裁定，包括对与仲裁协议的存在或效力有关的任何异议作出裁定。为此目的,构成合同一部分的仲裁条款,应视为独立于合同中其他条款的一项协议。仲裁庭作出合同无效的裁定,不应自动造成仲裁条款无效。

2. 对仲裁庭无管辖权的抗辩,至迟应在辩方答辩书中,或另一方的第一份书面陈述中提出。一方当事人已指定或参与指定一名仲裁员,不妨碍其提出此种抗辩。对仲裁庭超出其职权范围的抗辩,应在所指称的超出仲裁职权范围的事项在仲裁程序期间出现后尽快提出。仲裁庭认为延迟是正当的,可在上述任一情形中准许延迟提出抗辩。

3. 对于第二款述及的抗辩,仲裁庭既可作为先决问题作出裁定,也可在实体裁决书中作出裁定。如果仲裁庭将其作为先决问题,任意一方当事人均可按规定的程序于收到无管辖权抗辩通知的三十日内请求迪拜国际金融中心一审法院作出决定,且该决定不得上诉。即使法院审理对其仲裁庭管辖权的任何异议待决,仲裁庭仍可继续进行仲裁程序并作出仲裁裁决。

二十三、仲裁庭命令采取临时措施的权力

1. 除非各方当事人在仲裁协议中以书面形式明确约定仲裁庭无权准予临时措施,则应适用下列规定:在不违反各方当事人在仲裁协议中达成合意的程序的情况下,各方当事人可以与仲裁员就其责任和权力(若有的话)的收费和开支方面达成合意。

(1)经一方当事人请求,仲裁庭在认为与仲裁有必要联系的情况下,可准予临时措施。一方当事人提出临时措施请求,仲裁庭可要求其为该措施提供适当担保,其中包括与仲裁有关的法律担保费用和其他费用,担保的形式为提供保证金银行担保,或仲裁庭认为适当的其他方式。任何向仲裁庭作出的申请都应同时向所有其他当事人发送复件。

(2)临时措施,无论是以裁决或其他形式作出,是仲裁庭在下达决定争议的终局裁决之前的任何时候下令一方当事人采取的任何临时性措施,比如且不限于:

①争议未决之前维持或恢复现状;

②为其后使用资产执行仲裁裁决提供一种资产保全手段;

③采取行动防止,或者避免采取行动造成:(i)当前或即将发生的损害,或(ii)对仲裁过程本身的妨碍;

④保全与解决争议可能有关的实质性证据。

(3)当事人请求采取根据第二款第一项至第三项采取临时措施,应使仲裁庭确信:

①如果不下令采取此种措施,所造成的损害可能无法通过损害赔偿裁决加以充分补偿,而且此种损害大大超出如果准予采取此种措施可能给该措施所针对的一方当事人造成的损害;并且

②请求方当事人有在仲裁请求实体上获胜的合理可能性。对此种可能性的判定,不得影响仲裁庭以后作出任何裁定的裁量权。

(4)对于根据本条第二款第四项请求采取的临时措施,本条第三款的要求只应在仲裁庭认为适当的范围内使用。

(5)如果仲裁庭事后确定,在当时的情况下本不应准予临时措施,则提出临时措施请求的一方当事人可能须对此种措施给任何当事人造成的任何费用和损失承担赔偿责任。仲裁庭可在程序进行期间随时就此种费用和损失作出裁决。

(6)经任何一方当事人申请,仲裁庭可修改、中止或终止其准予的临时措施,或者在特殊情况下经事先通知各方当事人,仲裁庭可自行主动修改、中止或终止其准予的临时措施。

2. 经仲裁庭书面许可,被批准临时措施的一方当事人可以请求迪拜国际金融中心一审法院下令执行仲裁庭的全部或部分指令。任何根据本条作出的许可请求或执行请求应同时复制给其他当事人。除非仲裁庭另有指示,向迪拜国际金融中心一审法院提出请求的一方当事人有权就法律费用和第一审法院产生的费用得到补偿。

3. 无论仲裁地点是否在迪拜国际金融中心,只要该仲裁与法院程序有关,迪拜国际金融中心法院即有采取与仲裁程序有关的临时措施的权力。在此种

情况下，法院应当在符合其自身程序的前提下行使权力。

仲裁程序的进行

二十四、对各方当事人平等对待

应平等对待各方当事人，并给予各方当事人充分陈述案情的机会。

二十五、程序规则的确定

1. 以服从本法的规定为准，当事各方可以自由地就仲裁庭进行仲裁所应遵循的程序达成协议。

2. 如未达成这种协议，仲裁庭可以在本法的规定的限制下，按照它认为适当的方式进行仲裁。授予仲裁庭的权力包括确定任何证据的可采性、相关性、实质性和重要性的权力。

二十六、仲裁地点

1. 当事各方可以自由地就仲裁地点达成协议。如未达成这种协议，当争议由迪拜国际金融中心法律管辖时，仲裁地点应为迪拜国际金融中心。

2. 虽有本条第一款的规定，除非当事各方另有协议，仲裁庭可以在它认为适当的任何地点召开会议，以使在它的成员间进行磋商，听取证人、专家或当事各方的意见或检查货物、其他财产或文件。

二十七、仲裁程序的开始

除非当事各方另有协议，特定争议的仲裁程序，于应诉人收到将该争议提交仲裁的请求之日开始。

二十八、语言

1. 各方当事人有权自由确定仲裁程序中所使用的一种或数种语言。如果各方当事人没有对语言达成合意，仲裁庭应确定仲裁程序中所使用的一种或数种语言。除非另有规定，此决定应适用于各方书面陈述、开庭审理、裁决、决定或交流意见。

2. 仲裁庭可下达指令，任何证据文件均应附具各方当事人所约定的或仲裁庭所确定的一种或数种语言的译文。

二十九、仲裁申请书和答辩状

1. 除非各方当事人另有约定,在各方约定或仲裁庭确定的期间内,申请人应说明支持本仲裁请求的事实陈述、争议点和寻求的救济或损害赔偿,被申请人也应在其答辩状中说明前述事项。各方当事人可以提交所有他们认为与陈述相关的,或可供参考的文件,另外,也可以附注说明他们将要提交的文件或其他证据。

2. 除非各方当事人另有协议,在仲裁程序进行中,任何一方当事人均可以修改或补充其申诉书或答辩书,除非仲裁庭考虑到提出已迟而认为不宜允许提出这种改动。

三十、开庭审理和书面程序

1. 除非各方当事人另有约定,仲裁庭应决定是开庭审理(出示证据或进行口头辩论),还是根据书面文件和其他资料进行程序。除非双方当事人约定不开庭审理,如有任意一方当事人请求开庭审理,仲裁庭应当在仲裁程序的适当阶段开庭审理。

2. 进行开庭审理,或为检查货物或其他财产召开会议的,仲裁庭充分提前通知各方当事人。

3. 一方当事人仲裁提供的一切陈述书、文件或其他资料均应送交当事他方,仲裁庭可能据以作出决定的任何专家报告或证据性文件也应送交当事各方当事人。

三十一、一方当事人不履行责任

除非双方当事人另行约定:

1. 申请人未按照第三十条第一款规定递交仲裁申请书,不表明充分理由的,仲裁庭应下令终止仲裁程序。

2. 被申请人未按照第三十条第一款规定递交对仲裁通知的答复或答辩书,不表明充分理由的,仲裁庭应下令继续进行仲裁程序。不递交答复或答辩书之事本身不应视为承认申请人的主张。

3. 一方当事人未出庭或未能提供证明性文件,仲裁庭可继续进行仲裁程序，并依据已提交给仲裁庭的证据作出裁决。

三十二、仲裁庭指定的专家

1. 除非双方当事人另有约定，仲裁庭：

(1) 可指定专家一人或数人以书面形式就仲裁庭需决定的特定问题向仲裁庭提出报告。

(2) 可要求一方当事人向专家提供任何有关资料，提供相关文件、货物或其他财产或提供上述物件的取得途径，以供专家检查。

2. 除非双方当事人另有约定，专家应在书面或口头报告提交后，如果一方当事人请求并且仲裁庭认为确有必要，专家可在开庭时听询，各方当事人应有机会出庭并质询专家。任何一方当事人均可在此次开庭时委派专家证人出庭，就争议点作证。

3. 在本条情形下，仲裁庭指定专家的费用与成本应按仲裁庭所作的认定由双方共同承担。仲裁庭关于专家费用与成本的认定为终局裁决。

三十三、法院协助取证

仲裁庭或经仲裁庭允许的一方当事人可以请求迪拜国际金融中心法院协助取证。迪拜国际金融中心法院可以在其权限范围内依照规则执行该请求。

裁决和终结程序

三十四、适用于实体争议的规则

仲裁庭应适用各方当事人指定适用于实体争议的法律规则。

三十五、仲裁小组决定

仲裁员不止一名的，仲裁庭的任何裁决或其他决定均应以仲裁员的多数作出。出现程序问题时，经各方当事人或仲裁庭全体成员授权，首席仲裁员可单独作出决定。

三十六、和解

1. 仲裁过程中，各方当事人和解的，仲裁庭应当终结程序。如果一方当事人申请且仲裁庭接受，则应记录此项和解协议并按照和解协议条款作出仲裁裁决。

2. 按照和解协议条款作出的仲裁裁决应符合第三十八条规定,并应指明该裁决的和解性质。这一协议与实体裁决书具有同等效力。

三十七、裁决书的形式和内容

1. 所有仲裁裁决均应以书面形式作出并由独任仲裁员或多位仲裁员签名。仲裁员不止一名的,仲裁员的多数签名既足够,前提是已经说明未签名原因。

2. 仲裁庭应说明裁决所依据的理由,除非各方当事人约定无须说明理由,或该裁决是根据第三十七条按照和解协议条款作出的仲裁裁决。

3. 仲裁裁决应当注明日期和根据第二十七条第一款确定的仲裁地。仲裁裁决应视为在仲裁地作出。

4. 仲裁裁决作出后,根据本条第一款,经仲裁员签字的仲裁裁决副本应送达至各方当事人。

5. 仲裁庭应在裁决书中确定仲裁费用。"费用"包括:

(1)按每一仲裁员分别开列的仲裁庭收费;

(2)仲裁员所花费的合理旅费和其他开支;

(3)仲裁庭征询专家意见的合理费用和所需其他协助的合理费用;

(4)证人的合理旅费和其他开支,以仲裁庭核准的开支额度为限;

(5)其他为仲裁作出的必要行为产生的费用,包括会议室费用、口译和笔译费用;

(6)各方当事人与仲裁有关的法律费用和其他费用,以仲裁庭确定的此种费用的合理数额为限;

(7)仲裁机构或指定机构的任何收费和开支。

三十八、终止程序

1. 仲裁程序于最终裁决书作出后或于仲裁庭根据本条第二款下达指令后终止。

2. 在以下情形下,仲裁庭应下达终止程序的指令:

(1)申请人放弃请求,但被申请人拒绝且仲裁庭认为采取和解方式对被申

请人有合法利益;

(2)各方当事人同意终止程序;

(3)仲裁庭认为继续仲裁程序由于某些原因已不必要或不可能。

3. 根据本条第五款、第四十条和第四十一条第四款,仲裁程序终止,仲裁庭授权终止。

4. 根据本条第二款,在各方当事人缴足收费和开支前,仲裁庭可以拒绝作出最终裁决或拒绝作出终止程序的决定。

5. 在不违反各方当事人在仲裁协议中约定的程序的情况下,如果在各方当事人缴足收费和开支前,仲裁庭拒绝作出裁决或拒绝作出终止程序的决定,各方当事人均可请求迪拜国际金融中心一审法院确定此种费用的合理数额。

三十九、裁决书的更正与解释;补充裁决

1. 除非双方当事人对期间另有约定,在收到裁决书后的三十日内:

(1)一方当事人可在收到裁决书后三十日内,在通知其他各方当事人后,请求仲裁庭更正裁决书中的任何计算错误、任何笔误或排印错误,或任何类似性质的错误或遗漏。

(2)如果双方当事人有相关约定,则一方当事人可在收到裁决书后三十日内,在通知其他各方当事人后,请求仲裁庭对裁决书的具体一点或部分作出解释。仲裁庭认为请求有正当理由的,应当在收到请求的三十日内作出更正或解释。解释应构成裁决书的一部分。

2. 仲裁庭可以在作出仲裁裁决的三十日根据本条第一款第一项主动更正笔误。

3. 一方当事人可在收到终止令或裁决书后三十日内,在通知其他各方当事人后,请求仲裁庭就仲裁程序中提出而仲裁庭未作决定的请求作出裁决或补充裁决。仲裁庭认为请求有正当理由的,应当于六十日内作出补充裁决。

4. 如有必要,仲裁庭可以根据本条第一款或第三款延长其作出更正、解释或补充裁决的时间。

5. 第三十八条的规定应适用于裁决书的更正与补充,以及补充裁决。

对仲裁裁决的追诉

四十、申请撤销作为对仲裁裁决唯一的追诉

1. 只有按照本条第二和第三款的规定申请撤销，才可以对在迪拜国际金融中心仲裁的仲裁裁决向法院追诉。

2. 撤销申请只能向迪拜国际金融中心法院作出。仲裁裁决只有在下列情况下才可以被迪拜国际金融中心法院撤销：

(1) 提出申请的当事一方提出证据证明：

①仲裁协议的当事一方欠缺行为能力；或根据当事各方所同意遵守的法律，或未认明有任何这种法律，则根据迪拜国际金融中心法律，上述协议是无效的；

②未将有关指定仲裁员或仲裁程序的事情适当地通知提出申请的当事一方，或该方因其他理由未能陈述其案情；

③裁决处理了不是提交仲裁的条款所考虑的或不是其范围以内的争议，或裁决包括有对提交仲裁以外的事项作出的决定，但如果对提交仲裁的事项所作的决定与对未提交仲裁的事项所作出的决定能分开的话，只可以撤销包括有对未提交仲裁的事项作出决定的那一部分裁决；或

④仲裁庭的组成或仲裁程序与当事各方的协议不一致，除非这种协议与当事各方不能背离的本法的规定相抵触，或当事各方并无此种协议，则与本法不符；或

(2) 迪拜国际金融中心法院认为：

①根据迪拜国际金融中心的法律，争议的标的不能通过仲裁解决；

②争议的解决明显指向另一主体或仲裁庭，或指向迪拜国际金融中心法律的任何强制性条款；或

③该裁决与阿联酋的公共政策相抵触。

3. 提出申请的当事一方自收到裁决书之日起，三个月后不得申请撤销；如根据第四十条提出了请求，或则从该请求被仲裁庭处理完毕之日起三个月后不

得申请撤销。双方当事人可协商延长三个月期限。

4. 法院被请求撤销裁决时,如果适当而且当事一方也要求暂时停止正在进行的撤销程序,则可以在法院确定的一段期间内暂时停止进行,以便给予仲裁庭一个机会重新进行仲裁程序或采取仲裁庭认为能够消除请求撤销裁决的理由的其他行动。

仲裁的承认与执行

四十一、承认和执行

1. 仲裁裁决不论在何国境内或何管辖区内作出,均应承认具有约束力,而且经向迪拜国际金融中心法院提出书面申请,即应予以执行,但须服从本条和第四十三条以及第四十四条的规定。

2. 援用裁决或申请予以执行的当事一方,应提供裁决书正本或经正式认证的裁决书副本,以及第十二条所指的仲裁协议正本或经正式认证的仲裁协议副本。如果裁决或协议不是用英文作成,则迪拜国际金融中心法院可以请求一方当事人提供译成英文的经正式认证的文本。

3. 为保证裁决在迪拜国际金融中心内得到承认与执行,如果所提交的是为按照仲裁地或其他地区管辖法律认证的裁决书或仲裁协议副本,则裁决书正本或仲裁协议正本应当再次经过正式认证。如果所提交的是由仲裁地或其他地区的公设或宣誓之翻译员制作的译本,则该译本应当再次经过正式认证。

4. 由迪拜国际金融中心法院发出的裁决应当按照本法及相关法院规则规定,在迪拜国际金融中心内执行。经过迪拜国际金融中心法院承认的裁决可以在迪拜国际金融中心以外执行,前提是符合《司法权法》规定。本法所称承认包括以《司法权法》第七条为目的的批准。

四十二、承认

1. 经一方当事人申请,迪拜国际金融中心法院认为应当承认裁决的,应当作出相应指令。

2. 除非另有情况,关于承认裁决的指令应以英文和阿拉伯文作出。无论是何种语言作出的指令，其原件或经认证的复件均应包含充足的关于承认的证据。

四十三、拒绝承认或执行的理由

1. 迪拜国际金融中心法院只有在下列情况下才可拒绝承认或执行无论在何国或何管辖区内作出的仲裁裁决：

(1) 经根据裁决被提出要求的当事一方请求，如果该当事一方向被要求承认或执行裁决的迪拜国际金融中心法院提出证据证明：

①第十二条所指的仲裁协议的当事一方欠缺行为能力，或根据当事各方所同意遵守的法律，或未订明有任何这种法律，则根据作出裁决的国家或管辖区的法律，上述协议是无效的；

②未将有关指定仲裁员或仲裁程序的事情适当地通知依据裁决被提出要求的当事一方，或该方因其他理由未能陈述其案情；

③裁决处理了不是提交仲裁的条款所考虑的或不是其范围以内的争议，或裁决包括有对提交仲裁以外的事项作出的决定，但如果对提交仲裁的事项所作出的决定与对未提交仲裁的事项所作出的决定能分开的话，可以承认并执行包括有就提交仲裁的事项作决定的那一部分裁决；

④仲裁庭的组成或仲裁程序与当事各方的协议不一致，或并无这种协议，则与仲裁所在国或仲裁区的法律不符；或

⑤裁决尚未对当事各方具有约束力，或作出裁决的国家的法院，或根据其法律作出裁决的国家的法院已将裁决撤销或中止；或

(2) 如迪拜国际金融中心经法院认定：

①根据迪拜国际金融中心的法律，该争议的标的不能通过仲裁解决；或

②执行该裁决与阿联酋的公共政策相抵触。

2. 如已向本条第一款第一项第五目所指的法院申请撤销或中止裁决，被请求承认或执行的法院如认为适当，可以暂停作出决定，而且如经要求承认或执行裁决的当事一方提出申请，还可以命令当事他方提供适当的担保。

3. 如果请求追诉的一方本可以按照本法第四十一条规定提出相应申请，则

该方无权按照本条第一款第一项规定提出申请。

附 则

一、解释规则

1. 在本法中,参考:

(1)法律规定,包括不是参考修正的或重新制定的法律规定在内;

(2)人,包括自然人、法人团体、非法人团体,例如公司、合伙企业、非公司社团、政府或国家;

(3)历年是指格里高利年;

(4)阳性的引用包括女性。

2. 本法标题不影响条文原意。

3. 本法条文(除第三十一条)赋予双方当事人决定某一事项的自由,包括双方授权第三方(包括机构)做决定的自由。

4. 本法条文指向的双方当事人已经同意或也许会同意的某一事实,或指向的双方签订的某一协议,包括仲裁规则,其中,指向的某一机构的仲裁规则也包括在内。

5. 本法条文(除第三十二条第二款和第三十九条第二款第一项)所指请求同样适用于反请求;所指抗辩也同样适用于对于对反请求的抗辩。

二、期间计算

除非仲裁庭另有规定,本法所规定之时间起算于仲裁通知或信件被收到之日。如果接收通知信件的期间的最后一天为当地法定节假日或非工作日,该期间应被延长至法定节假日或非工作日的最后一天。

三、名词解释

本法中,除非另行说明,下列名词解释如下:

仲裁:根据本法第十二条规定,根据仲裁协议进行的争议解决的仲裁。

仲裁庭:独任仲裁员或仲裁团。

法院:包括迪拜国际金融中心法院在内的任何有法定资格的法院。

DIFC:迪拜国际金融中心。

DIFC 法院:按照迪拜法律设立的迪拜国际金融中心法院。

DIFC 法律:由立法机关制定的在迪拜国际金融中心内适用的法律。

司法权法:2004 年出台的第十二号迪拜法律:《迪拜国际金融中心管辖权法》。

法律:2008 年 DIFC 仲裁法。

立法机构:阿联酋迪拜立法机构。

地点:双方当事人按照本法第二十七条选择的程序法所指向的司法地点。

迪拜国际金融中心—伦敦国际仲裁院仲裁中心仲裁规则

任何协议或提交仲裁或委托仲裁的协议以书面和任何方式规定迪拜国际金融中心—伦敦国际仲裁院仲裁中心(以下简称 DIFC LCIA 仲裁中心)仲裁规则进行仲裁的,应视为当事人均已书面同意,仲裁应按照下列规则(以下简称本规则)或按照 DIFC LCIA 仲裁中心和 LCIA 仲裁院(以下简称仲裁院)其后采纳并于仲裁开始之前已经生效的修订过的规则进行。本规则包括仲裁开始时有效的仲裁收费表,该收费表由 DIFC LCIA 仲裁中心和仲裁院随时另作修订。

第 1 条　仲裁申请

1.1　任何当事人拟按照本规则提起仲裁者(以下简称申请人),应向 DIFC LCIA 仲裁中心书记员(以下简称书记员)提交书面仲裁申请(以下简称申请书),申请书应包括或附载下列事项:

(a)仲裁当事人及其法定代表人的姓名、地址、电话、传真、电传和电子邮箱号码(如知晓的话);

(b)申请人援引的书面仲裁条款或单独的书面仲裁协议(以下简称仲裁协议)的副本一份,以及包含有仲裁条款或就此而产生仲裁的合同文件的副本一份;

(c)阐述争议性质和案情、阐明申请人向仲裁另一方当事人(被申请人)所提出的请求的简要陈述;

(d)当事人已经书面约定或申请人拟建议的任何与仲裁有关事项(如仲裁地、仲裁语言、仲裁员人数或其资格或其身份)的陈述;

(e)仲裁协议约定当事人提名仲裁员的,申请人提名的人的姓名、地址、电话、传真、电传和电子邮箱号码(如知晓的话);

(f)仲裁收费表规定的费用(未缴付者,申请应被视为未被书记员收悉、仲裁应视为未开始进行);及

(g)向书记员确认申请书(包括所有附件)的副本已经或者正在以确认书中说明的一种或多种方式同时送达所有的其他仲裁当事人。

1.2 书记员收到申请书之日应视为仲裁开始之日。向书记员提交申请书(包括所有附件)时,如应指定一位独任仲裁员的,应为一式两份,如果当事人已经约定或者申请人认为应指定三名仲裁员的,则应为一式四份。

第2条 答辩

2.1 被申请人应在申请书送达被申请人的30日(或仲裁院规定的更短的期限)之内向书记员提交一份对申请书的书面答辩(以下简称答辩书),包括或附具下列事项:

(a)确认或否定申请人在申请书中提出的全部或部分请求;

(b)阐明被申请人向申请人提出的任何反请求的性质和案情的简要陈述;

(c)针对第1.1(d)条要求在申请书中载列的关于进行仲裁事项的任何陈述提出的意见;

(d)仲裁协议约定当事人提名仲裁员的,被申请人提名的人的姓名、地址、电话、传真、电传和电子邮箱号码(如知晓的话);及

(e)向书记员确认答辩书(包括所有附件)的副本已经或正在以确认书中说明的一种或多种方式同时送达所有的其他仲裁当事人。

2.2 向书记员递交答辩书(包括所有附件)应为一式两份,或如果当事人已经约定或者答辩人认为应指定三名仲裁员的,则应为一式四份。

2.3 被申请人未递交答辩书不应排除其在仲裁中否认任何请求或提出反请求。但是,如果仲裁协议约定由当事人提名仲裁员,而未在限期之内或根本不递交答辩,或不提名仲裁员的,则构成该当事人不可撤回地放弃了其提名仲裁员的机会。

第3条 仲裁院及书记员

3.1 根据本规则,仲裁院的职能应以其名义由仲裁院主席或副主席履行,

或按主席的决定,由仲裁院主席或副主席指定的3名或5名仲裁院成员组成的一个法庭履行。

3.2 根据本规则,书记员的职能应由仲裁院的书记员在仲裁院的监督之下履行。

3.3 任何当事人或仲裁员与仲裁院的一切通信均应通过书记员进行。

第4条 通知及期限

4.1 根据本规则可能要求或一定要求当事人作出的任何通知或其他通信,均应是书面的,并应以挂号邮寄或信差送递,或以传真、电传、电子信函或能提供传送记录的其他通信方式传送。

4.2 任何当事人如未向其他当事人、仲裁庭和书记员发出任何变更地址的通知,该当事人在仲裁中最后为人所知的住所或营业地点,就发出任何通知或其他通信的目的而言,应为有效的地址。

4.3 就确定期限开始的日期而言,任何通知或其他通信应视为已于按照第4.1条和第4.2条的规定发送或传送(如以电讯方式的话)之日收到。

4.4 就确定遵守期限而言,任何通知或其他通信如按照第4.1条和第4.2条的规定在期限届满之日或之前发出的,应视为已经发送、已经作出或已经传送。

4.5 虽有上述规定,一方当事人发给另一方当事人的任何通知或通信也可以按双方书面约定的方式进行;若无此类约定,则可按双方以往交易中的惯例或仲裁庭指令的任何方式进行。

4.6 就根据本规则计算期限而言,期限应于收到通知或收到其他通信之日的随后一天开始计算。如果期限最后一天在收件人住所或营业地点是公共节假日或非营业日,则该期限应顺延至随后的第一个营业日。期限以内的公共节假日或非营业日包括于该期限的计算之内。

4.7 仲裁庭可以随时延长(即使期限已届满)或缩短本规则或仲裁协议规定的进行仲裁的期限,包括一方当事人向任何其他当事人送达任何通知或通信的期限。

第5条　仲裁庭的组成

5.1　本规则中的“仲裁庭”一词包括一名独任仲裁员，或多于一名仲裁员时包括全体仲裁员。提及仲裁员时，应包括男性也包括女性。（凡提及仲裁院主席、副主席、成员、书记员或副书记员、专家、证人、当事人及法定代表人时，也应依此理解。）

5.2　依照本规则进行仲裁的所有仲裁员均须并始终保持公正并且独立于当事人；任何仲裁员均不得在仲裁中充当任何当事人的辩护人。任何仲裁员不得在被指定之前或之后就争议的实质或结果，为任何当事人提供意见。

5.3　每位仲裁员在得到仲裁院指定之前，均应向书记员提供一份本人过去及现在专业职务的书面履历；并应书面同意符合仲裁收费表的收费率；还应签署一份声明，说明除了在声明中披露的情况外，其本人并无其他已知悉的情况可能导致对其公正性或独立性产生任何合理的怀疑。每位仲裁员还应对此承担持续披露的责任，倘若此等情况在声明之日以后和仲裁结束之前发生，须立即向仲裁院、仲裁庭其他成员和全体当事人披露。

5.4　仲裁院应于书记员收到答辩书之后，或于申请书送达被申请人后30日（或于仲裁院规定的更短的期限）届满之后，书记员未收到被申请人的响应时，尽快组成仲裁庭。即使申请书不完备或者没有收到答辩书或答辩书延误到达或者不完备，仲裁院仍可以进行组庭。除非当事人另有书面约定，或者仲裁院根据案情确定组成三人仲裁庭，否则应指定一名独任仲裁员。

5.5　只有仲裁院有权指派仲裁员。仲裁院将于指派仲裁员时对当事人书面协议的任何具体选择方法或标准予以适当的考虑。在选择过程中，将考虑交易的性质、争议的性质和案情、当事人的国籍、所在地和语言以及当事人的数目（如果有两方以上的当事人的话）。

5.6　由三人组成仲裁庭的，仲裁庭的主席（不是当事人提名的仲裁员）应由仲裁院指定。

第6条　仲裁员的国籍

6.1　倘若各方当事人具有不同国籍，独任仲裁员或仲裁庭主席不得与任何当事人国籍相同，但与被提名人国籍不同的所有当事人书面同意者，则不在此限。

6.2 当事人的国籍应理解为包括其控股股东或持有控制性权益者的国籍。

6.3 就本条的目的而言，同时为两国或多国公民者应被视为该每一国家的国民；欧洲联盟的公民应被视为其不同成员国的国民，而不应视为具有相同国籍。

第7条 当事人及其他提名

7.1 倘若各方当事人已经协议由其中一方或一方以上或由任何第三人指定任何仲裁员，该协议就所有的目的而言，应视为提名仲裁员的协议。此类被提名人仅可以由仲裁院在其已经符合第5.3条的规定的前提下指定为仲裁员。仲裁院如认定该等任何被提名人不合适、不独立或不公正，则可以拒绝指定其为仲裁员。

7.2 倘若各方当事人已经以任何方式协议由被申请人或任何第三人指定一名仲裁员，而未能在规定时间内提名或根本未有提名，仲裁院可以在无提名和无须理会任何延误提名的情况下指定一名仲裁员。同样，倘若各方当事人已经以任何方式协议由申请人或第三人指定一名仲裁员而仲裁申请书中并无申请人的提名，仲裁院可以在无提名和无须理会任何延误提名的情况下指定一名仲裁员。

第8条 三方或三方以上的当事人

8.1 倘若仲裁协议以任何方式赋予每一方当事人提名一名仲裁员的权利，争议的当事人如超过两方而各方未能以书面方式达成协议将争议的各方分别为代表仲裁庭组成时的申请人和被申请人两方时，仲裁院应组成仲裁庭，无须考虑任何当事人的提名。

8.2 在此情况下，仲裁协议就所有目的而言，应被视为当事人书面同意由仲裁院组成仲裁庭。

第9条 快速组庭

9.1 在特别紧急的情况之下，在仲裁开始之时或之后任何当事人均可以向仲裁院申请快速组成仲裁庭,包括指定本规则第10条及第11条规定的任何替代仲裁员。

9.2　此类申请须以书面方式向仲裁院提出,并将副本抄送所有的其他仲裁当事人;申请应说明特急组成仲裁庭的具体理由。

9.3　仲裁院可以全权酌情决定缩短或缩减本规则规定组成仲裁庭的任何时限,其中包括答辩书的送达时限和申请书中被判定为缺少的任何事项或文件的送达时限。仲裁院无权缩短或缩减任何其他时限。

第10条　仲裁员的指定的撤销

10.1　倘若(a)任何仲裁员向仲裁院发出书面通知表示拟辞去仲裁员一职,并将副本抄送当事人和其他仲裁员(如有的话);或(b)任何仲裁员身故、严重染病、拒绝或不能够或不适合履行职责,在一方当事人提出异议或其余仲裁员要求时,仲裁院可以撤销对该仲裁员的指定并指定另一名仲裁员。仲裁院应在各方面认为适合的情况下,确定对该前仲裁员提供的服务(如有的话)支付其费用和开支的金额。

10.2　倘若任何仲裁员故意违反仲裁协议(包括本规则),或在当事人之间没有处事公平和公正,或在仲裁程序中没有合理地尽职操作或参与仲裁,为避免不必要的延误或开支,仲裁院可以认为该仲裁员不胜任。

10.3　倘若存在任何情况可以导致对任何仲裁员的公正性或独立性产生合理的怀疑,则任何当事人均可以对该仲裁员提出异议。当事人仅可以以其在指定后才得知的情况为理由而对其本身提名的或参与指定的仲裁员提出异议。

10.4　拟对仲裁员提出异议的当事人应在仲裁庭组成后的15日之内或(如在其后)在得知第10.1条、第10.2条、第10.3条所述任何情况之后,向仲裁院、仲裁庭及其他所有的当事人发出其提出异议理由的异议书。除非在收到异议书后15天之内受异议的仲裁员退任或其他所有的当事人一致同意该次异议,否则该项异议得由仲裁院作出裁定。

第11条　仲裁员的提名及替换

11.1　倘若仲裁院判定任何一位被提名人不合适、不独立或不公正;或者如果一位已获指定的仲裁员由于任何原因被替换,仲裁院拥有绝对酌情权可决定是否按照原来的提名程序委任仲裁员。

11.2 仲裁院倘若决定按照原来的提名程序,任何给予当事人重新提名的机会如未在15日(或由仲裁院规定的更短期限)之内行使应被取消,其后由仲裁院指定替换仲裁员。

第12条 继续进行程序的多数权

12.1 倘若三人组成的仲裁庭中任何一名仲裁员拒绝或持续不参加仲裁庭的审议,另两名仲裁员将该仲裁员拒绝或不参加审议的情况书面通知仲裁院、当事人和该第三名仲裁员之后,有权在即使该第三名仲裁员缺席的情况下继续进行仲裁(包括作出任何决定、裁定或裁决)。

12.2 另两名仲裁员在决定是否继续进行仲裁时应考虑仲裁进行的阶段,该第三名仲裁员对其未参加审议作出的解释以及他们认为在该仲裁的具体情况下适当的其他事项。此等决定的理由应于该两名仲裁员在第三名仲裁员缺席的情况下作出的任何裁决、指令或其他裁定中予以说明。

12.3 该两名仲裁员于任何时候决定在第三名仲裁员不参加审议的情况下不继续进行仲裁时,该两名仲裁员须以书面将其决定通知当事人和仲裁院;在此情况下,该两名仲裁员或任何当事人均可以将有关事宜提交仲裁院按照第10条的规定,撤销对该第三名仲裁员的指定并指定其替代者。

第13条 当事人与仲裁庭之间的通信

13.1 仲裁庭组成之前,当事人与仲裁员之间的通信应全部通过书记员进行。

13.2 仲裁庭组成之后,除非仲裁庭指示(有关指示应同时抄送书记员)仲裁庭与当事人之间应直接通信,否则仲裁庭与当事人之间的一切书面通信均应继续通过书记员进行。

13.3 书记员代表仲裁庭向任何当事人发送任何书面通信,均应向其他各方当事人各发送副本一份。任何当事人向书记员发送任何通信(包括第15条规定的书面陈述和文件)时,应向每一位仲裁员发送副本一份,并将副本直接抄送给其他所有的当事人,并向书记员书面确认其已经或正在发送该等副本。

第14条　仲裁程序的进行

14.1　各方当事人可以(并受到鼓励)达成协议,同意按照符合仲裁庭一贯的基本职责相符的方式进行他们的仲裁程序:

(a)在各方当事人之间保持公平和公正,给予每一方当事人合理的机会陈述其案情和响应对方的陈述;

(b)采用适合仲裁案件情况的程序、避免不必要的延误或开支,以便为当事人提供公平和有效的方法最终解决当事人的争议。

上述协议应由各方当事人以书面方式订立,或依当事人的要求和在当事人授权下由仲裁庭以书面方式作成记录。

14.2　除当事人按照第14.1条的规定另有约定之外,仲裁庭应拥有在仲裁庭认定适用的法律或法律规范的范围内允许的最广泛酌情权,以履行其职责;当事人在任何时候均应采取一切必要的行动以便公平、有效和迅速地进行仲裁。

14.3　仲裁庭由三人组成时,仲裁庭主席可以在事先征得另两名仲裁员同意之后,单独地就程序的事宜作出决定。

第15条　提交书面陈述和文件

15.1　除非各方当事人按照第14.1条的规定另有约定或仲裁庭另有决定,以书面方式进行的程序应按下述规定进行。

15.2　申请人应于收到书记员关于组成仲裁员的书面通知后30日之内向书记员提交一份案情陈述,详细阐明未在申请书中阐明的事实及其法律论据,以及其向所有其他当事人要求的救济。

15.3　被申请人应在收到申请人案情陈述或申请人说明将其申请书作为案情陈述的书面通知后30日之内向书记员提交一份答辩书,充分详细阐明其承认或否认案情陈述中或申请书中(视具体情况而定)的哪些事实和法律论据及其依据的理由,以及其依据的其他事实和法律论据。任何反请求均应与答辩书一起提交,其方式应与案情陈述中提出请求的方式相同。

15.4 申请人应在收到答辩书后30日之内向书记员提交答复书一份;如有反请求,应提交一份针对反请求的答辩书,其方式应与答辩书中提出答辩的方式相同。

15.5 倘若答复书包含有对反请求的答辩,被申请人应在收到答复书后的30日之内向书记员提交一份对反请求的答复书。

15.6 本条提及的所有陈述书均应附有当事人所依据的和任何当事人以往未曾提交的一切主要文件的副本(篇幅大量的应附目录),(如合适)则应附其有关的样品和附件。

15.7 仲裁庭收到本条规定的陈述书后,应尽快按照当事人已经书面协议的方式或者根据仲裁庭依照本规则而具有的权力,进行仲裁。

15.8 倘若被申请人未提交答辩书或申请人未提交对反请求的答辩书,或者如果任何一方当事人在任何时间不按照第15.2条至第15.6条中确定的或按照仲裁庭指令的方式陈述其案情,仲裁庭可继续进行仲裁并作出裁决。

第16条 仲裁地和审理地点

16.1 各方当事人可以以书面协议确定其仲裁地(或法定仲裁地点)。未作此选择的,仲裁地应为迪拜国际金融中心(迪拜),除非仲裁院在考虑所有的情况并给予当事人发表书面意见的机会之后决定另一仲裁地更为合适。

16.2 仲裁庭可以酌情决定在任何地理便利的地点进行审理、会议和审议;在仲裁地以外进行审理、会议和审议,其仲裁应被视为在仲裁地进行的仲裁,所作出的任何裁决亦应被视为在仲裁地作出的裁决。

16.3 仲裁适用的法律(如有的话)应该是仲裁地的仲裁法,当事人已经书面明确协议同意适用另外的仲裁法,而且该协议不被仲裁地的法律所禁止者除外。

第17条 仲裁语言

17.1 仲裁的首用语言应是仲裁协议的语言,当事人已经另有书面协议者除外,倘若与书记员的来往通信和仲裁程序均以英语进行,未参加仲裁程序或未到庭的一方当事人均无任何理由提出异议。

17.2　倘若以一种以上的语言书写仲裁协议,除非仲裁协议规定仲裁程序应使用一种以上的语言进行,否则仲裁院可以决定其中一种语言作为仲裁的首用语言。

17.3　仲裁庭组成后,除非当事人已就仲裁使用一种或多种语言达成了协议,仲裁庭应在给予各方当事人发表书面意见的机会并对仲裁首用语言及案情各方面的情况认为适当的其他事项进行考虑之后,确定仲裁使用的语言(一种或多种)。

17.4　倘若任何文件以仲裁语言(一种或多种)之外的语言书写,而且依据该文件的当事人未提交该文件的译文,仲裁庭或仲裁院(如仲裁庭尚未组成)可以指令该当事人按照仲裁庭或仲裁院(视具体情况而定)决定的形式提交译文。

第18条　当事人的代表

18.1　任何当事人均可以由执业律师或其他代表人代表。

18.2　仲裁庭可以随时向任何当事人要求按照仲裁庭决定的方式提交他向他的代表人授权的证明。

第19条　开庭审理

19.1　任何当事人如表示拟以口头形式陈述案情,他有权在仲裁庭上得到口头的审理,但各方当事人已书面协议只进行书面仲裁的除外。

19.2　仲裁庭应确定仲裁中的任何会议和开庭审理的日期、时间和具体地点,并应于合理的时间提前通知各方当事人。

19.3　仲裁庭可以在任何开庭审理之前向各方当事人提出一份希望当事人特别注意回答的问题清单。

19.4　所有的会议和开庭审理均应不公开进行,除非各方当事人另有书面约定或仲裁庭另有指令。

19.5　仲裁庭拥有全权规定会议和开庭审理的期限或其中任何部分的期限。

第20条　证人

20.1　仲裁庭可以在任何开庭审理之前要求任何当事人提前申报该当事

人拟传唤的各位证人(包括反证证人)的身份,以及该证人证言的主题、内容及其对仲裁事项的关联性。

20.2 仲裁庭亦可以决定当事人之间应交换和应向仲裁庭提交上述材料的时间、方式和形式;仲裁庭并有权决定允许、拒绝或限制证人(无论是事实证人还是专家证人)出庭。

20.3 证人的证言可由当事人以书面形式出示,以签署的声明或宣誓的陈述书方式作出均可,但须服从仲裁庭另行作出的任何指令。

20.4 在第14.1条和第14.2条的规限下,任何当事人均可以要求另一当事人依靠其证言的证人出庭接受仲裁庭的口头提问。仲裁庭指令另一当事人传唤证人而该证人无正当理由未出庭的,仲裁庭可以根据案件的情况,对书面的证言予以其认为适当的方式进行权衡(或完全将其排除)。

20.5 在仲裁庭庭上作口头证明的任何证人在仲裁庭的控制之下,均可以由各方当事人询问。仲裁庭可以在证人提供证词的任何阶段提出问题。

20.6 在任何适用的法律的强制性规定的规限之下,任何当事人或其法定代表人为了以书面方式出示有关证人的证言或者为了让该证人作为口头证人的目的而会见任何证人或可能成为证人的人,并无不当之处。

20.7 任何人士拟就任何事实的问题或专家鉴定的问题在仲裁庭上作证,均应按照本规则的规定,视作证人,而不问该人士是否是仲裁的一方当事人或者曾经是或者现在是任何当事人的职员、雇员或股东。

第21条 仲裁庭的专家

21.1 除非当事人另有书面约定,仲裁庭:

(a)可以指定一名或一名以上的专家向仲裁庭就特定的问题提出报告,专家在整个仲裁程序过程中应保持公正和独立于当事人之外;

(b)可以要求当事人给予该专家有关的信息,或让该专家接触任何有关的文件、货物、样品、财产或现场,以便该专家查验。

21.2 除非当事人另有书面约定,如果当事人提出要求或仲裁庭认为有必要,专家在向仲裁庭和当事人提交其书面或口头报告之后,应参加一次或一次以上的开庭审理,届时当事人可以就专家的报告向专家提问并传唤专家证人以证实有关问题的论点。

21.3 仲裁庭依照本条规定而指定的任何专家的费用和开支应从当事人按照第24条应缴付的定金中支付,并应构成仲裁费用的一部分。

第22条 仲裁庭的附加权力

22.1 除非当事人于任何时候另有书面约定,仲裁庭有权根据当事人的申请或依照仲裁庭自己的动议进行下列事项,但必须事先给予各方当事人合理的机会表达他们的意见:

(a)允许任何当事人根据仲裁庭决定的条件(关于费用和其他事项)更改任何请求、反请求、答辩和答复;

(b)延长或缩短仲裁协议或本规则规定的有关仲裁进行的任何期限;延长或缩短仲裁庭本身的指令所限定的任何期限;

(c)进行仲裁庭认为有必要或有用处的查询,包括仲裁庭是否应该和应该到什么程度,去主动找出问题并确定有关的事实和适用于该仲裁的法律或法律规范、当事人争议以及仲裁协议的实质性问题;

(d)指令任何当事人将任何由其控制并与仲裁事项主题有关的财产、现场或对象提供给仲裁庭、任何其他当事人、其专家或仲裁庭的任何专家查验;

(e)指令任何当事人向仲裁庭和其他当事人提供任何仲裁庭认为有关的并在其占有、保管或权力范围之内的文件和任何类别文件以供查阅并提供副本;

(f)裁定对一方当事人提出的任何有关事实或专家意见方面的材料的可采纳性、关联性和重要性,是否适用任何严格的举证规则(或其他规则);并确定当事人之间交换或向仲裁庭出示此类材料的时间、方式和形式;

(g)指令改正当事人之间的任何合同或仲裁协议,但仅限于要求改正仲裁庭认为属于当事人共有的错误,并且仅限于适用于该合同或仲裁协议的法律或法律规范许可此类改正的范围之内;

(h)仅在一方当事人提出申请的情况下,允许一个或一个以上的第三人作为当事人加入仲裁,但该第三人和提出申请的当事人必须已经书面同意上述事项;其后,仲裁庭可以对依此加入仲裁的所有的当事人作出单一的终局裁决或分开的裁决。

22.2　当事人协议同意按照本规则进行仲裁应视为已经同意不向任何国家法院或其他司法机关申请发出按照第 22.1 条的规定可以作出的任何指令,但全体当事人书面协议者除外。

22.3　仲裁庭应根据当事人选择的适用于其争议的实体法和法律规范,裁决当事人的争议。倘若仲裁庭认定当事人并未作出这种选择,仲裁庭应适用其认为适当的法律或法律规范。

22.4　仲裁庭只有在当事人已经书面明确地协议同意时,才应对争议的实体适用“公正和公平”(ex aequ oet bono)、“友好和解”(amiable composition)或“诚实约定”(honourable engagement)的原则。

第 23 条　仲裁庭的管辖权

23.1　仲裁庭有权对其本身的管辖权作出决定,包括对仲裁协议最初的或继续的存在、有效性和效力的任何异议作出决定。就此目的而言,构成或拟构成另一协议的一部分的一个仲裁条款,应视为独立于该另一协议的一个仲裁协议。仲裁庭裁定该另一协议不存在、无效或不具有效力不应在法律上导致该仲裁条款不存在、无效或不具有效力。

23.2　被申请人就仲裁庭无管辖权提出抗辩的权利应被视为已经不可撤回地放弃,除非该抗辩在提交答辩书之前提出;被申请人对反请求的同类抗辩权也应同样视为已经不可撤回地放弃,除非该抗辩在提交反请求答辩书之前提出。对仲裁庭越权的抗辩应在仲裁庭已经表明将裁定任何当事人声称仲裁庭越权的事项后,尽快提出,否则该抗辩亦应被视为已经不可撤回地放弃。但在任何情况下,仲裁庭如果认为在特殊情况下延误是有正当理由的,则可以接纳延误提出的抗辩。

23.3　仲裁庭可以出于适合案情的考虑,在管辖权的裁决中或在以后有关争议实体的裁决中对其管辖权或权限的抗辩作出裁定。

23.4 当事人协议同意依照本规则进行仲裁应视为当事人已经同意不向任何国家法院或其他司法机关就仲裁庭的管辖权或权限之事申请救济,但全体仲裁当事人书面约定的、仲裁庭事先授权的或在仲裁庭已经作出裁决对其管辖权或权限的异议作出裁定之后提出的除外。

第24条 定金

24.1 通过书记员,仲裁院可以按其认为适当的比例指令各方当事人就仲裁费用进行一次或多次的中期或最后的付款。此类定金应向DIFC LCIA缴付并由仲裁院保管,可由仲裁院通过DIFC LCIA在仲裁进程中不时地支付给仲裁员、仲裁庭委任的任何专家、仲裁院按照本规则制定的各分支机构和仲裁法院本身。

24.2 仲裁庭于任何时候在未得到书记员或副书记员确认DIFC LCIA仲裁中心是否已收到所需的基金之前,均不应进行仲裁。

24.3 倘若一方当事人未能或拒绝按照仲裁院的指令通过书记员缴付定金,仲裁院可以通过书记员指示另一方或多方当事人代为缴付,以便进行仲裁(由对费用承担作出决定的裁决规限)。在此情况下,缴付方有权将有关款项当作实时到期的债款向未缴付方追偿。

24.4 倘若申请人或反申请人未能及时缴付全部定金,仲裁院及仲裁庭可以视为撤回请求或反请求。

第25条 临时措施和保全措施

25.1 除非各方当事人另有书面约定,仲裁庭有权根据任何当事人的申请:

(a)指令任何请求或反请求的被申请人一方以定金、银行保证或其他任何方式按照仲裁庭认为合适的条件为争议数额的全部或任何部分提供担保。该上述条件可以包括由请求方或反请求方对该被申请人于提供上述担保时产生的任何费用或损失提供相互赔偿保证,该方本身按照仲裁庭认为适当的方式获得担保。上述相互赔偿保证项下应支付的任何费用和损失的金额可以由仲裁庭在一次或一次以上的裁决中裁定;

(b)指令将任何当事人控制中的、涉及仲裁标的物的财产或物件，进行保管、仓储、销售或以其他方式处理；

(c)在裁决的终局裁定的规限下，以临时性质的方式指令给予仲裁庭在裁决中有权准许的任何救济，包括临时指令在任何当事人之间付款或处理财产的救济。

25.2 仲裁庭有权根据当事人的申请指令任何请求方或反请求方以定金、银行保证或其他任何方式，按照仲裁庭认为合适的条件，为任何其他当事人的法律费用或其他费用提供担保。上述条件可包括由该另一方对该请求方或反请求方在提供上述担保时发生的任何费用或损失提供相互赔偿保证，该另一方本身按照仲裁庭认为适当的方式获得担保。上述相互赔偿保证项下应支付的任何费用和损失的金额可由仲裁庭在一次或一次以上的裁决中裁定。倘若请求方或反请求方不遵从提供担保的指令，仲裁庭可以中止该当事人的请求或反请求，或者在裁决中将其驳回。

25.3 仲裁庭在第25.1条中的权力不应在任何方面影响任何当事人于仲裁庭组成之前和(在特殊情况下)于仲裁庭组成之后，向任何国家法院或其他司法机关申请临时措施或保全措施的权利。仲裁庭组成之后的此类措施的任何申请或指令应由申请人及时通知仲裁庭及其余所有的当事人。然而，当事人约定按照本规则进行仲裁应被认为已经协议同意不向任何国家法院或其他司法机关申请依据第25.2条的规定仲裁庭也可以发出的就其法律费用或其他费用提供担保的指令。

第26条 裁决

26.1 仲裁庭须以书面方式作出裁决，而且应说明其裁决所依据的理由，除非所有的当事人另有书面约定。裁决书还应写明作出裁决的日期和仲裁地，并由仲裁庭或同意裁决的仲裁庭成员签字。

26.2 倘若任何仲裁员在获得合理机会后，未按照适用于作出裁决的法律所列明的强制性规定行事，其余的仲裁员在该仲裁员缺席的情况下可以作出裁决，并在裁决书中说明该仲裁员未参与作出该裁决的情况。

26.3 倘若仲裁庭由三名仲裁员组成而未能就任何事项达成一致意见，仲裁员应以大多数的方式作出决定。如有任何事项未能以大多数的方式作出决定，应由仲裁庭主席作出决定。

26.4 倘若任何仲裁员拒绝或未能签署裁决书，由多数仲裁员或(如无多数时)由仲裁庭主席签署即已足够，但该多数仲裁员或仲裁庭主席须在裁决书中说明少数仲裁员未签署的原因。

26.5 独任仲裁员或仲裁庭主席应负责将裁决书通过书记员交给仲裁院，仲裁院在仲裁费用已按照第28条的规定缴付给仲裁院的前提下，应将经过认证的裁决书副本发送给各方当事人。

26.6 裁决书可以用任何货币为计算单位。仲裁庭可以指令任何当事人在仲裁庭认为适当的但不迟于裁决执行完毕之日的任何期间之内，按照仲裁庭认为适当而确定的利率，对裁定的款项支付单利或复利的利息，不受任何国家法院规定的法定利率的约束。

26.7 仲裁庭可以在不同时间就不同事项分别作出裁决。此类裁决具有与仲裁庭作出的任何其他裁决相同的法律地位和效力。

26.8 倘若当事人的争议达致和解，仲裁庭可以按照当事人的书面要求作出记录和解的裁决书(协议裁决书)，但所述裁决须明确写明该裁决是依照当事人的协议作出的。协议裁决书无须附具理由。

当事人如不要求作出协议裁决书，则在当事人向仲裁院书面确认已经达成和解之后，仲裁庭应予以解职，仲裁程序应予以终止，但是应以当事人付清第28条规定的任何尚未缴付的仲裁费用为前提。

26.9 所有的裁决均为终局的，并对各方当事人具有约束力。当事人约定按照本规则进行仲裁者，即承诺立即地和毫不拖延地履行任何裁决(只受第27条的规限)；当事人也因此不可撤回地放弃了他们向任何国家法院或其他司法机关提起任何形式的上诉权、请求再审权或追索权，只要这种权利放弃是可以依法有效地作出的。

第27条 裁决书的改正及附加裁决

27.1 当事人在收到任何裁决书后30日之内或在当事人书面协议同意的

更短的期间内,可以书面通知书记员(抄送其他所有当事人)要求仲裁庭改正裁决中的任何计算错误、笔误或排印错误或类似性质的任何错误。倘若仲裁庭认为要求合理,应在收到要求后30日之内作出改正。任何改正均应采用单独的备忘录的形式、注明日期并由仲裁庭或仲裁庭中持同意意见的仲裁员(如有3名仲裁员的话)签署;该备忘录就所有的目的而言构成裁决书的一部分。

27.2 仲裁庭可以同样在作出裁决后30日之内主动改正第27.1条所述性质的错误,效力相同。

27.3 当事人可以在收到终局裁决的后30日之内以书面通知书记员(抄送其他所有当事人),要求仲裁庭就仲裁中提出但未在任何裁决书中裁决的请求或反请求作出附加裁决。仲裁庭认为要求合理的,应在收到要求后60日之内作出附加裁决。第26条的规定适用于任何附加裁决。

第28条 仲裁费用和法律费用

28.1 仲裁费用(非当事人各自支出的法律费用及其他费用)应由仲裁院根据仲裁收费表厘定。各方当事人须共同地和分开地承担仲裁庭和DIFC LCIA仲裁中心的仲裁费用。

28.2 仲裁庭应在裁决书中详细列明由仲裁院裁定的仲裁费用总额。除非当事人另有书面约定,仲裁庭应裁定各方当事人应承担的全部或部分仲裁费用的比例。如仲裁庭裁定仲裁费用的全部或部分应由一方当事人承担,而该等费用经已由另一方当事人缴付,则后者有权向前者追偿适当的数额。

28.3 仲裁庭也有权在其裁决书中指令一方当事人发生的全部或任何部分法律费用或其他费用由另一方当事人支付,除非当事人另有书面约定。仲裁庭应以其认为适当的合理原则裁定和厘定每一个项目的费用金额。

28.4 当事人另有书面约定的除外,仲裁庭应根据支付费用反映当事人在裁决中或仲裁中的胜诉或败诉的基本原则,作出有关仲裁费用和法律费用的指令,除非仲裁庭认为此基本原则在特定的情况下不适用。任何有关费用的指令应在含有该指令的裁决书中作出并附具理由。

28.5 倘若任何仲裁在终局裁决作出之前已根据协议或其他方法放弃、中止或终止,各方当事人对仲裁院根据仲裁收费表裁定其应向仲裁法院和仲裁庭支付的仲裁费用仍应继续共同地和分开地承担责任。仲裁费用如少于当事人已缴付的定金,由仲裁法院按当事人书面约定的比例退回有关当事人,如无任何此等约定,则按当事人向仲裁院缴付定金相同的比例进行退款。

第29条　仲裁院的裁定

29.1　仲裁院就仲裁有关的一切事项所作出的决定均为终局决定,对各方当事人和仲裁庭均具有约束力。此类决定在性质上视作行政性的决定,仲裁院无须说明任何理由。

29.2　在仲裁地法律许可的范围内,各方当事人应被视为已经放弃了向任何国家法院或其他司法机关上诉或请求复审仲裁法院决定的权利。倘若由于任何适用的法律的强制性规定致使此等上诉或复审仍然有可能,仲裁院则应在该适用的法律的规定的规限下,决定是否仍继续进行仲裁程序,尽管出现了上诉或复审的要求。

第30条　保密

30.1　除非各方当事人书面明确地另有约定,各方当事人承诺,保密作为一项基本原则,对仲裁中作出的一切裁决以及为了仲裁的目的在仲裁过程中整理的全部材料和另一方当事人在仲裁程序中出示的而非公众人士已知悉的所有其他材料应进行保密,但由于在国家法院或其他司法机关进行真诚的法律程序,保护或追索合法的权利而根据法律责任要求当事人披露者,则属例外。

30.2　仲裁庭的审议亦应同样由仲裁庭的成员保密,除非由于一名仲裁员拒绝参加仲裁而须根据第10条、第12条、第26条的规定由仲裁庭其他成员作出有关披露。

30.3　在未获得全体当事人和仲裁庭事先书面同意前,仲裁法院不得公布任何裁决或裁决的任何部分。

第31条　免责

31.1　LCIA、DIFC LCIA仲裁中心、仲裁院(包括其主席、副主席和各个成员)、书记员、任何副书记员、任何仲裁员和任何仲裁庭的专家均无须就依照本